KB026509

현대문명의 한계를 극복할

성자들의
지혜

현대문명의 한계를 극복할

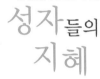
성자들의 지혜

초판 1쇄   2017년 04월 20일

지은이   허해구, 진실연구회
발행인   김재홍
편집장   김옥경
디자인   이유정, 이슬기
마케팅   이연실

발행처   도서출판 지식공감
등록번호   제396-2012-000018호
주소   경기도 고양시 일산동구 견달산로225번길 112
전화   02-3141-2700
팩스   02-322-3089
홈페이지   www.bookdaum.com

가격   15,000원
ISBN   979-11-5622-272-9   03100

CIP제어번호   CIP2017006133
이 도서의 국립중앙도서관 출판예정도서목록(CIP)은 서지정보유통지원시스템 홈페이지(http://seoji.nl.go.kr)
와 국가자료공동목록시스템(http://www.nl.go.kr/kolisnet)에서 이용하실 수 있습니다.

현대문명의 한계를 극복할

성자들의 지혜

허해구·진실연구회 지음

지식공감

세상 속에 본래부터 인간이 의지하고 따라야 할 길이 없다면,

어떠한 변명에도 불구하고 우리에게는 아무런 희망이 없다.

하지만 길이 있다면 우리는 어떠한 일도 할 수 있으며

인간 완성과 지상천국도 이룰 수 있다.

서문

현대문명의 어둠과 한계를 해결할
영원한 진리를 찾아서

오늘날 인류는 인간 속에 깃들어 있던 고귀한 이성을 일깨움으로써 고대로부터 계속되었던 신의 초자연적인 권위에서 벗어나 자연과 세계를 정복하는 힘을 가지게 되었고, 그 결과 현재와 같은 화려한 문명을 이루었다. 그리하여 오늘날 인간들은 시간만 허락한다면 무엇이라도 할 수 있을 것 같은 자만심에 사로잡혀 마치 스스로 조물주라도 된 것과 같은 착각에 빠져 있다.

당연히 이러한 교만과 착각은 끝없는 욕망과 전쟁으로 이어졌고 제1차·제2차 세계대전이라는 인류 공멸의 대참화를 일으킴으로써 인간에 대한 마지막 신뢰마저 날려 버렸다. 더구나 인간의 이기심과 욕망에 바탕을 둔 자본주의 물질문명은 인간을 쾌락과 조직의 노예로 만들어 돌이키기 힘든 인간성 상실과 인간소외 현상 속에 빠뜨렸다. 이제 인간은 삭막한 대지 위에 아무렇게나 내던져진 단백질 덩어리가 되어 인간의 존엄성과 가치를 더 이상 찾아보기 어렵게 되었고, 세상은 한 치 앞을 내다볼 수 없는 어둠에 휩싸여 무엇이 진실인지, 인간의 의미와 가치가 무엇인지, 세상이 어디로 가고 있는지 전혀 알 수 없는 상황이 되었다.

인류에게 빛이라도 한 줄기 비치면 탈출구라도 모색해 볼 수 있겠지만, 막다른 절벽과 끝을 알 수 없는 깊은 심연에 빠져 도저히 길을 찾을 수가 없다. 진리로 인간의 삶을 밝힌다는 종교가 답을 해주면 좋으련만 종교는 현실에서 드러난 모순과 한계로 그 권위와 신뢰를 상실한 지 오래고, 이를 대신해 나타난 철학과 과학 또한 현실 앞에서 능력 부족을 여실히 드러낸 상태이다.

그렇다면 과연 어두운 인간세상을 밝게 비춰 줄 진리는 없는 것인가? 사실 그동안 인류가 이루어 온 역사와 종교, 철학과 과학의 흐름은 바로 이 문제에 대한 답을 찾기 위한 과정이었다. 그러나 오늘날 인류가 이러한 위기에 처해 있는 사실은 그동안 기울여 온 인류의 노력이 실패했다는 증거인 것이다. 더구나 최근에는 이러한 현대문명의 한계상황에다 설상가상으로 새로운 문제들이 추가되어 인류의 미래를 더욱 암담하게 하고 있다. 전후 공산주의를 극복하고 인류 문명을 이끌어 오던 자본주의는 계층 간, 선·후진국 간 빈부 격차 문제를 해소하지 못하고 심각한 사회 분열을 일으키고 있으며, 인위적 경기 부양과 투기적 금융 체제로 인한 세계적 경제 위기는 자본주의의 지속

가능성을 의심하게 만들고 있다. 또한, 인류가 나타난 이래 지속되어 온 민족 간 갈등과 증오로 인한 여러 곳의 지구촌 분쟁은 인류의 미래를 더욱 어둡게 하고 있다.

여기에다 한국은 우리 사회 고유의 문제들까지 중첩되어 있다. 냉혹하고 불확실한 세계경제 속에서 취약한 국가 경제를 지속적으로 발전시켜 나가야 하고, 국민 통합과 빈부격차 해소 등 산적한 문제들을 해결해야 하며, 비정상적인 북한을 상대로 민족의 숙원인 통일도 이루어야 한다.

그러나 어디를 둘러봐도 장님 코끼리 만지기 식의 꽃노래만 울려 퍼질 뿐, 세상의 진실과 이치를 밝혀 현시대의 근원적인 위기를 해결해 줄 길은 보이지 않는다. 이런 와중에 일부 사람들은 오랜 전통을 가진 동양의 정신에서 그 대안을 찾고 있다. 그래서 현대사회에서는 기와 명상 등 동양의 지혜를 아는 것이 지식인의 상징처럼 여겨지기도 한다. 하지만 신비 속에 묻혀 있는 동양의 지혜는 지적 관심거리에 불과할 뿐, 물질과 쾌락 속에 극단으로 치닫는 현대문명의 질주를 감당하기에는 역부족이다.

그렇다면 인류가 수천 년간 찾아 헤매던 삶의 의미와 가치, 인간 완성과 천년왕국에 이르는 길을 어디서 찾을 것인가? 이 문제에 대한 해답은 인간의 이성이 발전시켜온 현대문명의 기존 방법으로는 도출해 낼 수가 없다. 왜냐하면, 현시대의 문제는 기존 문명의 한계에서 비롯되고 있기 때문이다. 따라서 기존의 물질적, 이성적 방법론을 뛰어넘는 새로운 접근 방법이 모색되어야 한다. 그것이 바로 물질과 생명, 생과 사, 개인과 세상을 하나로 보는 전체적인 시각이다.

그런데 어이없게도 인류가 수천 년간 찾아 헤맸던 희망의 빛이 이미 수천 년 전 성자들의 가르침을 통해 인류 앞에 분명히 나타났었다는 사실이다. 하지만 인간들의 무지로 그 고귀한 보물을 알아보지 못한 채 엉뚱한 곳에서 쓸데없는 것만 찾으며 수천 년 동안 헤매며 지내온 것이다. 그 이유는 맑은 물에 고기가 놀지 않듯이, 성자들의 가르침은 너무 맑고 깨끗해, 탁한 인간들의 사고방식으로는 받아들이기가 쉽지 않았으며 또한 인간의 무지와 욕망이 이를 왜곡하여 자신들의 이익을 위해 사용했기 때문이다.

지금 인류가 방황하고 현대문명이 한계에 부딪힌 근본적인 이유는 성자들의 완전한 가르침을 외면함으로써 세상의 실체와 인간이 살아가는 이유를 망각해 버렸기 때문이다. 그래서 이 책에서는 그동안 잊혔던 성자들의 가르침을 다시 한 번 밝힘으로써 인류 역사 속에 있었던 주요 현상과 그 이면의 일들의 옳고 그름을 분명히 제시하고 앞날의 빛을 밝히고자 한다. 지금은 애매해져 그 실체를 알아보기 힘들지만, 그분들의 말씀을 깊이 숙고하면, 그 속에는 세상의 참모습과 진리의 실체, 삶의 의미와 가치, 세상이 좋아지고 나빠지는 이유, 구원과 완성에 이르는 길이 모두 들어 있음을 알 수 있다.

　하지만 이러한 우주의 실상과 진리에 관한 일들을 밝히면 현대문명이 품고 있는 모든 문제와 비밀들이 드러나기에, 그동안 인류 사회를 어둠과 불행으로 밀어 넣었던 모든 거짓된 세력들의 큰 반발이 예상된다. 왜냐하면, 거짓된 관념과 환상으로 세상을 속이며 권세를 유지해 온 자들의 밥그릇이 깨어지고 그 존립 기반이 무너지기 때문이다. 하지만 어떤 어려움이 있을지라도 인류의 미래를 위해 진실을 밝히는 우리의 노력은 그치지 않을 것이다. 왜냐하면, 오직 진실만이 세상의 모든 어둠과 불안을 걷어내고 인류를 밝음과 행복으로 이끌 수 있기

때문이다.

　이를 위해 '진실의 근원(www.gincil.com)' 회원들이 스스로 뜻을 내어 그동안 홈페이지를 통해 소통했던 글 가운데 세상 사람들이 많은 의문을 품고 있는 내용들을 모아 이 책을 내게 되었다. 그동안 책의 출판과 홈페이지 개편 작업에 뜻을 모아준 회원 여러분께 감사드리며, 특히 어둡고 불행한 세상에서 진리를 밝히다가 핍박과 외로움 속에서 힘들게 살다 가신 스승님께 깊은 존경과 함께 이 책을 바친다. 아무쪼록 세상의 진실과 이치를 밝힌 이 책이 막다른 낭떠러지에 처해 있는 현대문명에 희망의 빛이 되고, 어두운 인류의 미래를 밝히고자 하는 모든 뜻있는 사람들에게 큰 힘이 되기 바란다.

저자 드림

차 례

PART 1

삶과
현대문명의
한계

인생을 아는 것

세상을 아는 것은
세상을 얻는 일이고,

인생을 아는 것은
나 자신을 얻는 일이다.

삶은 끝없이 자신을 짓는 길로서
그 속에서 온갖 일을 일어나게 한다.

따라서 인생을 아는 일을 소홀히 하는 것은
자신의 모든 미래를 포기하는 것과 같다.

삶의 궁극적 의문

사람에 따라 정도의 차이가 있지만, 의식이라는 묘한 물건을 지닌 인간은 누구나 자신의 삶이 어떤 의미와 가치를 가지고 있는지에 대해 끊임없이 갈증을 느끼며 의문을 가진다. 그래서 사춘기가 되면 누구나 한 번쯤은 자신이 왜 태어났는지, 어떻게 살아야 하는지, 인생은 무엇인지, 죽으면 어떻게 되는지에 대해 심각하게 고민해 본다. 그 이유는 인간에게 자신의 삶과 세상의 의미를 바라볼 수 있는 '의식'이라는 오묘한 존재가 있기 때문이다. 인간이 지닌 이 의식이란 존재는 신성(神性)을 닮아 완전함을 추구하는 속성을 지니고 있으므로 어떠한 부족이나 의문을 용납하지 않고 지속적으로 더 나은 자기를 추구하며 완전한 존재로 나아가려고 하고 있다.

그러나 사람은 자신의 의도와는 상관없이 이미 이 세상에 태어나 살아가고 있고, 무한히 살 수 있을 것 같은 착각에 욕망을 추구하느라 이런 고민을 잊어버린다. 그래서 대부분의 사람들은 내가 왜 태어났는지, 왜 살아가는지, 나의 운명이 어디서 비롯되었는지, 어떻게 살아가야 하는지, 죽으면 어디로 가는지, 어떻게 해야 평안을 얻는지도 모른 채 한순간 거역할 수 없는 죽음의 낭떠러지로 굴러 떨어지고 있다. 이러한 상황에 대해 깨어 있는 인간의 의식은 동물과 같이 무의미하게 죽을 수가 없다고 안간힘을 다해 거부해 보지만, 항거 불능한 죽음의 힘에 이끌려 한 치 앞도 알 수 없는 미지의 세계로 내던져지고 만다. 이것이 피할 수 없는 인간의 숙명이다.

너무나 안타깝게도 인간세상은 이러한 무의미하고 비참한 인간의 숙명을 수천 년 동안 아무런 대책 없이 받아들이며 살아왔다는 사실이다. 성자들이 드물게 나타나 영원한 생명의 지혜를 전했지만, 지금은 그 빛이 흐려져 참된 인간의 길을 알고 정해진 질서에 따라 평안하게 살아가는 사람은 거의 없다. 따라서 완전함을 추구하는 고귀한 정신을 가진 인간에게 있어서 성자들이 본 영원한 진리와 생명의 길을 아는 것은 매우 필수적이다.

인간이 죽음 직전까지도 내가 무엇인지, 왜 살아왔는지, 죽음 뒤에는 어떻게 될지 전혀 모른 채 깨어 있는 상태로 죽음의 문턱을 넘어서야 한다는 것은 참으로 두렵고 고통스러운 일이다. 만약 죽음 이후에도 나의 의식이 깨어 있어 나의 사후과정을 지켜보게 된다면, 그것은 참으로 가슴 떨리고 엄숙한 일이 아니겠는가! 그래서 인간은 살아가면서 과연 신이 존재하는지, 인간이란 무엇인지, 왜 인생살이가 이렇게 힘들고 괴로운지, 운명이란 존재하는지, 선이란 무엇이고 좋은 삶이란 무엇인지, 내가 죽어 어디로 가는지에 대해 끊임없이 생각하고 답을 찾고 있는 것이다.

그러나 이러한 의문들은 눈앞의 일만 볼 수 있는 인간의 능력으로는 풀 수 없는 문제로 현상계를 넘어 존재하는 생과 사, 신과 인간, 물질과 정신과 같은 근본적인 문제들의 상호관계를 모두 알아야만 답을 알 수 있는 것들이다. 하지만 현 인류가 이룩한 과학문명은 눈앞에 있는 일 중에서도 물질 현상 위주로 이루어지고 있으며, 칸트의 말처럼 신성과 진리를 인식할 수 없는 불완전한 이성에 기초하고 있기 때문에 이러한 문제에 대한 답을 알기란 거의 불가능하다. 그래서 인류가 지구 상에 나타난 이래 대부분의 인간이 신과 인간과 세상에 대한 의문을 풀지 못하고 개똥철학 속에서 자신의 의문을 합리화한 채 일생을 마치고 말았던 것이다.

더구나 유구한 전통을 지닌 종교도 이성을 지닌 현대인들에게 합리적인 해답을 주지 못하고 있다. 종교에서 구원을 준다는데 그것이 가능한지 믿기 어렵고, 인간 사회를 지배하는 거대 종교인 불교와 기독교가 가르치는 구원의 길이 왜 다른지 이해하기 어려우며, 이 세상이 하나이고 인류가 하나인데 그들이 말하는 사후의 세계가 왜 다른지 이성적으로 받아들이기가 어렵다. 만약 죽음 이후에 우리 앞에 나타날 사후세계에 대한 진실을 알 수만 있다면 우리의 인생은 무지몽매한 어둠에서 벗어나 편하고 안정된 마음으로 힘차게 여생을 살아갈 수 있겠지만, 현실에서 그러한 진리의 빛을 만나기는 어렵다.

그렇다면 정녕 인간은 그 진실을 알 수 없는 것인가? 여태껏 인류는 이 문제에 대한 답을 알지 못한 채 죽음의 늪으로 끌려들어 갔다. 하지만 삶의 의미와 사후의 일을 알고 싶어 하는 근본적인 갈증은 지금도 해답을 찾기 위해 인간의 마음속에서 꿈틀대며 소리치고 있다. 이것은 깨어 있는 의식을 지닌, 만물의 영장인 인간이 생명이 다할 때까지 짊어지고 가야 할 실존적 자각이며 삶의 존재 이유이다. 이처럼 인간에겐 조금의 의문도 용납하지 않고 완전함을 추구하는 마음이 있기에 계속 자신을 완성해 가고 있으며 인류 문명을 발전시키고 있는 것이다.

그렇다면 과연 인간에게는 어떤 의미와 가치가 존재하는가? 그리고 이 세상 속에는 인간이 지키고 걸어가야 할 길이 있는가? 만약 이 우주 속에 본질적으로 그러한 길과 의미와 가치가 없다면, 우리는 세상이 어떤 요구를 하더라도 이를 찾거나 지킬 이유가 없으며 양심에 걸릴 일도 없다. 왜냐하면, 이 우주 속에 본질적으로 규정된 아무런 의미나 가치가 없고 텅 빈 허공밖에 없다면, 죽으면 모든 것이 사라지기 때문에 어떻게 살더라도 책임질 일도 없고 책임 물을 자도 없기 때문이다. 따라서 그것을 지키지 않는다고 비난하는 것은 가공적인 위선에 불과하다.

그러나 만약 인간이 마땅히 지키고 행해야 할 길이 분명히 존재한다면, 시간이 아무리 오래 걸리고 어떠한 어려움이 있더라도, 그것을 반드시 찾아야 하며, 그에 따라 살려고 노력해야 한다. 길이 있는데도 불구하고 그에 관해 전혀 알지 못한 채 산다는 것은 우리의 삶이 본질에서 벗어난 허깨비 삶이 되어 완전히 무의미하고 무가치해지기 때문이다.

따라서 삶의 의미와 길을 찾는 것은 인간에게 있어서 가장 큰 화두이다. 인간의 정신은 신성을 지니고 있어서 태어나 죽기까지 자신의 의미와 가치에 대해 끊임없이 의문을 놓지 않고 살아가고 있다. 그래서 인간세상은 25시의 절망스러운 시간 속에서도 완전히 동물로 떨어지거나 미치광이가 되지 않고 인간의 모습을 유지하며 세상을 지키고 있는 것이다. 이처럼 인간은 항상 무언가 의미와 가치를 찾기에, 어떤 학자는 인간을 '상징적 동물'이라고도 했다.

하지만 오늘날의 어두운 상황은 상징적 동물인 인간에게서 이런 의미와 가치마저 빼앗아가고 있다. 왜냐하면, 현대 과학문명이 이 우주가 본질적으로 물질로 구성되어 있으며 신성이나 진리의 존재는 확인할 수 없다는 식으로 결론을 내리자, 숙제처럼 안고 있던 궁극적인 의문에 대한 부담을 덜어버린 사람들은 이제 더 이상 자신의 삶 속에 보람과 가치를 찾는 것을 포기하고 아무것도 찾을 수 없게 된 자신의 영혼 속에 무언가 다른 의미를 채우려고 하고 있기 때문이다. 그래서 현대인들은 찾을 수 없는 진리와 삶의 의미 대신에 소유와 쾌락에서 자신의 존재 이유를 찾게 되었고, 자신의 이익을 위해서는 어떠한 짓도 서슴지 않는 동물이 되어 가고 있는 것이다. 이처럼 현대 물질문명의 한계와 위기의 근저에는 인간이 반드시 찾아야 할 궁극적 진리에 대한 포기와 인간성 상실이 자리 잡고 있다.

그렇다면 인간이 가야 할 길과 삶의 의미에 대해 아무런 답을 하지 못하고 기대고 의지해야 할 절대적 진리에 대해 밝히지 못하는 현대 물질문명이 과연 인간에게 무슨 소용이 있을까? 재고의 여지없이 그것은 아무 소용이 없다. 왜냐하면, 상징적 동물인 인간에게 이에 대한 답을 주지 못한다면 살아가야 할 어떠한 이유도 찾을 수 없기 때문이다. 따라서 이에 대해 답을 찾는 것이 현대문명이 풀어야 할 최대의 숙제이다.

현대문명의 한계

　현대인들이 짊어지고 있는 삶의 문제와 한계는 작게는 개인의 인생 문제에 그치지만, 크게는 인류 문명 전체와 이어진다. 인간세상의 일이란 한 인간이 태어나서 각자의 삶을 사는 일이지만 그러한 일들이 모여 세상을 만들어 가기 때문이다. 따라서 개인이 느끼는 삶의 의미와 가치 문제는 정치·경제·종교·교육 등 모든 사회현상과 맞물려 있으며, 현대 문명이 부딪힌 근본적 한계와 인간소외 현상과 이어지고 있다.

　그동안 인류는 유구히 흐르는 역사 속에서 인생과 우주의 실체를 파악하려고 노력해 왔고 그 결과 세상에는 수많은 지식이 쏟아져 나왔다. 그러나 세상을 뒤덮을 만한 어마어마한 지식과 문명이 쌓였음에도 인간은 아직도 삶의 근본적인 의문을 해결하지 못하고 있으며 현대문명이 처한 한계를 극복할 답 또한 분명히 제시하지 못하고 있다. 오히려 답이라고 내놓은 것이 세상의 실상과 이치를 밝히는 것이 아니라 눈뜬장님의 생각과 이상을 논리로 구성해 놓은 짜깁기에 불과해 오히려 사실에 대한 이해를 흐리게 하고 문제 해결을 어렵게 하고 있다.

그렇다면 현대문명이 왜 이런 상태에 이르렀을까? 그것은 현대문명을 구성하고 있는 주요 요소인 종교와 철학과 과학이 인간이 가진 의문을 풀어주지 못하고 한계에 부딪혔기 때문이다. 그럼 현대문명이 이러한 상황에 이르게 된 그간의 흐름을 간략히 살펴보자.

현대문명의 근간이 되는 그리스·로마 문명이 기독교에 의해 지배된 후 서구 사회는 역사가들이 말하는 소위, '중세 천 년의 암흑기'를 보내게 된다. 그 이유는 서구 사회가 인간이 하는 모든 일을 탁하고 죄스럽다고 보고, 성스러운 존재인 신에게 모든 것을 의지하여 완전함과 구원을 추구했기 때문이다. 그 결과 인간의 가능성과 주체성이 억제되어 사회는 활력을 잃었으며 막연한 구원과 신을 향한 맹목적 의존은 사회를 미신과 불합리 속으로 몰아넣었고 전권을 장악한 종교 집단의 부패와 타락으로 사회에는 어둠과 고통이 넘쳐났다. 이러한 일들은 마침내 교회의 면죄부 판매와 인간성의 억압으로 나타났고 사람들은 이에 항거해 종교개혁을 일으키고 참된 진리와 이성의 회복을 요구함으로써 근대 서구 문명이 나타나게 되었다.

이때 서구 지식인들은 이 세상은 전지전능한 신의 계시와 은총이 아니라 진리로 이루어져 있으며, 이 세상은 신의 뜻보다는 인간에 의해 결정된다는 사실을 깨닫게 된 것이다. 그래서 서구인들은 아무리 하늘을 올려다봐도 찾을 수 없는 신의 존재와 계시 대신에 인간의 주체성과 이성을 이용하여 진리를 찾기 시작했다. 그들은 르네상스를 계기로 자연에 내재된 진리를 발견해 삶 속에 응용하기 시작하면서, 신의 선물과도 같은 이 세상을 마음껏 즐기며 정복해 나갔다.

이후 수백 년간 서구인들은 신이 부여한 이성을 활용하여 신이 만든 자연의 완전한 뜻과 원리를 밝힘으로써 지구의 정복자로 군림할 수 있었다. 그들은 그렇게 살면, 이 세상 속에 자유롭고 완전히 조화된 신의 나라가 건설될 걸로 믿었다. 그러나 신의 우상과 모순을 지적하며 그 품을 떠나온 인간의 이성은 자연의 이치를 밝혀 합리적인 세상을 만드는 데는 기여했지만, 신과 인간과 자연이 조화되는 완전한 하늘의 뜻을 발견하지 못하고 오히려 삶의 의미와 길을 잃고 말았다. 그리하여 과거 신의 품속에서 영원한 안식을 즐기던 인간의 마음은 길 잃은 나그네처럼 마음의 고향을 잃고 정처 없이 헤매게 되었고, 방향과 통제력을 잃은 인간의 이성은 욕망의 도구로 전락하고 말았다. 절제되지 않는 인간의 정신은 탐욕과 이기심에 광분했으며 고삐 풀린 말처럼 자신의 이익을 위해서는 어떠한 악덕도 서슴지 않는 악마처럼 변해 인류 문명 전체를 절체절명의 위기에 빠뜨리고 만 것이다.

결국, 인간의 야수성은 전 세계를 식민지 전쟁터로 만들어 같은 인간을 노예로 부리는 약육강식의 아수라장을 만들고 말았으며, 두 차례의 세계대전이라는 미증유(未曾有)의 참화를 자초하여 인간세상의 모든 고귀함과 삶의 존재 이유를 상실시키고 말았다. 인간이 만든 악마적인 살상무기는 수천만 인류의 주검을 여름날 하루살이처럼 산야에 가득 쌓이게 했고, 마침내 인류를 전멸시킬 수 있는 원자탄과 수소탄을 가득 만들어 쌓아놓고 있으니 지금 인류는 인간으로서는 결코 해서는 안 되는 일을 저지르고 만 것이다.

이러한 무의미와 혼란을 타고 현실의 모순을 지적하며 나타난 것이 바로 유물론과 공산주의였다. 그들은 신이 죽었다고 주장하며 오직 인간이 주체가 되어 새로운 이상사회를 만들어 나가야 한다고 주장했다. 이러한 주장은 현실의 모순과 기존 지배계층의 수탈에 시달리던 다수의 노동자와 농민의 지지를 얻어 급속도로 번져나갔다. 그러나 이 역시 태생적인 비현실성과 관념성으로 말미암아 한 세기 만에 생명력을 잃고 소멸하고 말았다. 하지만 이러한 이데올로기가 인간 사회에 미친 영향은 실로 엄청났다. 현대인의 정신 속에 무신론과 유물론이 일반화되었으며 사회 구조 속에 자본가와 노동자의 갈등 구조가 당연시되어 세상이 더욱더 불안하고 혼란스러워진 것이다.

그리하여 식민지 전쟁과 공산주의 혁명 그리고 두 차례의 세계대전을 겪은 유럽에는 허무감과 좌절감이 팽배했고, 이러한 비극을 초래한 인간의 이성과 이러한 비참한 현실 앞에서도 아무것도 하지 않는 신의 존재와 그 권능에 대한 근본적인 회의가 생겨남에 따라, 기존의 모든 관념과 논리체계에서 벗어나 새로운 해결책을 찾으려는 시도가 시작되었다.

그리하여 신과 과학을 배제하고 무의미와 절망을 삶의 출발점으로 삼아 이를 인간의 지성으로 극복하려는 실존주의 철학이 생겨난다. 즉, 신이 사라진 무의미한 세계에 무조건 내던져진 인간은 자신에게 주어진 이성과 자유에 모든 것을 걸고, 주체적으로 무의미를 극복해야 한다고 주장하게 된 것이다. 그러나 실존주의 철학 또한 눈뜬장님에 불과한 인간 이성의 한계로 인해 텅 빈 우주 속에서 아무것도 찾지 못하고 길을 잃은 나그네가 되고 말았다. 아무리 둘러보아도 신이 사라진 무정한 하늘은 아무 말이 없고 그 속에서 시력이 어두운 인간의 눈으로는 이 세상을 지배하는 자비롭고 완전한 신의 뜻과 진리를 찾기는 애당초 불가능했으니, 인간이란 그저 의식이라는 기이한 골칫덩이를 지닌 아무렇게나 내던져진 단백질 덩어리에 불과했던 것이다.

그리하여 루마니아 작가 게오르규(Gheorghiu)의 말처럼 인간은 더 이상 존재할 수 없는 절망적인 시간인 '25시'에 머물며 무의미 속을 방황하는 인간소외 상태에 빠진 것이다.

이러한 한계상황을 벗어나기 위하여 아방가르드, 전위예술, 다다이즘 같은 현대 예술 사조는 전통적 질서나 가치를 부정하고 무의미하고 부조리한 현대인의 존재와 삶의 문제들을 소재로 삼아서 그 해결책을 모색하기 시작했다. 그들은 사회의 비이성적, 비심미적, 비도덕적인 현상을 비판하며 인간의 혼란스러운 내면을 조망하여 그 안에서 대안을 찾으려고 했지만, 길을 보지 못하는 상태에서 제시하는 단편적인 아이디어로는 완전한 삶의 의미와 마음의 안식을 추구하는 인간의 궁극적인 갈증을 충족시켜 줄 수가 없었다.

따라서 현대문명이 부딪히고 있는 근본적인 의문과 인간소외 현상을 극복하기 위해서는 완전함을 찾는 인간의 정신이 그토록 알고자 한 신과 인간, 생과 사, 그리고 물질과 생명을 잇는 완전한 진리가 반드시 밝혀져야만 한다.

인간에게 주어진 신성한 의식이라는 존재는 자신을 되돌아보고 문명을 발전시킨 원인이 되었지만, 그 의문과 문제를 풀지 못할 때 오히려 이 의식은 인간을 고통스럽게 하고 절망에 빠뜨리는 부정적인 원인이 된다. 어쩌면 인간에게 사고하고 자신의 의미를 생각하게 하는 정신이 없었다면, 인간은 동물처럼 자연과 하나 되어 아무 불만 없이 살아갔을 것이다. 하지만 인간에게는 모든 것을 완전히 이해하려 하고 자신의 의미를 찾고자 하는 정신이 있기에 인간으로서 고귀함과 무한한 가능성이 있는 것이다. 그런 의미에서 오늘날 인류가 겪고 있는 무의미와 한계상황은 인간만이 겪을 수 있는 행복한 고민이라고 봐야 할 것이다. 시련은 좌절할 때 재앙이 되지만, 극복할 때는 더 큰 성장의 계기가 된다. 따라서 우리는 오늘날 현대문명이 겪고 있는 고민과 한계를 해결하여 인간의 의미와 가치를 회복하고 인간 완성과 지상천국을 열어가는 계기로 삼아야 할 것이다.

그렇다면 현대문명을 이루어 온 종교와 철학과 과학의 역사 속에 도대체 어떤 일이 있어서 이러한 문제와 한계가 나타났는지 구체적으로 살펴보고, 그 엄청난 비밀에 대한 해결책을 찾아보려고 한다.

종교의 한계

　현대문명이 길을 잃고 한계에 처한 주된 원인 중의 하나는 삶의 중심이 되어야 할 종교가 빛과 소금의 역할을 하지 못하고, 도리어 더 큰 문제와 혼란을 불러일으키고 있기 때문이다. 특히 오늘날 현대문명을 지배하고 있는 서구 문명의 핵심 역할을 해온 기독교가 서구인들이 그토록 갈구했던 신의 실체와 은총을 구체적으로 제시하지 못하고, 오히려 인간들을 맹목적인 믿음과 미신 속에 빠뜨림으로써 유럽 사회를 천여 년 간의 중세 암흑기에 갇히게 하는 원인이 되었다. 그래서 오늘날 서구의 발달은 기독교의 속박과 신의 영광에서 벗어나면서 시작되었다는 점에서 기독교와 현대문명은 근본적으로 서로 모순되는 입장에 서 있다.

　기원 전후에 로마는 실사구시(實事求是)적인 그리스·로마 문화에 기반을 두고 찬란한 고대 문명을 이루었지만, 기독교를 받아들인 후 급속히 힘을 잃고 중세의 암흑기에 빠져 들어갔음을 알 수 있다. 기원후

313년 기독교가 로마에서 공인된 이후 기독교는 유럽 사회에 급속도로 퍼져갔으며 서구인들을 '신의 품 안에서 영원한 안식'이라는 미명하에 아득한 정신의 고향 속에 빠져들게 했다.

초기 기독교에서 제시한 전지전능한 신과 부활하신 예수님의 권능은 인간의 지혜로 짐작할 수 없는 절대적이며 신성불가침한 대상이었다. 그래서 기독교 초기에 순교한 유스티누스(Justinus) 같은 신학자는 기독교가 모든 시대가 직면했던 철학적 문제에 대한 해답을 제공할 수 있으며, 기독교의 계시는 악마와 다신교의 부도덕으로부터 인류를 구원할 수 있는 유일한 길이라고 주장했다. 그리고 그동안 진리는 플라톤, 아리스토텔레스, 아브라함, 엘리야(Eliyah) 등에 의해 부분적으로 나타나긴 했지만, 그리스도에 이르러 비로소 완전한 신의 뜻과 진리가 완성되었다고 주장했다. 더 나아가 카르타고의 교부(敎父)이자 신학자인 테르툴리아누스(Tertullianus)는 기독교 신앙은 이성을 포함하는 것은 물론이며 이를 초월하는 신앙적 계시에 의한 것이므로 때로는 초이성적이며 반이성적이기도 한 신의 계시도 진리로서 받아들여야 한다고 주장했다. "불합리하므로 믿는다."고 한 그의 명제는 이러한 입장을 잘 대변해 준다.

그리하여 기독교가 국교화되어 사회의 중심 가치로 자리 잡자, 그들은 플라톤과 같은 세속적 학문을 추구하는 학자는 아무리 뛰어나다고 하더라도 신성을 추구하는 평범한 기독교의 평신도보다 못하다는 극단적인 논리를 펼쳤다. 합리적 이치보다 모든 것이 신의 뜻에 따라 지배되는 그들만의 신성한 신의 왕국이 이 땅 위에 건설된 것이다. 그들은 그리스·로마의 이성적인 문화를 밀어내고 모든 것을 신의 뜻과 은총 속에 몰아넣었다. 이때까지만 해도 모든 것이 신의 품속에서 해결되고 완전한 질서 속에서 영원히 행복하게 잘 살 줄 알았다.

그러나 이렇게 모든 것이 불명확한 절대적 신의 품 안에서 이루어지자, 신과 교회의 권위는 더욱 압도적이 되었으며 이성과 진리의 힘은 힘을 발휘하지 못하게 되었다. 그리하여 완전한 천국의 빛 아래 인간의 존재와 욕구는 오염되고 죄스런 것으로 치부되었으며, 그 결과 인간의 힘은 시들고 사회의 활력은 정체되어갔다. 그리하여 서구 문화의 원동력이었던 그리스·로마 문화가 그 인간적 특징과 세속성으로 말미암아 기독교 체제하에서 쇠퇴하게 되면서 서구 사회는 동력을 잃고 세계사의 변방으로 떨어지게 되는데, 이것이 오늘날 서구 역사학자들이 말하는 중세 천 년의 암흑기이다. 이렇게 그들의 머리 위에 오직 애매한 신의 뜻과 알 수 없는 신에 의한 구원만이 남게 되자, 기원 전후 이성과 진리를 중시하며 세계 최고의 문명을 자랑하던 서구 사회는 5세기 이후 점차 쇠락하여 이슬람과 동양에 뒤떨어지는 문명의 쇠퇴기를 맞고 만다.

이렇게 내부적으로 완전한 신의 왕국과 질서를 세운 기독교는 정치, 사회, 경제, 문화 전반에 걸쳐 유럽을 완벽히 장악하게 되었고, 신의 이름을 대신한 교황은 절대적 권위를 갖게 된다. 독일(신성로마제국) 황제가 교황과 맞서다가 파문을 당한 뒤 한겨울 눈 속에서 맨발로 3일을 빈 다음에야 용서를 받았다는 '카노사의 굴욕'에서 보는 것처럼, 교황은 현실에서 신을 대신하는 완전무결한 존재로서 국가권력과 인간의 죄 사함도 마음대로 행하는 절대적 권능을 행사하게 된다.

그러나 불완전한 인간이 절대적인 힘을 가지면 절대적으로 부패하는 속성이 있듯이, 교회는 자신들의 거대해진 조직과 권위를 유지하기 위해 여러 가지 세속적인 일을 벌이기 시작하면서 자연스레 부패

와 타락이 시작되었다. 그들은 방대한 조직과 기능을 유지하기 위해 성물을 판매하고 면죄부를 팔아 자신들의 기득권을 유지해 나가려고 애를 썼다. 이러한 신의 이름으로 행해지는 억압과 착취, 미신과 모순은 점차 교회에 대한 권위를 떨어뜨리고, 무조건적으로 복종했던 신성의 권위와 봉건제도에 대해 다시 한 번 고민하는 계기를 갖게 했다.

이러한 시기는 유럽인의 이성이 깨어나는 르네상스가 올 때까지 약 1,000여 년간 지속되었다. 유럽의 부흥은 바로 이처럼 기독교의 신성과 권위에서 벗어나 인간의 이성과 합리성이 깨어나는 것을 의미하는 것이었으니, 그만큼 서구 기독교와 현대문명은 배치되는 면이 강한 것이다. 그리하여 인간의 이성이 싹트고 막연한 신과 자연에 대한 두려움이 진리와 이성에 대한 확신으로 바뀌자, 맹목적인 신앙을 강조하는 부패한 교회에 대한 개혁 운동이 본격적으로 일어나기 시작했다.

16세기의 인문주의자였던 에라스뮈스(Erasmus, Desiderius)는 교회에 만연한 미신과 도덕적 악습을 공격하면서 최고의 교사인 그리스도를 닮으라고 외치기 시작했고, 마틴 루터와 장 칼뱅이 본격적인 기독교 개혁 운동에 나섰다. 이렇게 종교개혁이 시작되자 루터와 츠빙글리는 성서에 의한 신의 진정한 뜻을 행해야 한다면서, 예수님의 본래 가르침으로 돌아가자고 주장했다. 그들은 교회의 면죄부 판매와 봉건적 착취, 교황청의 절대적 권위와 무오류성을 비판하면서 하느님의 뜻과 성서의 본질적인 가르침에 의지할 것을 주장했다. 교회의 머리는 교황이 아니라 오직 만물의 으뜸이신 그리스도뿐이며 교회의 권위보다 그리스도의 권위를 더 중요하게 여기는 것이 진정한 가톨릭(catholic: 단어적으로 보편적이라는 뜻임)적이라는 것이 그들의 생각이었다.

그 결과 교회의 권위가 아닌 인간의 내면에서 구원을 얻자는 흐름이 나타났으며 이를 표방하는 신교가 출현하여 서구 사회에 변혁을 일으키기 시작했다. 프로테스탄티즘(Protestantism, 개신교)이란 말에서도 알 수 있듯이, 그들은 로마 가톨릭교회에 목숨을 바쳐 강력히 '저항(protest)'했으며 교회의 은총을 통해 구원을 얻는 게 아니라 자신의 노력을 통해 현실에서 성공함으로써 하느님의 구원을 확인받고자 했다. 이러한 노력은 근대 자본주의를 성장시키는 동기로도 작용했다.

그러나 종교개혁은 단순하게 신앙 개혁에 그치지 않았으며 유럽 사회를 통째로 바꿔버린 분기점이 되었다. 유럽의 각 나라는 로마교

황청의 통제에서 벗어나 독립을 얻고자 했으며, 레오나르도 다빈치 (Leonardo da Vinci)로 대표되는 인문주의자들은 인간의 이성과 진리를 중시하는 르네상스를 일으켜 신앙적인 주제를 벗어나 인간을 중심으로 삼았고, 과학에서도 신앙적인 우주관에서 벗어나 자연에 내재된 합리적인 진리를 발견하려고 노력했다.

이것은 기독교 스스로가 자초한 것이었다. 물론 교회의 타락과 부패가 직접적 원인이었지만, 신성과 진리를 추구하는 교회 자체에서 그러한 세속적 문제와 부패가 일어났다는 것은 그 교리 속에 인간의 삶을 진리와 신성으로 이끄는 영원한 생명력이 없으며 예수님의 참된 진리가 제대로 전해지지 않았다는 사실을 말해주는 것이었다. 이처럼 불확실하고 비이성적인 종교 현상이 사회에 심각한 문제를 일으키자, 통찰력을 지닌 많은 지식인들이 이에 대해 본격적인 의문을 제기하기 시작했다. 그 결과 유럽 사회는 신의 섭리와 계시를 대신하여 인간 중심의 이성과 진리적인 세계관이 일반화되었고 이러한 사고방식은 과학과 산업을 발전시켜 유럽 국가들을 세계의 선진국으로 성장하게 했다.

즉, 서구 문명이 세계의 주류 문명으로 성장하게 된 것은 신앙이 주는 불합리한 관념 체계와 미신적 현상을 벗어나 사실과 진리를 추구했기 때문이다. 그들은 예수님이 세상에 전하고자 했던 참된 진리를 밝히려 노력했고, 그래서 교회가 아닌 『성경』에서 진리를 찾으려고 했다. 그들은 하느님의 완전한 진리는 이미 하느님의 작품인 이 세상 속에 깃들어 있다고 보았기 때문에 인간이 그것을 찾아 누리기만 하면 하느님의 축복을 받는 것이라 여겼다.

이러한 주장이 가장 잘 반영된 것이 이신론(理神論)이다. 이신론자들은 모든 것을 막연한 신의 뜻으로 보는 것이 아니라, 실험과 인과의 법칙에 의해 과학적으로 세상을 보았다. 그래서 완전한 우주적 질서에 대한 깨우침을 얻었고 이에 대해 종교적 차원의 신뢰를 할 수가 있었다. '이신론'이라는 이름에서도 알 수 있듯이, 그들은 자연에 내재한 진리를 신으로 보아서 '자연 종교'로도 불렸는데, 세상은 완전한 신의 뜻에 의해 법칙으로 나타나 있기 때문에 신은 더 이상 이 세상에 관여하지 않는다고 보았다.

그리하여 인격신 형태의 절대자가 인간세상에 관심을 보이고 모든 것을 손수 관할한다는 중세의 인격적 신본주의에 이의를 제기했으며, 창조주는 존재하지만, 그 신은 손수 만든 피조물과 그 운영을 통해서만 자신을 드러낼 뿐이라고 주장했다. 따라서 이러한 '법칙으로서의 신'은 자기 자신의 예외도 허용하지 않으므로, 그는 질서를 만드는 것으로 자신의 역할을 다할 뿐 그 안에서 운행되는 세계에 대해 간섭하지 않는다고 보았다.

이신론자들은 모든 것은 인간의 사유 범위 내에 존재하며 '진리'와 '신'도 그러한 대상이라고 생각했다. 세계는 일단 창조된 후에는 완전한 질서에 의해 자동으로 운동을 계속한다고 보았으며, 인간 생활에 직접 초자연적으로 간섭하는 은총, 기적, 계시 같은 것은 인정하지 않았다. 그들은 중세에 나타났던 여러 가지 신의 우상과 미신 현상을 반면교사로 삼아 종교의 불합리성을 지적했고, 비이성적으로 인간의 삶을 지배하고 있는 '신의 뜻'이라는 거룩한 장벽에 대해 정면으로 대항하며 진실을 탐구하기 시작했다. 이러한 과학적 사고와 이신론이 대두되자, 중세의 신은 오래된 장식과 같이 거추장스러워졌고 신앙은 형식화되었으며 신이 이뤄준다던 구원의 약속은 믿을 수 없는 공수표와 같이 돼 버렸다.

그리하여 이성이 깨어난 서구인들은 아무리 하늘을 올려다봐도 보이지 않는 하느님 대신에 눈앞에 보이는 사실과 과학적 진리를 소리 높여 외치기 시작했다. 이제 그들에게 종교는 진리가 아니라 일종의 추상적 관념에 불과했으며 우상숭배에 지나지 않았다. 그래서 포이어바흐(Feuerbach) 같은 철학자는 "신이란 인간의 요구와 바람이 대상화되어 나타난 것에 불과하다."고 했고, 니체는 "신은 죽었다."고 선언했다.

그리하여 유물론이 유신론을 대신하여 새로운 시대사조가 되었으며 기계적 우주관과 진리관이 나타나 오늘날의 현실을 지배하게 되었다. 이제 서구에서는 형식적으로 신의 이름이 내걸리고는 있지만, 속으로 들어가면 신에 대한 절대적 믿음은 찾아보기 어렵다. 그래서 교회에 가는 것도 평생에 세 번, 즉 세례식, 결혼식, 장례식 때뿐이라는 우스갯소리가 나오고 있으며, 교회는 신자가 없어 박물관이나 사교 장소로 변하고 있는 중이다.

철학의 한계

근대에 들어서면서 서구 역사에서는 신의 불합리성과 종교의 타락을 비판하는 종교개혁과 함께 인간의 이성과 주체성을 강조하는 계몽주의가 나타났다. 정신이 깨어난 서구의 지식인들은 진리를 이해하기 위해서는 인간의 이성과 함께 사실적 이치를 중시해야 한다고 보았다. 그들은 절대적 신을 대신하여 선택한 '인간의 이성'에 대해 흔들리지 않는 절대적 권위를 부여하고자 했다. 왜냐하면, 신을 끌어내리고 그 자리에 인간이 대신 앉았으니 신의 계시가 아닌 인간의 이성으로 진리를 발견할 수 있어야만 스스로 세상의 주체가 되어 살아갈 수 있는 근거가 생기기 때문이었다.

그리하여 인간의 이성이 진리를 인식할 수 있느냐 하는 인식론이 대두하게 된다. 이러한 주제를 탐구하기 시작한 것은 신의 속박에서 벗어난 인간 이성에 대한 자신감의 표현으로, 이성과 진리의 힘으로 인간이 우주를 이해하고 자신의 상황을 개선할 수 있다고 본 것이다. 인간이 진리를 인식할 수 있느냐 하는 문제는 과거 신에 의지했던 사고 방식에서 벗어나 이제 스스로 진리를 찾고 구원의 문제를 해결할 수 있느냐 하는 것과 직결되는 과제였다. 인간이 진리를 인식할 수 있다면 종교의 역할을 대체할 수 있고, 모순덩어리로 대두된 중세의 억압적이고 관념적인 교회체제를 벗어버리고 그들이 원하는 인간 중심의 사회를 이룰 수 있기 때문이었다.

이러한 인식론에는 데카르트, 스피노자와 같은 대륙의 합리론과 로크, 홉스, 흄과 같은 영국의 경험론이 있다. 양자는 모두 이성을 신뢰하는 공통점을 가지고 있는데, 합리론이 이성이 가지는 특성을 중시하며 '인식 가능성'에 관심을 기울인 반면에, 경험론은 이성을 통해 획득되는 '지식의 효용성'에 더 큰 관심을 두고 있었다.

종교의 권위 없이도 이성을 통해 진리를 인식할 수 있다는 가능성을 처음 제시한 근대 철학자는 데카르트였다. 사실 스콜라 철학으로 대표되는 중세 사상은 진리의 근거를 신에다 두고 있었고, 이성의 활동이 가능한 근거도 신에다 두었다. 따라서 신, 계시, 초자연 등을 전제하지 않고서는 이성은 그 진실성을 보장받을 수가 없었다. 그래서 데카르트는 이성이 독자적으로 진리를 인식할 수 있느냐 하는 시대적인 과제를 수학의 확실성과 명증성을 통해서 해결하고자 했다.

데카르트는 인간이 가진 이성을 중시하여, 이성이란 인간만이 가진 신성한 것으로 신이 부여한 완전한 신의 속성 중 하나로 보았다. 그래서 무엇을 하고 있는 동안에도 그렇게 사고하고 있는 자신의 의식이라는 존재를 부정할 수 없다는 결론에 도달하여 "나는 생각한다. 고로 나는 존재한다(Cogito ergo Sum)."는 절대적 명제를 제시했다. 그리하여 자신이 생각하는 존재임을 근거로 자기의 이성을 모든 진리와 인식의 출발점으로 삼았다. 그는 이러한 이성적 사유가 순수 논리적이므로 이치에 부합하고 앞뒤 관계가 명확하기 때문에 보편타당성을 지닌다고 보았다. 따라서 부정할 수 없는 절대적 이성을 바탕으로 모순 없이 논리를 전개해 나가면 인간은 어떠한 진리도 인식할 수 있다고 보았다.

그런데 문제는 이성을 가지고 합리적으로 전개한 논리라 해도 진리가 아니고 진실이 아닐 수 있다는 사실이다. '다이아몬드 산'이 그러한 예인데, 다이아몬드만으로 이루어진 큰 산이라 하면 생각 속에서 논리를 만들어 상상할 순 있어도, 현실적으로 존재하지 않는 허상에 불과하다. 따라서 이러한 비현실적인 논리 전개는 인간의 사유로만 가능하지 실재하지 않는 일이다. 이로 인해 대륙의 합리론은 인간 이성의 완전성과 진리의 인식 가능성을 의심받게 되었다.

그에 반해 영국의 경험론은 이와 대립하는 태도를 보이는데, 인간의 특징인 이성의 신성성을 인정하지 않고, 감각과 경험을 중시한다. 즉, 인간은 태어날 때 백지 상태로 태어난다고 보며, 이성이란 인간의 감각이 모여 형성되는 것으로 보편적 경험이 진리로 인식된다고 보았다. 따라서 경험할 수 없는 것은 인정하지 않는다. 합리론에서 절대자(신)는 사유할 수 있기 때문에 존재하는 것이지만, 경험론의 입장에서는 신은 경험할 수 없는 대상이므로 존재하지 않는다고 본다. 마찬가지로 영혼 또한 경험할 수 없으므로 인정하지 않는다.

여기에 대해 흄이라는 철학자는 본인이 경험론자임에도 경험론이 100% 어김없이 진리를 인식하는 방법이 아니라는 문제를 제기한다. 즉, 경험론에서는 유사한 경험이 보편적 인식이 되어 진리로서 이해하게 된다고 하나, 보편적 경험 또한 하나의 거대한 신념일 뿐 완전한 진리가 될 수 없다고 말한다. 왜냐하면, 만약 1,000번 같은 일이 발생해도 1,001번째는 다른 일이 발생할 수 있으므로 보편적인 경험이 절대적 진리가 될 수 없다고 본 것이다.

이처럼 대륙의 합리론과 영국의 경험론이 신성과 진리를 인식하는 데 한계를 보이자 독일의 철학자 칸트는 3대 비판이론을 세움으로써 그 절충점을 모색했다. 그는 먼저 『순수이성비판』이란 저서에서 인간 이성의 진리 인식 가능성에 대해 비판한다. 인간은 고귀한 이성이 있어 사유할 수 있으나 그 사유는 완전할 수 없으며 경험에 의해 제한된다는 것이다. 따라서 경험할 수 없는 신성이나 진리는 인간의 이성으로는 인식할 수 없다고 보았다.

그러면 인간이 신성과 진리를 인식할 수 없다면, 어떻게 자신과 세상을 위해 선하고 도덕적으로 살 수 있는가? 칸트는 여기에 대해 심각하게 고민한 듯하다. 그래서 이렇게 고백한다. "순수이성으로 사유하여 올바른 진리를 도출하여 여기에 따라 실천하는 것이 가장 합리적이지만 이것을 철학적으로 해결하는 것은 불가능하다." 그래서 오랜 고민 끝에 그는 『실천이성비판』으로 여기에 대해 답을 한다. 철학의 영역에서 신과 영혼과 절대적 진리의 문제를 포기한 칸트는, 현실적 필요성에서 신과 영혼의 존재 이유와 도덕적 실천의 중요성을 강조하기 시작한 것이다. 즉, 인간은 살아가면서 반드시 알아야 할 진리나 신성에 대해 인식하거나 이해하지는 못하지만, 그럼에도 불구하고 이를 따르고 실천하는 이유는 인간의 마음속에 이성보다 더 높은 천부적인 '실천이성'이 있기 때문이라는 것이다. 그래서 칸트는 머리 위에서 빛을 내는 별과 같이 가슴속에 빛나는 도덕률이 존재한다고 주장하며 인간은 실천이성에 따라 선을 실천하며 올바르게 살아야 한다고 강조한다.

그리고 이러한 도덕률에 따른 실천이성은 천부적으로 선의지(善意志)를 요구하게 되는데, 이러한 선의지를 내는 이유는 인간이 최고로 선한 상태에 도달하기 위해 영혼 불멸이 요청되며 이를 위해 자연히 행위와 목적의 원인인 절대자(신)를 필요로 하기 때문이라는 것이다. 그래서 자유의지를 가진 인간의 영혼은 절대자를 경외하며, 자율과 자유에 따른 내면의 도덕성인 정언명령(定言命令, 반드시 지켜야 할 명령)을 따르게 되는데, 그 내용은 "네 의지의 준칙이 동시에 보편적인 입법의 원리로서도 타당하도록 행동하라."는 것이다. 즉, 너의 내면적인 행위의 원리가 세상의 보편적인 원리와 일치하도록 행동해야 한다는 뜻이다.

이렇게 하여 칸트 철학에서는 철학적 사유를 통해 도출되지 못했던 개념들이, 실천적인 필요성에 의해 도덕으로 나타나게 된다. 즉, 인간이 왜 도덕적 행위를 통해 진리를 찾고 최고선을 추구해야 되느냐 하면, 도덕적으로 사는 사람만이 이 세상을 선하게 통치하는 절대적인 신을 만나고 내세의 구원을 얻을 수 있기 때문이라는 것이다. 그러나 이것을 정확히 평가하자면, 『실천이성비판』은 철학의 완결판이라기보다는 철학의 퇴보라고 보아야 한다. 왜냐하면 그는 사실과 이치에 따른 합리적 사유를 통해 신성과 진리의 존재를 증명하지 못하고, 전해져 내려오는 종교적 관념과 현실적 필요성에 의해 도덕적 행위를 설교하고 있기 때문이다.

여기서 칸트는 철학자로서 큰 한계를 느낀 듯하다. 그래서 오랜 사유를 통해 인간이 인식할 수 없는 신성과 진리를 어떻게 알고 실천할 수 있는가에 대한 최종적인 답을 제시한다. 이것이 바로 3대 비판서

중의 마지막 작품인 『판단력비판』이다. 여기서 칸트는 미(美)와 도덕의 유일한 판단 원리는 자연 및 예술의 합목적성(合目的性)에 있다고 주장한다. 즉, 칸트는 '미'란 대상 그 자체가 아름다운 것이 아니라, 인간의 의식이 그렇게 판단하기 때문에 아름다운 것으로, 다시 말해 어떤 대상이 아름다운 것은 그것이 바로 그 사회의 구성원과 사회 목적에 있어서 일치하기 때문이라고 본 것이다.

여기서 고전적인 미의 정의에 대한 혁명적 반전이 이루어지는데, 이를 철학에서는 '칸트의 코페르니쿠스적 혁명'이라고 한다. 기존에 미라고 하는 것은 그 실체가 본질적으로 아름답기 때문이라는 입장이었다면, 칸트에 이르러서 미에 대한 시각이 주관적으로 전환된 것이다. 이를 계기로 서양사상사에 도도히 흐르고 있던 플라톤의 본질적 미학 이론인 "진리는 아름답고 조화롭다."라는 '진선미 일치이론'이 약화되고, 사회의 필요성에 따라 주관적인 대중의 미를 중시하는 근대 미학 이론으로 넘어가게 된다.

이러한 한계를 안고, 데카르트, 스피노자, 칸트에 이어지는 대륙의 합리론은 인간의 이성적 사유를 중심으로 이 세상을 전체적으로 설명하려고 하는 헤겔의 거대 관념론으로 이어진다. 독일의 철학자 헤겔은 인간의 이성을 신의 신성을 물려받은 것으로 보고 이 세상마저 신의 의식이 변화하여 나타내는 정신적 과정으로 보기 때문에 그의 철학은 의식과 사유로 모든 것을 해석했다고 하여 '절대적 관념론'이라 불린다. 그는 신의 의지는 내적으로 단순한 의식과 합리적 이성을 거쳐 완전한 절대정신(絕對精神)으로 발전한다고 보며, 밖으로 표출된 절대정신은 역사 발전과정을 통하여 개인과 사회, 국가로 발전한다고 본다. 또한, 이러한 철학체계를 확장해서 국가와 윤리, 종교 등 모든 것을 설명하고 그 모든 것의 배후에 신의 의지인 절대정신이 있다고 주장한다. 그에 따르면 세상에 나타난 신의 의식은 세 단계로 발전하는데, 개별 인간에게는 주관적 정신으로 나타나고 역사 속에 형성되는 사회 공동체에서는 객관적 정신으로 나타나며 최종적으로는 신의 절대정신으로 완전한 형태를 나타낸다고 본다.

헤겔은 이러한 세상의 발전 과정을 정반합(正反合)으로 이루어지는 변증법(辨證法)으로 설명한다. 즉, 역사 속에서 신의 의지에 의해 하나의 뜻이 현상으로 나타나면, 어느 정도 유지되다가 그로부터 한계와 문제가 나타나고 이것을 보완하여 더 완전한 형태로 발전하게 된다고 한다. 예를 들어, 한 사회에서 개인의 이해관계를 조절하고 사회질서를 유지하기 위해 법률이 생겨나면(정), 이 법률은 너무 엄격하고 비인간적이므로 도덕에 의해서 보완될 필요성이 생긴다(반). 하지만 도덕이 너무 개입하면 법률이 불안해지고 사회가 위험해지므로 다시 참된 인륜(人倫)을 통해서 더욱 높은 차원의 인간세상이 나타나게 된다는(합) 것이다. 그래서 인간세상은 법률과 도덕과 인륜이라는 발전 단계를 거쳐 그 윤리성이 더욱더 고양된다는 것이다. 이러한 과정을 거쳐서 절대정신은 자신의 부족함을 보완해가면서 완전한 단계로 발전해 나가는데 이러한 과정의 반복을 통해 이 세상은 궁극적으로 신을 닮은 완전한 절대정신에 이르게 된다는 것이다.

이처럼 헤겔은 이 세상이 절대정신의 자기 구현의 표현으로, 신의 의지인 절대이성이 결국 이 세계를 조화있고 완전하게 만들어 가고 있다는 생각을 한 것이다. 따라서 세계 역사는 다소 문제는 있어도 결국 이성적이며 조화있게 발전하게 된다고 본다. 그래서 헤겔에 있어서 이성적인 것은 현실적인 것이며, 현실적인 것은 이성적인 것이 된다.

이렇게 하여 헤겔은 세상의 모든 현상을 신의 완전한 뜻에 의해 나타나는 질서로 설명하는 이론체계인 절대적 관념론을 만들어 냄으로써 세인의 추앙을 받으며 당대 최고의 철학자로 군림했다. 그러나 현실에서도 알 수 있듯이 이 세상에는 생생한 삶과 직결된 다양하고 심각한 문제들이 나타난다. 그럼에도 불구하고 그는 이러한 생생한 현실을 외면하고 단순한 사유와 논리로 이 세상이 이상적으로만 흘러가고 있다고 본 것이다. 즉, 관념론의 근본적 한계인 사유와 현실이 일치하지 못하는 문제가 발생한 것이다. 논리적 사유로는 산만한 다이아몬드를 만들 수 있지만, 현실 속에서 그것을 만들 수가 없는 것이다.

그의 이론의 문제점은, 이 세상이 신에 의해 나타난 완전한 세상으로 완전한 이치에 의해 움직이고 있다고 본 것은 옳았지만, 세상에 좋은 원인이 쌓이면 좋아지지만 나쁜 원인이 쌓이면 조화를 잃고 불행해진다는 이치는 생각하지 못한 것이다. 즉, 그는 당시 세상이 자비로운 신의 뜻과 인간의 이성적 발전에 따라 계속 진화한다고만 생각했지, 인간들이 짓는 탐욕과 폭력에 의해 세상이 어지러워지고 파멸에 빠진다는 것은 생각하지 못했던 것이다. 그러한 한계로 인해 그는 정복자 나폴레옹을 세계정신의 출현이라고 보는 오류를 범하고 어용 철학자로 비판받았던 것이다. 이처럼 현실 속의 단편적 현상만 보고 자신의 상상과 생각을 조합하여 모든 것을 판단하는 이상주의자가 가장 위험한 것이다.

그래서 이러한 헤겔의 관념론에 대해 독일의 철학자 포이어바흐(Ludwig Feuerbach)는 헤겔 철학이 철학을 위장하여 신의 완전한 뜻과 의지를 설명하려는 신학에 불과하다고 주장한다. 그는 신은 실재하는 존재가 아니며 인간이 자기의 소원과 이상을 객관세계로 투사하여 마치 독립한 실체인 것처럼 상상한 것에 불과하다고 본다. 따라서 관념적인 신과 마찬가지로 헤겔의 절대정신도 실상은 존재하지 않은 망령에 불과하다고 주장한다. 그래서 헤겔 철학을 일러 종교와 철학의 용납할 수 없는 야합(野合)이며, 절대적 권력을 자랑하는 전체주의 국가를 옹호하기 위한 '어용 철학'이라고 평가했다.

그래서 포이어바흐는 이 세상 모든 것을 신의 뜻으로 보고 정당화하는 헤겔과는 달리, 사실을 중시하여 있는 그대로의 자연과 인간을 참되게 설명하는 것에 철학의 중심에 두어야 한다고 주장한다. 그는 헤겔의 관념철학에서 소홀하게 다루어진 자연의 실재성을 중시하며 철학은 인간을 위한 인간학이 되어야 한다고 역설한다. 이처럼 관념적인 신의 뜻과 질서를 거부하고 자연 속에서 확인할 수 있는 사실과 인과율만 인정하려는 사고방식은 모든 것을 물질과 자연의 이치로 설명하려는 유물론으로 발전하게 된다.

이를 발전시킨 대표적인 주자가 그 유명한 마르크스(Karl Marx)다. 그는 포이어바흐가 서구 사회를 지배하는 종교적 흐름을 인간적 본질로 대체했다고 그 공을 인정하면서도, 인간의 본질은 각 개인에게 내재하는 추상적인 문제가 아니라 사회관계의 총화라고 주장한다. 그래서 인간을 사회적 조건 속에서 나타나는 사회의 실체를 보고, 그 원동력과 법칙을 분석하여 사회학적 필연의 법칙으로 공산주의 사회를 도출하려고 했다. 그는 계몽과 의식 변화를 통해 인간다운 관계를 회복하여 사회 개혁을 기대하는 포이어바흐, 생시몽, 오언, 푸리에와 같은 초기 공산주의를 공상적 사회주의라고 비판하고, 자신들을 '과학적 공산주의'라고 해서 사회의 법칙성에 따른 실천으로 실질적인 공산주의 혁명을 추구하려 했다.

그에게 있어서 인간 해방은 단순한 이기심의 극복이나 개인 문제의 해결이 아니라 경제적 속박과 사회 계급이 관련된, 경제적이고 정치적인 문제로 본다. 그래서 정치적인 투쟁으로 저변에서 착취당하는 프롤레타리아(proletariat)가 착취하는 부르주아(bourgeois)에 대항하여 계급투쟁을 벌여야 한다고 주장한다. 이것은 이전의 개혁적이고 온건한 사회주의 운동과는 달리 노동자 계급에 의한 노동자 계급의 혁명적 해방을 의미한다. 그래서 모든 문제와 역량을 사회주의 혁명을 위한 수단으로 직결시키려 한 것이다. 그래서 마르크스는 철학이 단순한 이해를 위한 것이 아니라 사회 변화를 일으키는 실천하는 수단이어야 한다고 주장한다. 미네르바의 올빼미처럼 해가 지고 나서 날아다니는 철학은 아무 소용이 없다는 것이다.

그러나 이와 같이 모든 것을 뒤집어버리려는 유물론적 혁명적 사고는 기존 자본주의 질서 속에서 평안히 살고 있던 다수의 시민들과 많은 지식인들의 마음에 강한 거부감을 불러일으켰으며 좌·우파 간의 갈등으로 사회 혼란이 가중되었다. 이러한 공산주의 물결이 사회를 뒤흔들고 제국주의로 인한 국제적 전쟁과 탐욕적 자본주의의 폐해가 세상을 불안과 공포 속으로 밀어 넣자, 근대문명의 기반이 되었던 서구의 보편적 가치였던 합리적 자연관과 이성적 인간관은 한계에 부딪히게 되었다. 그리하여 자율, 이성, 진보 등이 핵심 개념이었던 근대정신은 18세기 후반부에 이르자 이성의 합리성과 완전성에 대해 회의하는 움직임이 서서히 일어나면서 해체를 요구받게 된다.

그래서 니체와 같은 철학자들은 인류 문명의 흐름 속에 존재하는 근본적인 한계와 불안을 보고 전통과는 달리 인간의 생생한 삶 속에 본질적으로 작용하는 그 무언가를 찾아 진리와 의미를 파악하려고 노력하게 된다. 즉, 근대 이후 인간들이 문명을 발전시켜 왔지만 결국 진리를 찾지 못하고 자본주의와 제국주의, 식민지 전쟁 등으로 세상을 더욱 악하고 불행하게 만들고 있는 것을 보고 인간세상에 존재하는 무언가 본질적인 것을 찾아 그것에 충실하게 살아감으로써 삶의 근본 의미와 가치를 찾으려고 했던 것이다.

그리하여 인간의 이성에 근거하여 세상을 합리적으로 설명하려는 주류적인 철학 흐름과 달리, 살아 움직이는 현실의 삶에 충실하자는 감성 위주의 비합리주의 철학이 나타났으니, 이것이 바로 '생(生)의 철학'이다. 그들은 인간을 포함한 모든 살아 있는 존재는 이성의 합리적·과학적 사고보다는 직관이나 체험으로 파악되어야 한다고 주장하는데, 인간에게는 이성보다 더 중요한 생명적 요소가 있으며 이것을 찾아 여기에 충실하게 살 경우 자연과 조화되며 삶에 의미를 부여할 수 있다고 보았다.

그 대표적인 학자로는 쇼펜하우어, 니체, 딜타이, 지멜, 베르그송 등이 있다. 그들은 생명의 세계를 관통하는 근본적인 실체를 발견하여 이에 따라 살아가는 게 가장 자연에 부합되며 생명의 본질에 충실한 삶이라 주장했는데, 이러한 삶의 실체를 니체는 권력의지라 했다. 즉, 인간에게는 근본적으로 권력에의 의지가 있어서 이를 충족시킬 때 비로소 인간의 본질에 충실한 삶을 살 수가 있다고 본다. 그래서 자기가 비겁하기 때문에 정의를 찬양하고, 자신의 부끄러운 무능을 숨기고 싶어서 강한 자를 비난하는 현 인간 사회의 도덕을 주인의 도덕이 아니라 하인의 도덕이며, 군주의 도덕이 아니라 노예의 도덕이라고 비판하며 최고의 권력을 얻고 인간 완성의 경지에 오르는 초인(超人)이 되기 위해서 부단히 노력하는 과정에서 삶의 의미를 찾아야 한다고 주장한다.

그리고 쇼펜하우어는 인간에게는 죽음의 의지, 즉 본래부터 무로 돌아가고 싶은 의지가 있다고 주장한다. 그는 힌두교 마야(幻) 사상의 영향을 받아 이 세상의 고통과 혼란은 맹목적인 생의 의지로 인해 비롯되는 것으로, 이러한 생의 의지가 사라지지 않는 한 세상의 불안은 사라지지 않으며 인간 내면의 평안은 찾을 수 없다고 보고, 모든 생의 의지를 버릴 때 인간은 비로소 자유와 평안에 이른다고 보았다. 그래서 불교의 해탈에 이르는 것을 가장 완전한 경지로 보았다.

그리고 프랑스의 철학자 베르그송은 모든 생명체에게는 그 근본 속에 생명의 약동, 즉 엘랑비탈(élan vital)이 있다고 보았다. 따라서 세상의 움직임은 단지 기계적인 법칙에 의해 나타나는 것이 아니라 어디로 튈지 모르는 엘랑비탈이 창조적으로 움직이며 나타나는 과정으로 본다. 그가 이러한 주장을 하는 것은 과학의 발달로 모든 것을 물질적으로 설명하는 유물론이 너무 성행하여 생명이 살아 숨 쉬는 인생의 참된 의미가 경시되고 있다고 보았기 때문이다. 그래서 그는 유물론에 맞서 생명의 힘을 보여주고, 물질에 종속된 인간들에게 희망을 주고자 했던 것이다. 즉, 이 세상의 본질은 살아 꿈틀대는 생명력의 창조적 진화에 있으며 인간의 삶의 본질은 정신적 창조 활동에 있다고 본 것이다. 그래서 이러한 근원적 힘은 계속 새로운 모습으로 변화하고 있으며 궁극적으로는 공감과 사랑으로 삼투되어, 사치와 허영 없이 소박하게 살아가는 높은 차원의 확장된 자아로 발전한다고 주장한다. 그는 "인간들이여! 너희들은 물질적 욕망의 노예가 아니다. 자유로운 생명이다."라고 외치며 철학자의 의무는 물질적 지성의 만연을 저지하고, 진정한 생명의 자유를 고양시키는 것이어야 한다고 주장한다.

그러나 이런 주장들은 각 철학자가 자기 체험과 아이디어를 바탕으로 논리를 전개한 것이었기 때문에 맞는지 틀리는지 객관적으로 증명할 수도 없고, 급박하게 돌아가는 현실의 흐름과 유리되었기 때문에 결국 생명력을 잃고 시들어 갔다. 즉 외부적으로 닥친 거대한 제1차·제2차 세계대전의 소용돌이 속에서 사변적인 철학적 사유는 아무런 힘도 발휘하지 못한 것이다. 자본주의의 구조적 모순으로 사회적 갈등과 비인간적 현실은 심화되고 두 차례에 걸친 세계대전으로 수천만의 시체가 하루살이보다 못하게 산야에 쌓였는데, 그 속에 신의 존재가 어디 있으며, 인간의 의미와 가치가 어디 있느냐를 따지는 삶과 철학에 대한 근본적인 회의가 몰려든 것이다.

그리하여 지성인들의 의식 속에는 허무주의가 팽배하게 되었다. 그들에게 인간은 세상에 내던져진 단백질 덩어리에 불과했으며 이 세상은 본질적으로 무(無)로서 그 속에서 인간은 아무 의미 없는 삶을 연명하고 있을 뿐이라고 보았다. 이러한 한계상황에서 자기 삶의 실체적인 본질을 알려고 하는 것보다는 주어진 삶을 보람 있고 가치 있게 사는 실존이 더 중요하다고 보고 그 방법을 모색하게 된다. 이것이 '실존주의 철학'이다.

이들은 20세기 서구 사회가 창조한 기계문명(機械文明)이 만들어 낸 우민적인 대중사회와 제1차·제2차 세계대전 후에 붕괴된 인류의 정신적 위기에 대해 깊이 성찰한 후, 실증적 과학에 대한 과신을 경고하고 근원적인 불안과 소외상황에 노출된 인간의 한계를 직시하여 그 속에서 인간의 참된 의미와 가치를 확립하려고 시도하게 된다.

실존주의는 무신론적 실존주의와 유신론적 실존주의로 나뉘는데, 무신론적 실존주의의 대표적인 학자로는 사르트르, 하이데거 같은 철학자들이 있다. 이들은 신이 사라진 무의미한 세계와 무한한 자유 앞에 홀로 선 인간은 이런 한계 상황에서 벗어나기 위해 주체적 책임을 지고 당당히 운명에 맞서야 한다고 주장한다. 그래서 사르트르는 사물의 경우 본질이 실존에 앞서지만, 인간은 실존이 본질에 앞선다고 주장하며, 인간이 실존을 이해하기 전까진 그것을 규정하는 본질은 아무런 의미가 없다고 말한다. 그는 희미한 인간의 눈으로는 인간의 본질적인 의미를 찾을 수 없으니 자기가 부딪히고 있는 현재에 중심을 두고 모든 것을 해석하고 극복해야 한다고 주장한다.

그는 인간이 신의 품을 떠나 자유를 회복하고 스스로 의미를 찾아가는 상황에서 첫 번째 느끼는 반응으로 '멀미'를 지적한다. 자유를 갖고 있으므로 무엇인가를 할 수밖에 없는데 아무것도 보이지 않으니 오히려 그 무한한 자유성에 어지럽고 구토가 나오는 것이다. 그러나 이 세상의 본질은 무로서 우리를 안내해 줄 신은 그 어디에도 존재하지 않으므로, 인간 스스로 목적과 방향을 정하고 움직여야 한다고 주장한다. 인간이란 존재는 자유 속에서 선택하고 움직일 때 실존이 이루어지므로, 스스로 인식하고 행위를 하여 그 책임을 다할 때 실존이 가능해진다는 것이다. 이렇게 하여 자유와 함께 내던져진 인간의 삶은 총체적인 사회 참여(정치·사회 문제에 대한 적극적 참여)를 통해 스스로 의미를 만들어갈 때 비로소 실존을 구현하게 된다는 것이다.

반면에 유신론적 실존주의는 키르케고르와 야스퍼스가 대표적인데, 그들은 한계상황에 홀로 직면한 인간은 오직 신과의 만남을 통해서만 삶의 의미를 찾고 소외를 극복하게 된다고 주장한다. 즉, 인간은 죽음, 투쟁, 고통, 책임과 만나게 되는 한계상황에 처했을 때 자신의 실존을 절실하게 느끼게 되는데, 이때 자기 자신에게 순수하게 돌아

감으로써 자신의 실존과 만나게 되고, 신을 통해서만이 죽음의 두려움에서 벗어나 자신의 의미와 가치를 찾고 실존적 자유를 얻게 된다는 것이다.

　그리하여 야스퍼스는 철학이란 과거와 같이 거대한 세계의 조감도를 그리는 추상적 사유가 아니라, 인간 존재의 본질에 파고드는 활동이 되어야 한다고 주장한다. 즉, 실존철학이 추구하는 것은 절대자를 초월적 대상으로서 인식하는 것이 아니라, 초월자와 개별적인 실존적 만남을 통해 자신의 한계상황을 극복하는데 문제의 중심을 두어야 한다는 것이다.

　더 나아가 키르케고르는 "실존은 하느님 앞에 있는 것이다."고 하여 본래부터 유한한 인간은 오직 신 앞에 설 때 실존이 가능하다고 주장한다. 이처럼 그에게 있어서 실존은, 완전한 신 앞에서 의미 있는 존재인 자기를 자각하여 참된 자아를 회복할 때 비로소 진정한 실존이 가능해진다고 본다. 그는 신을 떠나온 현대인은 근본적인 모순과 한계에 빠져 있으므로 다시 신을 찾아야만 소외 상황에서 벗어나 완전한 자유를 얻게 된다고 하여 전통 기독교 신앙으로의 복귀를 주장하고 있는 것이다.

그러나 이러한 수많은 철학자들의 피나는 노력에도 불구하고 모든 실존주의 철학들은 인간의 한정된 이성적 사유에 의존한 관계로 인간들이 진정 궁금해 하는 삶의 본질적 의미와 가치에 대해 궁극적인 답을 제시하지 못했다. 그리하여 실존주의는 개인의 책상 위에 놓인 하나의 지식에 불과했을 뿐, 현대사회의 소외문제를 해결하는 데는 큰 도움이 되지 못했다. 왜냐하면, 현대문명의 근본적인 한계를 해결하기 위해서는 인간과 신, 생과 사, 인간과 환경, 생명과 물질과의 관계를 모두 이해하고 생명의 존재 이유와 삶의 길에 대해 분명히 제시할 수 있어야 하는데, 철학자들의 시각은 칸트의 말대로 경험과 한정된 이성에만 국한되어 있으니 이에 대한 답을 해줄 수가 없었던 것이다.

이처럼 근세에 들어서면서 인간의 주체성과 이성의 자유를 찾아 신의 품을 떠난 인간은 이제 스스로 의지했던 이성의 한계에 부딪히게 됨으로써 마지막 마음의 안식처마저 상실하게 되었다. 이제 인간은 자신의 의미와 가치마저 상실하고 아무것도 없는 황량한 우주 공간에 홀로 내던져진 미아가 되어 무의미하게 죽음을 맞는 극한적인 인간소외 상황에 처하게 된 것이다. 신도 잃고 진리도 잃고 길도 잃고 희망도 잃어버린 것이다.

이러한 상황에 대해 부처님은 눈뜬장님이라는 표현을 통해 그 비밀을 잘 밝히고 있다. 즉, 업을 지닌 인간은 세상을 바로 볼 수 없기 때문에 진리의 인연을 만나 실상을 있는 그대로 바로 보는 시각을 깨쳐야 한다고 했다. 그래서 플라톤도 인간은 동굴 속에서 세상의 그림자를 보고 세상인 줄 착각하고 있다고 하여 동굴의 우상이라는 말을 만들었으며, 칸트는 인간의 이성이 신성이나 진리를 절대 인식할 수 없다고 갈파한 것이다.

따라서 현대문명의 근본적인 한계인 무의미와 인간소외 문제를 해결하려면 눈뜬장님과 같은 현재의 시각으로는 아무리 해답을 찾으려도 찾을 수 없으므로, 먼저 그 눈을 밝혀 있는 일을 있는 그대로 보는 시각과 지혜를 얻은 후에 세상 속에 깃든 진실과 진리를 밝히는 것이 순서라 할 것이다.

과학의 한계

이처럼 종교와 철학이 인간의 근본적인 문제에 대한 답을 내리지 못한 가운데 물질에 바탕을 둔 현대 과학문명은 삶의 의미와 가치를 찾고자 하는 인간의 바람과는 무관하게 거침없이 내달리고 있다. 역사를 살펴보면 이러한 물질 위주의 과학 문명은 서구의 르네상스로부터 일어나기 시작했다. 과거 르네상스 시대의 지식인들은 종교의 어둠과 무지에 대항하여 인간의 이성을 일깨웠고 세상을 이루고 있는 자연 속의 이치를 발견하여 생활에 이용하려고 노력했다.

당시 인간의 자연에 대한 지식은 미약했으며, 대부분의 지식은 신과 연결되어 있어서 자연은 경외와 두려움의 대상이었다. 그러나 코페르니쿠스가 신의 품속에서 움직이고 있는 지구가 우주의 중심이 아니라 단지 태양을 돌고 있는 수많은 행성 중의 하나에 불과하다는 지동설을 주장하면서 서구인들의 인생관과 우주관에는 혁명적인 변화가 일어나기 시작했다. 즉, 천국은 공간적으로 지구 위에 존재하고 지옥은 그 아래에 놓여 있다는 신앙적 우주관에서 벗어나 지구 중심의 물질적 우주관을 갖게 되었으며, 신의 자비와 권능에 기대는 것이 아니라 자연 속에 존재하는 원리를 깨쳐 그 속에서 신의 뜻과 구원을 확인하려고 했다.

그 후 자연은 신비와 두려움의 대상이 아니라 정복의 대상이 되었으며, 자연계를 이해하고 접근하는 방법에서 큰 변화가 일어나게 되었다. 1583년 이루어진 갈릴레오의 진자 실험은 모든 자연현상을 하나의 과학 원리로 이해하려는 계기가 되었고, 인과의 이치로 자연현상을 분석하려는 과학적 탐구방식은 오늘날 서구과학의 실마리가 되었다.

근대문명이 가장 큰 관심을 가진 것은 인간의 이성과 인식 가능성, 그리고 자연의 실체에 관한 문제였고, 지식인들은 이에 대한 답을 얻으려고 노력했다. 이들은 신의 억압에서 벗어나 인간의 무한한 가능성을 믿었고, 당시 베이컨과 같은 계몽주의자들은 하느님의 완전한 뜻과 질서에 의해 만들어진 축복의 선물인 '자연'을 인간이 주체가 되어 마음껏 정복하며 이용해야 한다고 주장했다.

그들이 중시한 것은 객관적 사실과 진리였으니, 이것은 불확실한 미신과 우상에서 벗어나 사실과 이치에 충실하라는 성자들의 근본적인 가르침과 일치하는 것이었다. 이것이 바로 근대 이후 세계를 지배한 서구문명의 근본 동력이 되었으니 이러한 원리를 적극적으로 활용한 유럽은 세계사의 중심이 되어 급속히 발전하였다. 이렇게 사실과 진리를 추구한 나라는 발전하고 관념에 빠져 이를 경시한 나라는 패망했으니, 이는 인과의 이치인 진리가 과학이란 이름으로 현실 속에 증명되기 때문이었다.

그렇다면 중세까지만 해도 과학적 수준이 앞섰다고 하는 동양이 추락하고, 서양이 세계 문명을 지배하게 된 근본적인 원인은 무엇인가? 이에 대해 많은 분석이 있지만, 근본적으로는 신과 진리에 대한 동서양의 이해 차이 때문이었다. 중세 봉건시대에 서양의 종교와 관념체계는 이성적인 그리스·로마 철학을 누르고 성립한 기독교의 압도적인 영향 속에서 초월적인 신앙과 불합리한 계시를 근거로 이루어지고 있었다. 따라서 그리스·로마 철학으로부터 비롯된 이성적 진리 추구 방식과 비이성적인 신앙적 사유 방식 사이에는 항상 긴장과 모순이 나타났고, 지식인들은 그 괴리에서 벗어나기 위해 탐구를 계속해 왔다.

따라서 신의 뜻과 자연의 실체, 삶의 의미와 가치를 탐구하는 것은 불합리한 상황에서 참된 진리를 찾고자 하는 지식인들의 피할 수 없는 운명이었다. 더구나 당시 유럽 사회는 수많은 도시국가로 나눠져 있어 서로 살아남기 위해 필사의 경쟁을 하고 있었다. 이러한 현실적 필요 때문에도 새로운 실용적 지식이 요구되었고, 유용한 지식을 발견하고 이를 잘 활용하느냐에 따라 국가의 발전과 운명이 좌우되었다. 그리하여 르네상스를 기점으로 실용성을 강조하는 분위기가 사회를 지배하면서 관념적인 신의 계시와 축복 대신에 구체적으로 현실에 도움이 되는 사실과 이치를 요구하게 되었고, 이것이 종교개혁과 인간성 해방으로 이어지게 된 것이다.

그러나 동양에서는 신과 진리의 문제는 더 이상 시빗거리가 아니었다. 왜냐하면, 기본적으로 동양의 종교는 불교와 유교에서도 알 수 있듯이 이성적인 종교로서 절대자(신)를 향한 믿음보다는 사실과 이치를 밝히는 것을 기본으로 한 사유체계였기 때문이다. 따라서 신과 진리에 관한 고도의 철학적 사유는 이미 성자들과 뛰어난 논사(論師)에 의해 모두 드러난 상태여서 깨닫지 못한 후대의 지식인들이 우주의 실체와 진리에 논의한다는 것은 주제넘은 일로 취급되었다. 그래서 동양의 지식인들은 더 이상 완전한 우주의 실체와 진리에 대해서는 깊은 의문을 제기하지 않았고, 그들이 하려고 한 일은 이미 밝혀진 완전한 경지를 향해 자기 자신을 도달시키는 실천의 문제만이 남았던 것이다.

그래서 동양의 지식인들은 인간 완성이라는 내면적 발전에 치중하게 되었고, 그 결과 진리에 대한 탐구나 역동적인 사회 발전은 미약할 수밖에 없었다. 한 마디로 동양은 너무나 완벽한 관념 체계에 의해 지배되어 인간의 이성이 힘을 펼쳐나갈 여지가 별로 없었지만, 서양은 계시와 믿음으로 대변되는 불합리한 신앙 체계와 그리스·로마 철학의 전통과 이성과의 갈등 관계 속에서 지속적으로 객관적이고 합리적인 진리를 발견해 나가야 할 필요성이 제기됨에 따라 학문과 과학이 계속 발전하게 되었던 것이다.

당시 서구인들은 신앙이 만들어 놓은 관념적인 우주 질서와 불합리한 신념 체계에 대해 의문을 제기하면서 객관적 자연 질서와 보편적 원리를 찾으려고 노력했으며, 신 또한 자신이 만들어 놓은 완전한 우주 질서에 따를 수밖에 없다고 생각했다. 그리하여 근대과학의 아버지라고 하는 뉴턴은 인간과 우주 전체가 하나의 완전한 이치와 질서에 따라 움직여가고 있다고 주장하면서 이를 입증하는 몇 가지 법칙을 제시했다. 특히, 케플러의 행성운동법칙과 중력 사이의 관계성을 몇 가지 수학 공식으로 정리하는 데 성공함으로써, 이 세상은 완전한 기계적 질서에 의해 나타나며 우주 질서는 인간의 이성으로 이해할 수 있다는 믿음을 갖게 했다.

이처럼 우주를 몇 가지 간단한 법칙에 의해 지배받는 장치로 이해한 기계적 우주관은, 인격적 신에 의해 우주가 지배되고 있으며 오직

신에 의해서만 인간 구원이 가능하다는 중세의 관념 체계에 충격적인 영향을 주었다. 그 후로 신의 그림자 아래에 놓인 불확실한 우주는 사라지게 되었고, 과거와 같이 신의 계시에 의지하는 것이 아니라 명확한 이성에 근거하여 살아가려는 합리적인 근대정신이 탄생하게 되었다. 이것은 중세 천 년의 암흑기에서 깨어나 우주로 뻗어 나가려는 서구 문명과 인간 정신의 위대한 외침이기도 했다.

신의 우상과 불합리한 계시에서 벗어나 사실을 중시하고 과학적 법칙을 찾아낸 인간의 힘은 실로 위대했다. 베이컨의 말대로 인간은 이성과 진리를 앞세워 이 세계를 정복할 수 있게 된 것이다. 태초 이래 자연의 불가사의한 힘에 공포를 느끼며 순종하던 인간이 이제 자연을 노예로 삼고 그 주인이 된 것이다. 그리하여 그들은 과학적 원리와 사실의 힘을 이용하여 자연을 정복하고 세상을 지배해 나갔다.

그러나 현대문명의 비극은 여기서부터 시작되었다. 막연한 신의 품에서 벗어나 자유를 얻은 인간은 사실과 진리의 힘을 이용하여 무한한 힘을 얻었지만, 신에 대한 경외심과 인간의 양심마저 잃은 나머지, 방종한 불량 청소년처럼 자신에게 주어진 지혜와 힘을 욕망과 이기심을 충족하는 데 사용함으로써 세상을 어둠과 재앙으로 뒤덮고 말았다. 그들은 과학의 힘을 이용하여 인류를 살상하는 식민지 전쟁과 세계대전을 일으켰고, 자신들이 살아가는 터전인 지구마저 파괴하는 죄악을 저질렀다. 더구나 인간의 파괴적 본능과 야수성은 인류 전체를 소멸시킬 수 있는 핵무기를 만들어 스스로 자기의 목을 조르는 어리석음을 범하고 말았으니, 이제 과학은 인간의 행복을 위해 봉사하는 긍정적인 도구가 아니라, 인류를 파멸시키는 부정적인 도구가 되었다. 이것이 바로 오늘날 과학만능주의가 낳은 결과이다.

지난 인류 문명을 돌아보면, 인간은 빅뱅(big bang)의 산물로 작은 먼지로부터 생겨나 이제는 창조주의 영역에 도전할 정도로 우주 최고의 지적 존재로 진화해 왔고, 오늘날 과학의 발전 속도는 더욱 급속해지고 있다. 최근 100여 년 사이에 이룩한 과학의 발달은 지난 수천 년 동안 이루어온 과학기술의 발전보다 몇 천 배나 되는 고도의 성장을 보여주었다. 그리하여 상대성이론과 빅뱅이론으로 대표되는 현대과학(천체물리학, 양자물리학, 분자생물학, 생명과학, 시스템과학, 정보과학 등)의 눈부신 발전과 이에 따른 첨단 기술(인터넷, 정보통신기술, 사이버네틱스, 인공지능 컴퓨터, 생명공학 등)의 급격한 발전은 보통 인간의 지능과 의식으로는 도저히 감당하지 못할 정도로 실로 어마어마하다.

이처럼 과학문명이 발전될수록 인류가 지난 세월 고도의 지능과 정신을 지닌 존재로 진화해 오면서 인류를 최고의 지성적 존재로 있게 한 전통 철학과 종교는 점점 더 힘을 잃고 있다. 오늘날 종교와 철학은 상대성원리, 빅뱅우주론, 양자물리학, DNA 생명과학과 같은 과학적 발전을 제대로 뒷받침하지도 못할뿐더러 오히려 이에 압도당해 뒷방 노인 신세로 전락하고 있는 것이다. 그 결과 현대인들은 종교와 철학의 한계에 실망한 나머지 더욱 과학기술과 유물론적 사상에 빠져들고 있다.

더구나 이제 인간은 과학을 통해 신의 영역으로까지 진입하려는 과욕을 보이고 있다. 그들은 종합과학이라는 이름으로 인문과학과 자연과학을 통합하여 우주의 모든 것을 종합적으로 설명하려 한다. 그러나 지금까지 이루어 놓은 과학적 지식은 그 방대한 양에도 불구하고 근본적인 한계가 있다. 오늘날 나타난 과학은 수많은 가설을 토대로 성립한 이론으로 진리라고 확실히 검증된 것이 없기 때문이다. 따라서 이러한 지식을 짜깁기하여 세상의 실체와 원리를 설명한다는 것은 오히려 진실을 왜곡할 가능성이 더 크다.

이러한 문제의 근저에는 과학자들의 교만함이 있다. 과학의 기본 정신은 통제 가능한 변수 간의 인과관계를 분석하고 이에 한정하여 결과를 인정함을 원칙으로 한다. 따라서 측정 가능한 변수의 범위를 벗어나는 주장은 오류를 범할 가능성이 크기 때문에 금지된다. 그러나 오늘날 과학은 자신의 범위를 벗어나는 문제를 함부로 주장하고 학문의 자유라는 미명 아래 자신의 가설을 책임지지 않는 행태를 보이고 있다.

과학자는 자신들이 측정한 것이 물질에 한정되어 있으면 물질로 검증된 결론만 말해야 하고, 존재하긴 하나 검증하지 못하는 것은 아직 확인하지 못했다고 인정해야 한다. 그러나 요즘 과학자들은 자신들이 확인하지 못한 것까지 함부로 유추해서 말하고 있다. 그래서 과학 너머에 존재하는 신성과 생명과 의식과 영혼의 존재에 대해서도 함부로 단정하는 비과학적인 태도를 보이는 것이다. 신성과 생명, 생명의 사후 질서, 영혼과 의식의 존재와 같은 우주와 생명의 궁극적 실체에 대해서는 과학자들이 아무리 많은 시간을 실험실에서 보낸다 할지라도 눈뜬장님인 인간의 사유와 통찰력으로는 확인할 수 없으며, 오직 인간 완성을 이루어 세상을 완전히 보는 눈을 얻은 성자들의 가르침을 통해 엿볼 수가 있다.

그런데도 오늘날 과학은 인간의 지각적인 체험을 마치 절대적 진실인 것처럼 주장하며, 자신들이 알지 못하는 분야인 신성과 영혼의 존재마저 함부로 부정하기에 이르렀다. 즉, 과학자들은 자신들의 감각과 이성의 한계는 생각하지 않은 채 자신들이 인식하지 못한다는 이유만으로 신성이나 영혼의 존재마저 부정하는 위험하고 무지한 결론을 내린 것이다. 그 극단이 '뇌과학'이다.

'뇌과학'은 인간의 의식과 영혼의 존재를 부정하는 유물론적 입장에서 인간의 의식은 생체의 유기적 작용으로 나타나는 화학반응에 불과하다고 보며, 영적 현상은 인간의 심리적 착각에 불과하다고 주장한다. 그들은 인간의 의식과 기억을 전자신호로 변경하여 측정할 수 있으며 데이터처럼 서로 이동하여 보급할 수 있다고 주장한다. 그리하여 1990년대 '계산신경과학(computational neuroscience)'에서는 뇌 기능을 신경계를 구성하는 물질이 정보를 처리하는 과정으로 보고, 컴퓨터과학과 신경과학을 융합하여 인공뇌를 구축하면 모든 의식 현상을 컴퓨터적 처리 방식에 의해 설명하고 전달할 수 있다고 주장한다.

이러한 논리가 힘을 얻으면서 2010년부터 미국에서는 '인간 두뇌 프로젝트(Human Brain Project)'를 시행하여 워싱턴대와 하버드대에서 수천만 달러를 투자하여 '디지털 뇌' 개발계획을 추진하고 있고, 우리나라 승현준(Sebastian Seung) 박사도 여기에 참여하여 뉴런 1,000억 개와 신경 연결 100조 개를 연결하는 뇌신경 연결지도를 만드는 '인간 커넥톰 프로젝트(Human Connectome Project)'를 추진하고 있다.

이러한 흐름의 일환으로 EU도 2013년부터 향후 10년간 10억 유로를 투자하여 뇌를 역공학적(reverse engineering)으로 설계하여 인공뇌를 구축하는 사업을 추진하기로 했으며, 미국 오바마 대통령은 집권 2기 야심작으로 '두뇌활동지도(Brain Activity Map)' 프로젝트를 발표했다. 이 계획은 사람 뇌의 1,000억 개 신경세포와 각 세포의 전기적 활동을 기록하는 전자지도를 작성하는 것으로, 신경세포 연결지도(connectome)보다 진일보하여 뇌 전체 기능을 한눈에 나타내는 거대 지도를 작성하려는 계획으로, 향후 10년간 매년 3억 달러 이상 투입한다고 발표했다.

이러한 구상들은 인간의 영혼은 존재하지 않으며 따라서 인간의 의식은 뇌의 화학적 반응에 불과하므로, 뇌를 정확히 분석하면 인간 의식에 대한 완전한 이해가 가능하며, 뇌에 기록된 지식과 모든 생명현상은 전기신호로 해석할 수 있어 이를 통제하거나 전송할 수 있다는 가정을 전제로 하고 있다. 그래서 '뇌-기계 인터페이스(Brain-Machine Interface)'를 만들어 뇌의 특정 부위에 반도체 칩을 이식하여 미세 전극으로 뇌파를 모아 전송하면, 손대신 머릿속 생각만으로 기계를 제어하는 것이 가능하다고 주장한다. 이러한 시도는 이미 일부 실용화되어 인간의 의식만으로 간단한 기계 조작이 가능한 시대가 되었다.

그리하여 2050년에는 뇌에 무선 송수신기를 설치하는 '뇌-뇌 인터페이스(Brain-Brain Interface, BBI)'를 만들어 생각만으로 모든 의사를 소통하고 각자의 지식과 경험을 교환하여 인간두뇌 개발의 혁명을 이룸으로써 문명의 이기와 교육과 언어가 필요 없는 세상을 만들겠다는 구상을 하고 있다.

이처럼 그들은 뇌과학을 발전시켜 인간의 모든 한계를 극복하고 인간의 의식만으로 모든 것을 이루는, 인간이 신이 되는 천국을 이 땅에 건설하려고 시도하고 있다. 그리하여 최근 '멀티사이언스'라고 해서 복합학문, 복합과학, 융합과학이라는 이름의 새로운 학문이 나오고 있으며 물리학자, 화학자, 분자생물학자, 신경과학자, 전자물리학자 등 전 분야의 과학자들을 한꺼번에 투입하여 종합적인 연구를 추진하고 있다.

그렇다면 오늘날 현대 생명과학이나 통합과학이 이야기하듯이 인간의 의식을 과연 뇌와 전자장치로 분석할 수 있으며, 인간의 지식과 경험이 컴퓨터 메모리 이동하듯 사람의 의식 사이에 서로 이동할 수 있을 것인가? 결론부터 말하자면, 아니다! 인간의 의식은 우리 내면에서 분명히 작용하고 있음을 누구나 다 알 수 있으므로 없는 것은 아니다. 하지만 그렇다고 해서 이 의식을 우리가 측정할 수 있는 것도 아니다. 인간의 의식은 단순한 뇌의 화학반응에 불과한 것이 아니라, 그 자체로 실재하는 기운의 일종으로 이 우주에서 전파보다 더욱 미세한 극미한 존재이다. 따라서 전자로 분석하거나 전파에 담아 이동시킬 수는 없다. '마음의 움직임'은 전자보다 더욱 미세한 '뜻'으로 이루어져 있기 때문이다.

여기에는 독일의 물리학자 하이젠베르크(Heisenberg)의 '불확정성의 원리'가 똑같이 적용된다. 사물을 제대로 분석하기 위해서는 분석하는 수단이 대상에 영향을 줄 만큼 거칠어서는 안 된다. 즉, 전자를 관측하기 위해서는 빛이 있어야 하는데 빛이 전자에 부딪히면 전자의 위치와 운동량에 영향을 주므로 정확하게 측정하는 것이 불가능하다는 것이다. 따라서 전파보다 더 미세한 극미의 기운으로 이루어진 인간의 의식은 거칠고 굵은 전자파로 나르거나 분석할 수가 없는 것이다.

따라서 현 과학의 전자기적 측정 방법으로는 결코 측정하거나 전송할 수 없는 것이 바로 인간의 의식이다. 그러므로 영혼의 존재를 부정하고 인간의 의식이 뇌의 화학적·전기적 반응에 불과하다는 가정하에 진행되고 있는 지금의 뇌과학과 뇌지도 프로젝트는 현대과학의 가설에 근거한 환상이며 신기루를 좇는 어리석음에 불과한 것이다. 따라서 단순 동작을 지시하는 뇌파를 전자화하여 기계를 간단히 움직이는 것은 가능하지만, 전자파보다 더욱 미세한 감정이나 마음의 움직임을 전자화하여 지식을 외부로 전달한다거나 하는 일은 불가능한 것이다.

만약 과학자들의 주장대로 인간의 의식이 육체의 화학반응으로 나타나는 것이라면, 원숭이와 인간의 DNA가 98.6% 일치하므로 원숭이와 인간의 의식 또한 거의 비슷해야 한다. 그러나 실제 오직 인간만이 의식다운 의식을 가지고 있으며, 원숭이는 그저 동물에 불과한 실정이다. 따라서 의식은 유전자와는 전혀 다른 구조와 특성을 가지고 있는 것이다.

그런데도 오늘날 정신분석학이나 두뇌생리학을 공부한 학자들은 이에 대한 답변을 피한 채 대부분 인간의 의식을 단순한 뇌의 화학적 반응으로 보고, 성자들이 본 영혼의 영역을 용감하게도 눈뜬장님인 중생의 시각으로 부정하고 있다. 만약 그들이 두뇌 생체 현상과 인간의 행동 사이의 관계를 연구했다면 연구 결과는 두뇌와 행동 사이의 관계로 한정해야지, 그것을 영혼의 영역까지 확대해서는 안 된다. 그러므로 현실의 과학자는 자신을 진리의 바다 앞에서 예쁜 조약돌과 조가비를 발견하고 즐거워하는 어린아이라고 표현했던 뉴턴처럼 진리 앞에 항상 겸손하고 자신의 시각을 과신해서는 안 된다.

이 세상은 신성하며 질서 정연한 완전한 조화체이다. 이 세상 속에는 완전한 원인과 결과의 법칙이 자리 잡고 있으며, 세상의 모든 것은 반드시 그에 상응한 결과를 남긴다. 따라서 세상을 움직이는 생명의 주체였던 인간의 정신도 그냥 사라지는 법이 없으며, 반드시 영혼으로 결과가 남아 후생의 원인으로 작용하게 된다. 이는 선악의 응보(應報)에 따라 육도(六道)를 윤회하는 육도윤회(六道輪廻)를 설한 부처님의 경우나 하늘의 심판을 말한 예수님의 경우, 그리고 영혼 불멸을 주장하며 죽음은 단순한 여행에 불과하다고 한 소크라테스의 경우에서도 어느 정도 짐작할 수 있다.

모든 성자들이 밝혔듯이, 인간의 근본은 의식체이다. 의식은 생명과 마음의 주체로서 살아 있을 때의 일들을 내포하여 기억을 형성하고, 죽어서 육체를 떠나면 영혼의 형태로 존재하는데, 그 영혼 속에는 살아생전의 기억이 깃들게 된다. 이러한 의식은 뇌를 통해 자신의 의사를 외부로 표출하며, 뇌는 다시 외부의 자극을 감각기관으로부터 받아들여 이를 의식에 전달하는 역할을 한다. 따라서 뇌는 중간적 전기회로에 불과할 뿐이며, 뇌의 특정 부위를 아무리 전자파로 분석해도 그곳에는 의식이 존재하지 않는다. 왜냐하면, 모든 기억은 육체와 별개로 존재하는 의식 자체에 저장되어 있기 때문이다. 따라서 단순한 동작을 이루는 뇌의 파장은 확대 전송하여 기계를 움직이는 것이 가능하지만, 마음속에 담겨 있는 미세한 뜻으로 존재하는 인간의 기억은 전자화하여 옮길 수 없다.

그러면 뇌의 특정 부위가 다쳤을 때 맛을 느끼지 못하는 것은 어떻게 된 것이냐고 질문할 수 있다. 그런 경우를 보고서 누구나 쉽게 뇌가 기억의 주체라고 생각하기 때문이다. 하지만 그것은 의식과 미각 기관을 연결하는 뇌의 중간 회로가 끊어져 맛을 느끼지 못하는 것이지, 뇌에 맛을 처리하는 의식이 저장되어 있어서 그런 것은 아니다. 같은 이치로 뇌의 특정 부위가 탈이 날 때 이와 관련된 감각을 느끼지 못하는 것 또한 그 부분으로 연결되는 전자회로가 끊어졌기 때문이다. 따라서 이러한 실상이 밝혀지면 뇌과학이란 것도 현대과학이 만들어 낸 거대한 난센스에 불과한 것이다.

또한, 이와 같은 사실을 알면 그동안 말이 많았던 냉동인간 보존법과 공상과학영화에서 보는 생체의 차원 이동도 현대과학의 접근방식으로는 불가능하다는 것을 알 수 있다. 인간의 의식은 이 우주에서 가장 진기하고 오묘한 특성이 있는 존재로 오직 육체 속에서만 거주할 수 있다. 그래서 살아 있을 때는 육체와 완벽한 조화를 이루며 머물다가 육체가 조금이라도 정상적인 조건을 벗어나면 곧 떠나 버려 인간의 몸은 죽음을 맞이하게 된다. 따라서 인간의 육체를 냉동하거나 차원 이동을 위해 몸 전체를 전자신호로 분해한다면, 그 순간 인간의 의식은 더 이상 머물 수 없는 충격을 받기 때문에 육체를 떠나 영혼의 형태가 되어 사라지게 된다. 영혼이 떠난 이런 몸은 나중에 다시 냉동에서 풀리거나 다른 곳에서 생체 에너지를 모아 육체를 재구성한다 해도 떠나간 영혼을 다시 찾아올 수 없으니 다시 그 사람으로 살

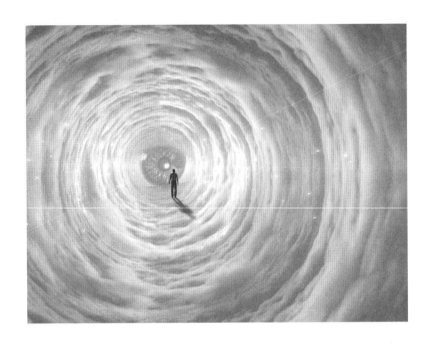

아나는 것은 불가능한 것이다. 이것은 의식이 낮은 동식물에서는 볼 수 없는, 고차원의 의식을 가진 인간에게만 나타나는 고유한 현상이다. 그만큼 인간의 의식과 영혼은 오묘하고 신비로운 것이다.

오늘날 현대심리학과 정신병리학은 영혼의 존재를 부정함으로써 모든 정신병을 뇌의 화학반응인 의식이 정상성을 상실한 현상으로 본다. 그러나 오늘날의 정신 질환은 단순히 의식의 부조화에 의해서만 나타나는 것은 아니다. 유물론적 과학자들은 논의조차 거부하겠지만, 이 세상에는 한(恨)을 가지고 떠도는 영적 존재가 수없이 많이 떠돌고 있어서 이들이 인간의 의식을 감염시켜 나타나는 영적 현상도 있다. 과거 성자들은 이러한 영적 현상을 인간의 생명현상과 삶의 이치를 설명하는 본질적인 가르침으로 밝혔는데, 현대과학은 이러한 영적 존재와 생명현상을 부정하고 단순한 심리 현상으로 정신병을 설명하고 있다.

성자들의 시각과 반대되는 이러한 현대 정신과학의 흐름은 프로이트의 정신분석으로부터 시작된다. 프로이트는 인간의 마음이 의식과 무의식으로 나뉘어 있다고 보고 인간이 동물인 이상 인간에게 제일 중요한 것은 본능으로 본다. 그래서 사람이 성장함에 따라 본능을 사회가 용납하는 안전한 방식으로 통제하는 심리기제가 인간의 '의식'이 되며, 정상적이 아닌 본능들은 '무의식'이 되어 남는다고 한다. 그래서 인간의 본능 중에서 너무 지나친 근친상간의 욕망이라든가 파괴 욕망 같은 것이 무의식 속에 잠재되는데, 이러한 무의식 속에 있는 본능적인 충동이 너무 커져 의식이 통제하지 못하면 여러 가지 정신병이 나타난다고 주장하였다. 그래서 무의식 속에 있는 여러 가지 본능적인 충동을 꿈의 분석과 최면 등을 통해 의식에게 알려주면, 의식이 무의식 속에 있는 것을 통제할 수 있게 되어 정신병 치료가 가능하다는 게 바로 프로이트의 기본적인 정신분석 치료 이론이다.

그런데 프로이트의 제자였던 융은 스승이 모든 것을 무의식 속에 깃든 본능을 기준으로 이야기하는 것에 반발하여 인간의 무의식 속에는 동물적인 본능만 있는 것이 아니라 매우 도덕적이고 고귀한 신성도 있다고 생각하였다. 따라서 이런 요인들을 잘 개발해서 내적인 충동과 본능을 억제하면 정신병을 치료할 수 있다고 스승한테 반기를 들게 된다. 이러한 무의식은 과거 자신의 영혼이나 업에서 오는 것이 아니라, 그 사회의 집단적인 무의식, 즉 집단의 관념, 이상, 가치, 두려움, 공포 이런 것들이 살아오면서 그 사람의 내면에 잠재해서 무의식 속에 깃들게 된다는 것이다.

이처럼 서양의 정신분석학자들은 근본적으로 업과 영혼의 존재를 알 수 없었기에 자신이 경험할 수 있는 일반적인 시각에서 인간의 의식과 무의식이 단순하게 외부적인 경험과 감각에 의해서만 형성된다고 보았던 것이다. 그 결과, 이들은 생명의 실상 자체를 제대로 알지 못한 상태에서 가설을 근거로 이론을 정립하고 치료를 하니 그 효과가 제대로 나타날 수가 없었다. 그래서 오늘날 정신 치료는 반드시 낫는다고 하는 객관적인 방법이나 검증 결과도 없으며, 다만 치료에 많은 시간이 걸릴 수도 있다는 것을 감안하고 나을 때까지 계속 의사와 환자가 상담해가면서 좋아지는 방법을 함께 모색해 가야 한다는 것이 기본적인 방식이다. 이러한 한계는 바로 생명의 실상을 모르는 인간이 자기 생각과 논리로 인간의 영혼과 정신을 해석하고 치료하려고 시도했기에 나타난 당연한 결과이다. 그러므로 영혼과 정신의 문제를 올바로 이해하고 제대로 치료하기 위해서는 반드시 생명의 실상을 보신 성자들의 시각과 지혜가 필요하다.

따라서 기본적으로 영적 감염을 부정하는 오늘날 정신 질환 치료는 영혼의 존재와 유혼 현상을 인정한 성자들의 가르침과 근본적으로 배치되므로 심각한 문제가 있다. 정신의학계에서는 영혼과 유혼(遊魂)의 존재를 부정하니 환자의 정신질환을 정확하게 진단할 수가 없으며 치료하는 데 시간이 오래 걸리고 효과가 제대로 나타나지 않은 경우가 많다. 그래서 대부분의 경우는 마취약이나 주사를 맞히고, 심각한 경우에는 보호시설에 수용하는 것이 일반적인 치료방법이다. 이러한 일들이 바로 '검증되지 않은 추측'으로, 열린 눈을 지닌 성자들이 밝힌 생명의 실상마저 부정하고 있는 현대과학의 거대한 미신이다.

이러한 과학자들의 교만은 우주관에도 나타난다. 유물론자들은 이 세상이 물질로만 되어 있으며 태초에 먼지가 우연히 모여 행성계와 우주의 질서를 만들고, 다시 우연의 산물로 무기물에서 유기물이 나타나, 이것이 돌연변이를 일으켜 생명체와 의식체가 생겨나게 되었다고 말한다. 그러나 태초에 먼지가 모여 우연의 산물로 나타난 이 우주가 혼돈 상태에 계속 머물러 있다면 이해가 되지만, 지금처럼 완벽한 우주 질서를 갖추고 한 치의 어김 없이 운행하며 그 속에 진기한 생명체와 오묘한 가능성을 지닌 의식이라는 존재가 만들어져 있다는 사실은 과학적 사고를 하는 사람이라면 이해할 수 없을 것이다.

이 우주 속에 이미 생명과 정신이 생겨나 있다면 그 원인 속에 생명과 의식의 근원이 존재하리라는 것은 인과의 법칙상 피할 수 없는 결론일진데, 이러한 명약관화한 인과율을 부정하고 먼지와 물질이 우주의 근원이라고 주장하는 논리는 너무나 비과학적이며 비논리적이다. 이 세상이 완전한 질서 아래 완전한 이치로 흐르고 있다는 사실은 이 우주가 본질적으로 어떤 완전한 뜻과 초월적인 힘 속에 놓여 있다는 것을 의미하며, 그 속에 생명과 의식이 생겨나 있다는 것은 이미 이 우주의 근원 속에 단순한 먼지가 아닌 어떤 신성한 생명과 의식의 원인이 존재한다는 것을 의미한다.

그러나 오늘날 과학은 눈에 보이는 물질적 현상에만 몰두하고, 왜 완전하고 거대한 우주 속에 한 치의 어김없는 인과의 이치가 가득 차 있으며 왜 오묘한 생명과 의식 현상이 존재하게 되었는지에 대해서는 대답하지 않고 있으며, 인간이 가장 궁금해하는 영혼의 존재에 대해서도 무시하거나 부정한다. 이것이 현대과학의 한계이다. 만약 과학이 지금과 같이 인간 정신의 의미를 외면하고 물질적 가치만 강조한다면 과학은 결국 인간성 상실과 인류 미래에 대한 위험을 가중시키는 어둠의 역할을 하게 될 것이다.

 지금까지 살펴본 바와 같이 과학은 인간이 가진 근본적인 의문과 갈증을 해소하지 못하고 오히려 인간의 의미와 가치 상실을 더욱 부추기는 역할을 하고 있다. 이에 우리는 근본적인 문제를 제기하지 않을 수 없다. 과연 문명에 의지한 인류는 올바른 길을 가고 있는가? 미친 듯이 경쟁하고 끝없이 욕망을 추구하는 인간세상은 과연 어디로 가고 있는 것일까? 우리가 가는 이 길의 끝은 인간에게 보람과 가치를 주는 공생공영의 길인가? 아니면 인류 파멸의 길인가? 지금 인류에게 거친 파도와 같이 미친 듯 다가오고 있는 파멸의 위협에 슬기롭게 대처하기 위해서는, 세상을 한눈에 꿰뚫어 보는 시각과 지혜로 현실에 대한 정확한 진단과 해법을 제시하고 문제의 벼리를 흔드는 핵심적인 해결책을 반드시 찾아내야 한다.

PART 2

길은 있는가?

진실과 무지

무지가 모든 악과 불행의 원인이다.

진실을 알게 되면 잘못된 삶의 원인도 알게 되어
온갖 재앙에서 벗어날 수 있으며
자신이 소망하는 모든 것을 얻을 수 있다.

사람들이 쉽게 불행의 굴레 속에 빠져드는 것은
인간에게 무엇이 가장 소중한지 모르고
헛된 거짓과 욕망에 집착하기 때문이다.

사람은 근본적으로 합리적 존재이기에
완전하고 신성한 생명의 길이 분명히 존재한다는 것을 알게 되면
세상의 욕망이 원하더라도 자신에게 해로운 일은 하지 않으며
아무리 힘들더라도 자기에게 진정 이로우면
스스로 찾아 행하게 되어 있다.

진리의 존재와 의미

　과연 인류에게 길은 있는가? 언제나 진리와 행복을 갈망하고 완전성을 추구하며 살아온 인류가 왜 막다른 낭떠러지로 밀려온 걸까? 누군가 얘기하듯, 인간이란 본래부터 아무 의미가 없는 존재로 먼지밖에 없는 우주 공간에 돌연변이로 홀연히 나타나, 우연히 의식이라는 이상한 물건을 지니게 되어 함부로 살다 보니 이런 파국이 온 것일까? 아니면 우리가 처한 무의미와 혼돈 속에서도, 우리가 알지 못하는 절대자의 완전한 뜻과 이치가 있는 것일까? 지금도 인류는 그 진실을 알지 못한 채 한 치 앞도 보이지 않는 미로 속을 정처 없이 헤매고 있다.

　이처럼 오늘날 인류 문명이 삶의 의미와 가치를 찾는 인간의 갈증에 대해 아무런 답을 주지 못하는 이유는 현대문명을 이루어 온 핵심 근간인 종교와 철학, 학문과 과학이 모두 한계와 모순에 빠져 있기 때문이다. 그렇다면 과연 세상을 밝히고 인간을 안내하는 완전한 뜻과 진리는 존재하는지 살펴보자! 여기에 대해 크게 두 가지 견해가 있다.

하나는 현대인들이 가지고 있는 시각으로 그동안 세상에 나타난 모든 종교나 철학은 현실 속에서 그 모순이 드러났으니 더 이상 그 속에서 진리나 가치를 찾기 어려우며, 특히 진리란 모두 상대적이어서 절대적으로 지켜야 할 진리는 존재하지 않는다는 주장이다. 그리고 다른 하나는 세상의 실상과 진리를 보았던 성자들의 견해로, 이 세상을 지키고 가꾸는 진리는 분명히 존재하며 인간은 누구나 여기에 근거하여 살 때 비로소 삶의 의미와 가치를 지니게 된다는 것이다. 이 둘 중에서 오늘날 사람들은 성자들의 가르침보다 학자들의 가설들을 더 많이 지지하고 있다. 그 결과 인간이 위기의 순간에 전적으로 믿고 의지할 절대적 진리는 희미해지고 상대적 진리만이 남아 사람들을 혼란 속에 몰아넣고 있다.

더구나 근대철학의 대부인 칸트가 『판단력비판』에서 미와 진리의 기준을 진선미와 같은 절대적 가치 기준이 아니라 다수 대중의 사회적 필요성에 근거한다고 선언한 이후, 사람들은 더욱 더 미와 진리의 기준을 절대적 진리가 아닌 외부의 사회적 판단에서 찾게 되었다. 그리하여 근대 서구철학은 인간의 이성이 갖는 한계로 인해 상대성의 함정에 빠져 버렸으며, 이것이 오늘날까지 이어져 현대인들을 상대적 논리에 파묻고 있는 것이다.

현대인들이 이렇게 상대성이란 늪에 빠지게 된 것은 현대문명의 성립과도 깊은 관계가 있다. 현대문명의 기반이 된 서구 문명이 전지전능한 신을 전제로 하는 절대적이고 완전한 질서를 깨뜨리고 나타난 것이기 때문이다. 중세 유럽에서 모든 활동은 신이 만든 절대적 질서 속에서 해석하고 그 의미를 찾았다. 그러나 르네상스 이후 인간의 이성이 깨어나면서 신의 계시가 아닌 자연의 진리를 밝히기 시작했고,

코페르니쿠스의 지동설이 나오면서 신에 의해 움직이는 중세 기독교적 우주관이 깨지기 시작했다. 그래서 사람들은 신에 의해 정립된 모든 우주적 질서와 진리관을 의심하기 시작했고 자연 속에 나타나고 있는 이치를 밝혀 그에 의지해 자신의 운명을 개척해 나가고자 했다.

그리하여 인간들은 교회나 신앙에 의지하지 않고 스스로가 주체가 되어 합리적 사고와 세속적 가치를 추구하기 시작했으며, 이러한 운동은 점차 사회 전반으로 번지면서, 한편으로 불합리한 신의 섭리와 교회의 부패를 고발하는 '종교개혁운동'으로 발전하고, 다른 한편으로는 대중의 무지를 깨우고 인간의 이성을 고양하는 '계몽주의'로 나아가게 되었다.

인간의 이성이 깨어나고 과학적 사고가 발달하면서 사람들은 막연한 신의 계시보다는 눈으로 확인할 수 있는 사실과 이치를 중시하게 되었다. 이처럼 추상적이고 애매한 신의 뜻과 질서를 거부하고 자연 속에서 확인할 수 있는 인과율만 인정하려는 사고방식은, 곧 인격적 신과 자의적 기적을 부정하는 것과 이어졌으며, 모든 것을 물질과 자연법칙으로 설명하려는 유물론으로 나타나게 된다. 그 대표적 인물인 포이어바흐라는 철학자는 과학적 이성주의에 근거하여 신이란 인간의 상상력, 소원, 이기심이 대상화하여 나타난 것에 불과하다고 주장하며 오직 진실한 것은 인간이 경험할 수 있는 유적(有的) 존재뿐이라고 했다.

이러한 유물론이 근대과학의 배경적 지식이 되어 사회를 지배하자, 사람들은 이 세상이 무질서하고 무의미하며 동물적인 생존만 있는 곳이라고 생각하게 되었고, 물질에 의해 우연히 생겨난 이 세상에는 어떤 불변의 진리나 절대적 가치 같은 것은 있을 수 없다는 '상대적 진리관'을 팽배하게 되었다.

이처럼 신의 품을 떠난 인간이 자유와 진리를 찾아가는 과정에서 영원히 믿고 의지할 절대적 진리를 포기하게 되고, 인간의 이성과 합리적 사고로 만든 과학 문명이 인류를 전쟁의 참화와 무의미 속으로 밀어 넣게 되자, 근대 서구문명의 기반이 되었던 합리적 자연관과 이성적 인간관은 근거를 잃고 헤매기 시작했다. 이러한 계몽주의적 이성은 양면성을 지니고 있었으니, 하나는 인간 해방을 통한 주체성의 확립으로 종교의 압제로부터 탈출할 수 있었다는 측면이고, 다른 하나는 신과 절대적 진리의 부정이 삶의 의미와 가치관의 붕괴를 가져옴으로써 역으로 주체성의 위기를 낳았다는 사실이다.

그리하여 근대화에 따른 과학기술의 발달로 인간 이성에 대해 무한한 가능성과 자신감을 가졌던 인류는 20세기 초반, 두 차례의 세계대전을 겪으면서 그 잔혹한 경험과 실망감으로 인해 이성적 인간에 대한 신뢰는 땅에 떨어지고 말았다. 이제 인간은 황량한 벌판 위에 내던져진 무의미한 야수에 불과했고, 다른 동물과 다른 점은 스스로를 고통스럽게 하는 의식이라는 이상한 물건을 하나 더 가졌다는 것뿐이었다. 이처럼 인간을 만물의 영장으로 만들었던 의식이라는 존재는, 삶 속에서 자신의 의미와 가치를 찾지 못하자 오히려 인간을 더욱 허무와 고통에 빠뜨리는 애물단지가 되고 말았다.

따라서 이러한 문제를 해결하기 위해서는 인간의 삶을 안내해 줄 확고한 진리와 가치관이 필요하다. 그래서 생의 철학을 비롯한 실존철학이 나타나 인간 이성의 한계와 인류 문명의 위기를 극복하기 위해 많은 노력을 했지만 결국 이러한 노력은 코끼리 다리를 만지는 장님의 손길에 불과해 헛수고로 끝나고 말았다. 왜냐하면, 철학자들이 갖고 있는 시각과 사고는 부처님 말대로 세상을 있는 그대로 보지 못하는 눈뜬장님의 한계 속에 있었기 때문이다. 칸트의 주장대로 인간의 이성은 경험하지 못하는 신성이나 진리에 대해서는 인식할 길이 없는 것이다. 이처럼 사실을 사실 그대로 보지 못하니 이해가 불완전할 수밖에 없었고, 그 결과 절대적 진리와 세상의 진실을 밝힐 수가 없어 한계에 처한 현대문명의 해결책을 밝히는 데 손을 들고 만 것이다.

이러한 상대주의 진리관은 오늘날 동양에서도 크게 유행을 타고 있다. 특히 세상의 실체와 삶의 의미를 부정하는 동양의 환(幻) 사상에서는 이러한 주장을 매우 강하게 보여주고 있다. 환 사상에 의하면,

이 세상은 맑고 깨끗한 우주의 근본(불성, 신성, 브라만)이 환(마야, Māyā)을 내어 그림자와 같은 가상적인 현상을 마치 있는 것처럼 꾸며 놓았을 뿐이라 한다. 따라서 이 세상은 실제 존재하지 않는 환영이므로 그 속에서는 참되고 절대적인 것은 찾아볼 수 없으며, 모든 것이 상대적일 뿐이라고 말한다. 근래에 들어 동양철학의 유행으로 이러한 환 사상이 널리 퍼지자, 인간이 지키고 행해야 할 절대적 진리는 세상에서 더욱 희미해져 버린 것이다.

그래서 이제는 아무리 하늘을 올려다봐도 신의 자애로운 미소는 보이지 않으며, 철학이 죽고 이성이 힘을 잃었으며, 잿빛 하늘 아래 무의미하고 혼란스러운 일상만 계속되고 있을 뿐이다. 본질적으로 인간의 의미와 가치를 찾고 완성을 추구하도록 되어 있는 인간의 마음은 지난 수천 년 인류 역사 동안 영원한 진리를 찾아 여기저기 헤매었지만, 결국 인간의 한계와 부족함을 재확인하는 데 그쳤으며, 발버둥 치고 있는 현대문명의 마지막 발걸음마저 낭떠러지 앞에 서 있음을 알고서는 이제 거의 포기 상태에 접어든 것이다. 안타깝게도 인류는 길을 잃어버린 것이다. 그렇다면 어떻게 해야 무의미와 절망에 빠진 현대문명의 질곡에서 벗어나 절대적인 진리와 삶의 길을 찾을 수 있을 것인가? 여기에 현대문명과 인류의 마지막 희망이 달려 있는 것이다.

소크라테스와 소피스트

　오늘날은 상대적 진리관이 세상을 지배하고 있다. 과거 서구 제국주의가 막강한 국력으로 세계를 지배하고 있을 때는 서구 중심의 진화적 가치관이 세계를 지배하고 서구 문화가 모든 가치 판단의 기준이 되었지만, 지금은 세계 각국이 자국의 문화적 주체성을 강조하며 자존을 외치고 있어 이러한 서구 중심의 가치관은 힘을 상실하고 있다. 그래서 오늘날은 보편적이고 절대적인 진리는 없으며, 사회마다 나름의 진리관을 가지고 있으므로 한 나라의 가치관을 다른 나라에 적용하는 것은 옳지 못하다는 주장이 힘을 얻고 있다.

　이처럼 상대적 진리관이 세상을 지배하자, 현대인들은 어느 것이 옳은지 그른지, 어느 것이 선인지 악인지 분간할 기준 자체가 사라져 버렸다. 그래서 오늘날 사람들은 "이 세상에 절대적인 게 없다. 만약 절대적인 게 하나 있다면, 그것은 절대적인 게 없다는 것이다."라는 말을 흔히 한다. 그래서 오늘날에는 모든 것을 상대적으로 이해하려 하므로, 과거에 아무런 의문 없이 진리라고 받아들였던 것도 오늘날엔 그 진리성을 의심받고 있다. 즉, 해가 동쪽에서 뜬다는 명제도 절대적 진리가 아니며, 일 년은 사계절이라는 명제도 진리가 아니라고 한다. 이쪽 사람들이 보면 동쪽인 것도 저쪽 사람들이 보면 동쪽이 아니기 때문이며, 사계절이 없는 지역도 많기 때문이다.

그렇다면 절대적 진리와 상대적 진리 중 과연 어떤 것이 진실인가? 그런데 어이없게도 이 문제는 약 2,500년 전에 그리스에서 소크라테스와 소피스트 간의 논쟁을 통해서 이미 결론이 났다. 그런데도 인간의 무지와 어리석음이 그 빛을 흐려놓아 또다시 길 위에서 정처 없이 헤매고 있는 상황인 것이다.

기원전 4~5세기 그리스에 소피스트(sophist)들이 있었다. 소피스트라는 말은 '지혜로운 자'를 뜻하는데, 그들은 당대의 지식인으로 강연자, 문필가, 교사로 종사하면서 그리스 민주주의를 이끌어갔다. 그들은 자신이 깨친 지식을 세상에 가르쳤는데, 그러다 보니 자연히 개인의 경험과 독단적인 사고에 빠지는 경향이 있었다. 그들은 자기 나름대로 세상의 진실을 추구하고자 노력했지만, 절대적 진리를 밝힌 소크라테스에 의해 그 한계가 드러남으로써 '궤변론자'의 상징이 되었다.

소피스트 중 대표적 인물인 헤라클레이토스(Heracleitos)는 만물은 모두 변한다고 주장했다. 그래서 영원하고 절대적인 것은 없으며 모든 것은 가변적이고 상대적이라고 했다. 또한, 프로타고라스(Protagoras)라는 사람은 인간이 만물의 척도로, 인간에게 좋으면 선이고 나쁘면 악이라고 하여 인간을 기준으로 모든 것을 판단하려고 했다. 그리고 트라시마코스(Thrasymachos)라는 사람은 "정의는 강자를 위해 존재하며, 이긴 자가 정의의 기준이 된다."는 극단적인 주장을 했다. 이처럼 그들은 세상의 진실과 그 이면에 있는 진리를 보지 못하고, 자기 생각 속에서 세상을 이해하고 해석한 것이다. 특히, 제논(Zenon)이란 철학자는 '제논의 역설'로 불리는 궤변으로 유명한데, 그는 "날아가는 화살은 움직이지 않는다."는 주장을 펼친다. 즉, 모든 존재를 순간에 놓고 보면 정지 상태이기 때문에 순간이 이어진 시간 속에서 화살은 계속 정지 상태에 있다는 것이다. 그래서 사람들은 제논을 이렇게 평가했다. "제논의 두 갈래 뱀의 혀뿌리에 걸리면 진실도 거짓으로 변한다." 이처럼 소피스트들은 논쟁에서 말꼬리를 잡아 상대를 꼼짝 못 하게 하는 재주를 가지고 있었다.

그런데 세상을 보는 열린 눈을 가진 소크라테스가 나타나서 소피스트들의 허구를 밝히고 절대적 진리를 제시했다. 이것은 서구 문명사에서 획기적 전환점이며 서구 문명을 이끌어 온 영원한 등불이 되었다. 오늘날 서구 문명이 세계사의 중심이 된 것도 바로 소크라테스가 밝힌 이성과 진리의 빛이 서구인의 정신에 분명한 길을 제시하였기 때문이다.

소크라테스가 열린 눈으로 보니, 소피스트들은 세상의 실체를 전혀 알지 못한 채 좁은 자기 생각에 갇혀 현상의 한쪽 면만 보며 사실을 왜곡하고 있었다. 그래서 소크라테스는 "그 사람들은 실제로는 아무것도 아는 게 없으면서, 뭔가를 알고 있다고 착각하고 있다."고 지적했다. 이것이 당시 사회를 이끌어 가며 지식을 자랑하던 소피스트의 실체였으니, 이는 오늘날 자기 생각으로 수많은 논리와 환상을 양산하고 있는 현대 지식인들의 실상을 보는 것 같아 씁쓸한 마음을 감출 수 없다.

소크라테스는 플라톤이 쓴 『국가론』에서, 세상 사람들의 시각을 이렇게 표현한다. "사람들은 동굴 속에 갇혀 있는 죄수와 같다. 동굴 안에 죄수들은 동굴 안에 묶여, 밖에 있는 현상들이 빛에 비쳐서 동굴 속으로 들어오는 그림자들을 보고 사는데, 그것이 세상의 참모습인 줄 알고 착각 속에 살아간다." 이것은 부처님이 중생들을 두고, 업에 가려 눈앞의 일도 바로 보지 못하는 눈뜬장님과 같다고 말한 것과 같은 시각이다. 그래서 소크라테스는 철학자의 역할은 동굴 밖 세계의 실상을 보고 와서 동굴 안에 갇혀 사는 사람들에게 동굴 밖의 참된 세상의 모습을 알려주는 것이라고 했다. 이와 같이 밖에 있는 참된 세계의 실상을 플라톤은 진리의 세계, 이데아의 세계라고 했다.

그런데 문제는, 참된 지혜가 있는 철학자가 밖에서 본 진실한 세계를 동굴 안에 들어와서 이야기하면, 동굴 안의 사람들은 자신들이 그동안 보아온 그림자의 세계가 진실이고, 밖에서 보고 온 것들은 거짓이며 이상한 것이라고 해서 밖에서 사실을 보고 와 바른말을 하는 진실한 사람을 해치려 한다는 것이다. 이것이 바로 소크라테스가 당시 그리스에서 겪었던 고난이었으며 모든 성자들의 공통된 운명이었다.

그럼에도 불구하고 소크라테스는 세상을 한눈에 보는 밝은 눈으로 세상의 참된 모습과 진리에 대해 자세히 밝히고 개인과 세상, 선과 악, 삶과 죽음과 같은 모든 현상들이 완전한 흐름과 이치 속에서 하나로 돌고 있음을 밝혔던 것이다. 그래서 소피스트들이 이 세상에 인간이 지켜야 할 선(善)과 절대적 가치는 없고 수단과 방법을 가리지 않고 성공만 하면 된다고 말할 때, 소크라테스는 이 세상이 완전한 뜻 속에서 이루어지고 있으며 절대적 가치와 진리가 있음을 말했던 것이다.

이런 이유로 소크라테스는, 생각 속에서 한쪽 면만 이야기하는 독단적인 소피스트들에게 "너 자신을 알라!"고 하는 유명한 말을 남긴 것이다. 즉, 세상은 일부분만 보면 악이 성공하는 것 같지만, 악은 또 악을 낳아 스스로 파멸하게 되고, 선은 일시적으로 고통을 받는 듯 보이지만 결국 좋은 인간과 좋은 세상을 낳기 때문에 항상 절대적 가치와 진리에 따라 선과 덕을 쌓으며 살아야 한다고 역설한 것이다. 소크라테스는 인간이 지녀야 할 미덕으로 정의, 절제, 근면, 용기, 지혜, 자유와 같은 것을 들었다.

그는 인간의 혼이 저승으로 가면서 지니고 가는 것은 오직 교육과 체험밖에 없으니, 혼이 악으로부터 벗어날 수 있는 방법은 바로 배우고 깨치고 행하여 선하고 지혜롭게 되는 수밖에 없다고 하면서, 배움으로 무지를 깨치고 철학을 통해 지혜를 습득하라고 했다. 그의 지식은 실천과 분리된 이론적인 지식을 의미하지 않았으며, 삶과 이어지는 실천적 지식인 '덕(arete)'을 참된 지식이라고 보았다. 즉, 세상의 참된 진실과 진리에 관해 알게 되면, 실천하지 않을 수 없다고 하여 지행합일(知行合一)을 주장한 것이다.

그는 이 세상에 홀과 짝이 있고 물과 불이 있듯이 생과 사가 있으며, 이를 위해서는 생과 사를 이어주는 영혼이 존재할 수밖에 없다고 하면서 생명의 윤회와 완전한 사후 질서에 대해 밝혔다. 즉, 인간의 영혼은 육체 속에 갇혀 욕망과 쾌락에 빠져 있을 때는 영혼이 어지럽고 혼탁하지만, 육체의 억압에서 벗어났을 때는 자유롭고 지혜로워진다고 하면서, 그 마음이 육체에 매여 탁하고 절제를 모르고 추하게 산 사람은 죽어서도 육체와 현실에 매여 물질적 세계와 무덤을 계속 배회하면서 헤매게 된다고 했다. 그래서 이렇게 헤매는 망령은 선한 존재가 아니라 삶을 잘못 산 비천한 존재로 전생의 생활이 나빠서 벌을 받는 것이라고 밝혔다.

그리고 소크라테스는 삶의 결과에 따라 도는 윤회에 대해서도 분명히 밝혔다. 제자인 플라톤이 쓴 『파이돈(Phaidon)』에서 소크라테스는 "죽은 자는 산 자로부터 나오고 산 자는 죽은 자로부터 나오며, 선한 영혼은 악한 영혼보다 더 좋은 운명을 가진다."고 하면서 "인간은 전생의 습관에 따라 다시금 매이게 되는데, 마구 폭식하거나 제멋대로 산다거나 술에 취해 산 자는 당나귀나 그밖에 탐욕스런 동물로 태어나고, 부정한 일과 포악한 일, 도적질을 한 사람은 독수리나 매 같은 것으로 태어나며, 부지런하고 규칙을 즐기는 서민적 덕을 지닌 존재는 개미나 벌로 나고 이로부터 인간이 날 수 있다."며 완전한 이치에 따라 돌고 있는 생명의 실상에 대해 잘 밝히고 있다.

　그리고 윤회를 벗어난 더 높은 차원의 사후 질서에 대해서도 이야기한다. 즉, 자신을 충분히 정화한 사람은 감옥과 같은 지상에서 벗어나 순수한 곳으로 올라가서 그곳에서 살게 되며, 더 많은 지혜와 선행으로 더욱 정화된 영혼은 영원히 살게 되며, 순수한 곳보다 더욱 아름다운 거주지에 머물게 된다고 한다.

　이처럼 완전한 생명의 세계에 대한 절대적 진리를 알고 있었기에 소크라테스는 세속적 권력과 죽음마저 뛰어넘어 오직 완전한 진리와 신념에 따라 행동할 수 있었던 것이며, 자기 생각과 논리에 빠져 독단을 일삼는 소피스트들에게 무지함을 깨치고 영원한 생명의 길과 진리의 세계를 깨우치라고 했던 것이다.

　이러한 그의 생과 사를 넘어서는 완전한 생명의 질서와 진리에 대한 통찰력은 그가 무고한 모함으로 사형을 당하는 법정에서 밝혔던 『소크라테스의 변명(Apologia Sōkratēs)』에서 명확히 드러난다. 그는 법정에서 마지막 변론을 하면서 다음과 같이 이야기한다. "죽음이 이 세상에서 저세상으로 가는 것이고, 저세상에는 우리보다 먼저 죽은 현자들과 성자들이 살고 있는 것이 사실이라면, 저세상에서 그분들과 함께 사는 것보다 더 행복한 일이 어디 있겠소? 그런 곳으로 갈 수만 있다면, 나는 한 번이 아니라 백 번이라도 죽을 수 있소. 그러므로 재판관 당신들이나 시민 여러분도 결코 죽음을 두려워할 필요가 없으며, 선한 사람은 삶과 죽음 속에서도 악이 결코 자리하지 않는다는 것을 잊지 않아야 할 것이오." 이것이 바로 『소크라테스의 변명』에서 행간에 사람들이 놓치고 있는 천국의 진정한 모습이며 생사를 초월하여 모든 인간이 가야 할 길인 것이다.

이와 같이 삶과 죽음을 하나로 관통하는 생명의 이치가 있고, 지은 대로 받는 완전한 천국과 지옥이 실재하기 때문에 소크라테스는 죽음의 순간에도 자신의 정당성과 진리에 대해 자신 있게 말할 수 있었던 것이며 자기를 모함하여 죽이려는 자들도 용서할 수가 있었던 것이다. "이렇게 완전한 사후세계가 나를 기다리고 있기에, 나를 심판한 사람들의 의도가 나에게 악을 행하는 것이었다 해도, 나는 그들은 물론 나를 고발한 사람들에게도 화를 내지 않는 것이오. 자, 이제 헤어질 시간이 왔소. 나는 죽기 위해 가고 당신들은 살기 위해 가지만, 우리 중 누가 더 나은 운명을 향해 가는지는 오직 신만이 아실 것이오."

이처럼 소크라테스가 완전한 눈을 가지고 삶과 죽음, 이승과 저승, 육체와 생명, 개인과 세상으로 이어지는 완전한 우주의 실상과 진리에 대해 이야기하니, 세상의 한쪽 면만 보며 궤변을 일삼던 소피스트들은 자신들의 한계와 허구를 날카롭게 지적하는 소크라테스에 대해 겉으로는 대놓고 반박을 못 하고 속으로는 미워서 그를 제거하려 했던 것이다.

그리고 진리를 말하는 자를 모함하여 죽이려 하는 아테네의 거짓된 지성과 혼탁한 현실을 보며 이렇게 예언한다. "여러분은 나의 죽음 직후, 나에게 내린 선고보다 훨씬 더 끔찍한 벌을 받을 것이오. 다시 말해, 여러분이 나의 죽음으로 인해 기대한 것과 정반대의 일이 일어날 것이라는 말이오. 나를 죽임으로써 여러분은 모르고 있겠지만, 내가 지금까지 달래어 왔던 여러분의 비판자들이 쏘는 화살을 받게 될 것이오. 여러분은 나의 죽음으로 인해 자신들이 행한 악한 행위에 대한 비난을 면치 못할 것이오."

이 예언은 현실화되어 아테네는 소크라테스가 죽은 후 얼마 못 가

망하고 만다. 세상의 실상을 밝히는 참된 진리를 알지 못하고 오히려 이를 부정하고 진실한 자를 죽게 하는 무지한 사회였으니 그 속에서 인간의 미덕이 싹틀 수 없었으며, 사회를 지키는 건강한 힘이 생겨날 리 만무했던 것이다. 그리하여 아테네는 일명 '데마고그(demagogue)'라 하는 선동가에 의해 휘둘리고, 어리석은 대중의 욕망과 이기심에 흔들리면서, 기원전 404년 스파르타에 의해 멸망하고 만다.

그렇다면 소크라테스가 죽음을 무릅쓰고 세상에 밝히려고 했던 가장 중요한 가르침은 무엇일까? 그것은 세상의 진실과 이치를 바로 보지 못하는 인간의 무지를 깨고, 삿된 욕망과 이기심에서 벗어나 참된 인간의 길인 덕을 쌓음으로써 그 영혼을 정화하라는 것이었다. 그는 모든 존재의 근본 원인이 물질이 아니라 정신이라고 하면서, '내가 여기 앉아 생각하는 것은 나의 정신이며, 세상을 최선의 상태로 있게 만드는 것은 이성'이라고 밝혔다. 이러한 명확한 삶의 방향 제시로 근대에 들어 인간의 이성을 최고의 가치로 삼는 서구정신을 탄생시킴으로써 오늘날 서구 문명이 세계를 선도하는 기반을 제공했던 것이다.

소크라테스는 이성과 진리의 중요성을 통찰하여 선은 '진리를 아는 것(知)'이며 악은 '진리를 모르는 것(無知)'이라고 하여 무지를 깨치는 것을 강조했다. 이러한 가르침은 세상의 모든 죄와 어둠이 '무지'에서부터 비롯된다고 보는 부처님의 가르침과 매우 흡사하다. 그런데 여기서 의아한 것은 소크라테스 스스로는 평소의 대화 과정에서 한결같이 "나는 내가 모른다는 것을 안다."며 자신의 무지함을 자처하고 있었다는 사실이다. 과연 이 말 속에 숨어 있는 진실은 무엇일까? 그는 대단히 겸손해서 이런 표현을 한 걸까?

여기에 바로 그의 깨달음의 비밀이 숨어 있다. 오늘날 서구의 학문적 시각으로 소크라테스는 대철학자로 묘사되지만, 실제로 그는 세상의 실상을 있는 그대로 볼 수 있는 깨달음의 눈을 가진 인류사에 몇 안 되는 성자 중의 한 분이었다. 그의 마음은 세상에 대한 자비와 사랑, 덕에 대한 실천으로 한 점 흐림 없이 맑게 개어 세상을 있는 그대로 비치고 있었다. 그래서 일상적인 상황에서 그의 마음속에는 아무것도 들어 있지 않은 텅 빈 상태였으며, 진실로 그는 아무것도 모르는 상태였다. 그러나 그의 마음은 밝은 깨달음으로 완전히 정화되어 티끌 하나 없이 맑게 개어 있었기에 세상과 부딪치면 세상일이 한 점 왜곡 없이 비치어 사실을 있는 그대로 보게 되었던 것이다.

그래서 상대와의 대화에서 처음 아무것도 모르는 상태에서 대화를 시작하지만, 상대가 무엇을 이야기하면 맑은 마음에 비친 대로 실상을 밝힘으로써 상대에게 자신이 진실로 알지 못하고 있다는 사실을 자인하도록 만들었던 것이다. 즉, 그의 무지는 모든 것을 있는 그대로 밝게 비치는 맑은 거울과 같은 비어있음이었으나, 다른 사람의 무지는 눈앞에 있는 일을 있는 그대로 보지 못하는 앞이 캄캄한 어둠이었던 것이다. 그는 이러한 방법으로 참된 진리를 밝혔던 것이니, 이 방법이 바로 그 유명한 '산파술(産婆術)'이다. 즉 스스로는 지식을 낳지 못하나 상대에게 지식을 낳게 하는 산파의 역할을 한 것이다.

그는 아테네를 사랑했고, 정의와 진실을 사랑했으며, 거짓과는 거리가 먼 사람이었다. 그는 삶의 진실을 밝혀 세상의 무지를 깨고, 아테네를 인간적인 미덕과 정의가 흐르는 행복한 사회로 만들고자 했다. 이러한 그의 국가에 대한 시각은 제자인 플라톤의 저서 『메넥세노스(Menexenos)』에 실린 연설문에서도 잘 드러난다. 당대의 유명한 정치가였던 페리클레스가 행했던 추도 연설과 대비되는 내용을 담은 이 책에는 소크라테스의 입장이 잘 나타나고 있다. 그는 코린토스전쟁이 끝난 후 전쟁에서 희생된 사람들을 기리는 추도 연설의 형식을 통해 자신의 주장을 피력하는데, 당시 아테네의 정치 연설이 갖는 위선의 정체를 밝히고 그 선동성과 비진리성을 거침없이 지적한다.

당시 그리스의 유명한 정치가인 페리클레스는 전몰자를 위한 장례식을 국가 행사로 규정한 아테네 법률에 관한 칭송과 아테네 민주정치의 탁월성에 대한 자부심을 드러내면서 전몰자의 남자다운 용기와 공공의 선을 위한 헌신을 찬양함으로써 시민들의 용기와 애국심을 고취하려고 했다. 그러나 소크라테스는 이러한 정치인들의 공격적인 국가관 대신, 조국을 수호하기 위해 자신을 바친 양심적인 시민들의 순수성과 참된 용기를 칭송하며 정의, 절제와 지혜가 결합된 도덕적 이상을 강조하였다. 이는 나라가 강해지기 위해서는 감정에 호소하는 선동과 무력의 증가가 아니라, 그 근본인 개개 국민의 힘을 하나로 모으고 최대한으로 발휘하게 하는 정의, 절제, 지혜와 이와 결부된 양심, 용기, 도덕적 이상이 중요하다는 것을 밝히고, 이러한 미덕이 국가를 발전시키는 밑바탕임을 강조하고 있다.

이처럼 소크라테스는 세상을 있는 그대로 보는 완전한 시각을 얻어 인류에게 진리를 밝힌 몇 안 되는 성자 중의 한 분이었다. 그는 이 세상이 완전한 질서와 분명한 진리로 이루어지고 있으며, 인간이 가야 할 길과 추구해야 할 미덕이 있음을 밝히고, 인간이 지혜를 깨치고 미덕을 추구해 나가면 행복한 삶과 좋은 영혼을 얻어 좋은 운명과 더 나은 내세(來世)를 기약할 수 있다고 말했다. 이러한 가르침은 서구 정신사에 사실과 진리를 중시하는 올바른 사고방식을 남겼으며 이것이 오늘날 서구 문명이 세계를 지배하는 원동력이 되었다.

사실과 진리

우리의 삶이 방향을 잃지 않기 위해서는 무엇보다 사실을 있는 그대로 판단하고 그 속에 있는 옳고 그름을 알아보는 시각이 필요하다. 그러나 요즘 사람들은 상대주의적 논리에 빠져 세상을 정확히 보는 시각의 혼란을 가져오고 있다. 상대주의자들은 빛이 있으면 어둠이 있게 마련이고 선이 있으면 악이 있듯이 이 세상에 존재하는 어떤 것도 부정해서는 안 되며 분별하지 말고 모든 것을 인정하며 긍정적으로 살아야 한다고 주장한다.

하지만 음양과 선악이 존재한다고 해서 그것 자체가 진리라고 말해서는 안 된다. 진리란 어떤 현상의 상반된 측면을 포함한 전체를 하나의 이치로 설명하고 그 속에 있는 뜻과 교훈을 제시하는 것이 되어야 한다. 만약, 어떤 현상을 있는 그대로 설명만 하고 그 속에 있는 뜻과 이치를 밝히지 않은 채 모든 게 자연스러운 일이니 무조건 받아들여야 한다고 말한다면, 그것은 언급할 필요조차 없는 것이다. 우리가 세상일을 만나 고민하고 사유하는 것은 그 속에 깃든 뜻과 이치를 찾아서 삶을 유익하게 만들고자 함이기 때문이다.

따라서 모든 명제를 사실과 이치를 기준으로 판단하지 않고 관념 속에서 답을 찾으려다 보면 모든 것이 상대화되어 버린다. 해가 뜨는 방향에 대해서도, 사실을 기준으로 하지 않고 기본적인 조건까지 뺀 채로 단순히 "해가 동쪽에서 뜨는 것이 진리인가?"라고 문제를 낸다면 상대적인 논리가 되어 버린다. 그러나 사실과 조건을 기준으로 놓고 보면 답이 분명해진다. 사실에는 명확한 인과관계와 조건이 따르기 때문이다. 따라서 이 명제도 시간과 장소라는 사실적 조건이 첨부되면 문제와 답이 명확해진다. 즉, 자기가 있는 쪽을 기준으로 한다는 사실적인 조건이 첨부되면, "내가 있는 곳의 동쪽에서 해가 뜬다."는 명제가 진리가 되는 것이다.

문제가 애매하면 답도 애매해지듯이 문제가 올바르면 답도 명확해진다. 세상에 나타난 대부분의 상대적인 문제는 여기에 함정이 있다. 다른 예로, "물이 악인가, 선인가?"라고 물으면, 여기에 대해 분명하게 대답할 수가 없다. 하지만 "홍수가 났을 때, 물이 악인가, 선인가?"라고 묻는다면 정답이 나올 수 있다. 사막 한가운데서 목이 마를 때는 물이 명확히 선이지만, 홍수가 날 때 물은 위험한 악이 되는 것이다. 이처럼 사실적인 상황이나 조건을 도외시하고 관념으로 만든 문제는 정답을 찾기 어려우며 추상적인 궤변이 되기 쉽다. 사람이 아픈 것도, 두들겨 맞아 아픈 것과 세균에 감염되어 발병되는 것과 노쇠 현상에 의해 생긴 것이 모두 원인이 다른데, 이런 사실적 조건을 제외한 채, 단순히 "무릎이 아픈데 무슨 약을 쓰면 되는가?" 하고 물으면 답을 할 수 없는 것이다.

그러므로 항상 사실을 근거로 해서 문제를 보면 명확하게 답이 나온다. 한때 유행했던 마이클 샌델의 저서 『정의란 무엇인가』에 나오는 질문도 마찬가지다. "시속 100킬로미터로 철로를 질주하는 열차가 들어오고 있다. 앞에는 다섯 명의 인부가 일하는 것이 보이지만 브레이크가 말을 듣지 않는다. 열차가 인부 다섯 명을 들이받기 직전, 이를 지켜보던 당신은 문득 옆에 서 있는 덩치가 산만한 남자를 발견한다. 당신이 그 사람을 밀어 열차가 들어오는 철로로 떨어뜨린다면 그 남자는 죽지만 다섯 명의 인부는 살 수 있다. 그렇다면 그 사람을 미는 것은 옳은 일일까?"

이 문제는 얼핏 보면 그럴듯해 보일 수 있으나, 여기서 답을 찾다가는 길을 잃게 된다. 왜냐하면, 이 질문은 뼈 빼고 따귀 빼고 국물만 가지고 만든 질문으로 본래부터 답이 나올 수 없기 때문이다. 그러나 여기에 사실적인 조건이 붙으면 문제와 답은 명확해진다. 만약 옆에 서 있던 사람이 그 나라를 책임지고 있는 주요 인사라면 그 사람을 보호해야지 다섯 사람을 구해서는 안 되는 것이다. 작은 것을 구하려다 국가와 국민 전체를 위험에 빠뜨릴 수 있기 때문이다.

이는 "가족이 물에 빠졌을 때 아내와 어머니 중 누구를 먼저 구해야 하는가?" 하는 원색적인 문제에도 통한다. 이것도 사실 속의 조건을 따져서 연세가 있으신 어머니라도 수영을 잘한다면 아내부터 먼저 구하는 것이 당연한 일이다. 이렇게 사실 속에 답이 있는데, 조건은 살피지 않고 생각 속에서만 질문을 만드니까 상대성에 빠져 답을 할 수가 없는 것이다.

그럼 사실 속에서 문제를 좀 더 살펴보자. "어려움에 빠진 사람을 구하는 것이 무조건 선이라는 명제가 성립될 수 있는가?" 이것도 조건을 따지지 않으면 상대성의 모순에 빠진다. 만약 나라의 명운을 건 큰 전투에 나선 장수가 수많은 군사를 이끌고 긴급히 출정하다가 길 옆의 강에 아기가 빠진 것을 보았을 때, 선을 행하기 위해 자신의 목숨을 바쳐 구해야 하는가? 이처럼 문제에 사실적인 조건을 넣어보면 사람을 구한다는 것도 무조건 선(善)일 수는 없다는 것을 알게 된다. 상황과 여건에 따라 각각의 조건이 다 같을 수 없으니, 그때마다 취해야 할 행동도 다 다른 것이다. 불쌍한 사람을 돕는 것이 선이라고 해서 순간적인 감정으로 몸을 던져 자기 목숨을 버린다면 이보다 어리석은 일은 없다. 목숨을 바치는 일은 누구나 잘 알고 있듯이 결코 돌이킬 수 없는 일이며, 이승에서의 모든 기회를 잃는 일이다. 따라서 그만한 가치가 있어야 하며, 사리를 제대로 분별하여 자신에게 한이 없도록 행동해야 한다. 그런데 이러한 중요한 일을 상황과 결과를 고려하지 않고 감정이 앞서 함부로 행한다면, 큰 공덕은 고사하고, 오히려 한을 맺게 될 가능성이 크다. 전쟁터에 나가는 장수나 국가를 이끄는 지도자가 아이를 구한다고 갑자기 죽어 버린다면, 한 아이를 구하는 공덕에 비해 그 나라와 전체 국민에게 끼칠 나쁜 영향이 너무나 큰 것이다.

요즘 사이비 종교에 빠져 봉사 활동을 한다고 가정을 팽개치고 그곳에서 운영하는 복지기관에 가서 하루 종일 일하거나, 일터에서 땀 흘려 번 돈을 전부 헌금으로 바치는 사람들이 많다. 자기 딴에는 좋은 일을 한다고 하겠지만, 과연 그것이 자신과 세상에 공덕이 되는 일일까? 사람들은 통상 남을 돕는 마음은 무조건 착한 것이니 복을 받을 것이라고 기대하며, 어려운 여건에서 도울수록 그 공이 더 커질 거라고 생각한다.

그러나 아무리 어려운 형편에서 도왔다 할지라도 세상에 축복이 되지 못하는 자선은 어리석음이지, 공덕이 되지 못한다. 만약 자기가 행한 선행이 세상을 어지럽히는 사이비 단체에 도움을 주어 그 잘못된 교리가 번짐으로써 세상을 어둡게 하고, 헌금으로 바친 돈이 사이비 종교의 배를 불려 세상을 불행하게 했다면, 그것이 어찌 공덕이 되겠는가? 따라서 자신이 세상을 바로 보지 못하면 아무리 좋은 일을 하고 싶어도 하지 못하고 엉뚱한 사람의 배만 불려주게 되니, 사실 관계를 바로 밝혀 옳고 그름을 분별하는 일은 자선을 행함보다 먼저 해야 할 일이다.

오늘날 위정자들은 모두 정의와 공익을 위해 살며 나라를 위해 자신을 바친다고 말한다. 그래서 온갖 정책을 만들고 시행하는데 세상은 점점 더 악하고 불행하게 되는 경우가 많다. 그 이유는 무엇 때문일까? 그것은 바로 사실과 이치를 바로 보지 못하고 자기 생각과 감정으로 세상의 흐름과 어긋난 방향으로 국가를 이끌어 가기 때문이다.

따라서 인간 소외와 상대성의 혼돈에 빠져버린 현대문명이 그 한계에서 벗어나기 위해서는 세상의 실상과 일치한 흔들리지 않는 절대적 진리를 정립해야 한다. 지금 인류는 칠흑 같은 어둠에 빠져 어느 곳 하나 자신 있게 발을 디딜 곳을 찾지 못하고 있다. 삶의 의미가 무엇인지, 인간의 행복이 무엇인지, 어떻게 사는 것이 좋은 삶인지, 죽어 나의 앞에 무엇이 펼쳐질지에 대해 제대로 말해 주는 이가 아무도 없다. 오직 거추장스러울 만큼 불안해하는 나의 의식만이 홀로 남아 온갖 상상의 나래 속에서 방황하다가 갑자기 다가온 죽음의 문 앞에 서게 되고, 도살장에 끌려가는 소처럼 안간힘을 쓰며 반항해 보지만 어쩔 수 없이 죽음의 나락으로 떨어지게 된다. 이것이 고통의 바다를 헤

매는 인간의 일반적인 모습이다.

그러나 이러한 절망 앞에서도 인간에게는 완전해지려고 하는 고귀한 신성을 품고 있어서 끊임없이 삶의 의미와 진리를 찾으며 숙명적인 한계상황에서 벗어나려고 발버둥 치고 있다. 따라서 이 세상 속에 있는 절대적 진리와 생명의 길을 찾는 것은, 만물의 영장이며 세상의 주체인 인간이 본질적으로 추구하고 있는 삶의 궁극적 목표인 것이다. 이것이 명확히 밝혀진다면 인간은 모든 고통과 혼돈에서 벗어나 분명한 삶의 의미와 가치 속에서 망설임 없는 힘찬 인생을 살 수 있다.

그렇다면 과연 길은 있는가? 길이 없다면 어떠한 이유에도 불구하고 아무렇게나 살아도 되지만, 만약 길이 있다면 아무리 오랜 시간이 걸리고 큰 어려움이 있더라도 반드시 찾아야 하며 그에 따라 살아야 한다. 길이 있음에도 불구하고 그것을 알지 못하고 살아간다는 것은 자신의 삶 전부를 무의미하고 무가치하게 만드는 비참한 일이며 동물과 다를 게 없게 된다.

그러나 이 길을 찾는 데는 기존의 방법을 벗어난 새로운 접근법이 필요하다. 왜냐하면, 오늘날의 모든 문제는 현재 삶의 기반인 현대문명 자체의 한계에서 비롯되었기 때문이다. 현 인류 문명은 물질과 욕망 위주로 이루어지고 있으며, 사실을 제대로 보지 못하는 불완전한 인간의 이성에 기초하고 있다. 따라서 현대문명이 부딪힌 무의미와 가치문제를 해결하기 위해서는 현대문명이 답을 하지 못하고 있는 신과 인간, 물질과 생명, 육체와 의식, 생과 사에 관한 완전한 실체를 반드시 밝혀야 한다.

그렇다면 우리는 어디에서 답을 구해야 하는가? 다행히 인류에게는 영원한 진리의 빛이 있었다. 그것은 인간으로서 완전함을 이루어 세상을 완전하게 보는 통찰력을 얻어 우주의 실상과 이치를 밝힌 성자들의 가르침이다. 그동안 이러한 진리들은 오래된 골동품처럼 역사의 한구석에 먼지 쌓인 채 내버려져 있었지만, 아직도 희미하게 비치면서 인류의 삶에 생명의 빛을 제시하고 있다.

그분들은 열린 눈으로 삶과 죽음, 영혼과 물질, 과거와 현재와 미래를 모두 하나의 흐름 속에 완전하게 보시고 "이 세상은 완전한 뜻과 질서 속에 움직이고 있으며 생명의 길 또한 완전하게 흐르고 있으니, 인간이 그 길을 찾아 이에 따라 살아갈 때만이 삶의 보람과 의미를 찾는다."고 했다. 그리고 자신들의 가르침이 탁한 인간세상의 거짓과 욕망에 의해 변질되어 점차 그 빛을 잃고 희미해질 것임도 선견지명을 통해 이미 밝혔다. 따라서 우리들은 성자들이 지적한 것처럼, 참된 진리를 알아보지 못하고 내팽개친 채 스스로 어둠과 고통 속을 헤매고 있는 우리의 무지와 어리석음에 대해 깊이 뉘우쳐야 하며, 성자들이 밝힌 완전한 세상의 실상과 이치, 그리고 인간의 길을 다시 이 땅 위에 확립해야 할 것이다.

성자들의 가르침

성자들은 도대체 어떤 분들이기에 열린 눈을 얻어 생과 사를 넘어 이 세상에 실재한 모든 진실을 볼 수 있었을까? 그 이유는 그분들이 하늘의 뜻으로 이 세상에 나타난 모든 생명체 중 가장 완성된 존재로 서 우주의 근원인 절대자와 같이 가장 맑고 완전한 의식적 차원에 도 달한 존재이기 때문이다. 그래서 조물주가 창조한 이 우주의 완전한 뜻을 보고 그 속에 있는 모든 이치와 실상을 밝힐 수 있었던 것이며, 그분들을 '완성된 자', '깨달은 자', '진실한 자' '일체를 보는 자'라 하여 존경하는 것이다.

그리고 성자란 인류 역사상 가장 어두운 시대에 인간으로 겪기 힘 든 고난과 시련을 극복하고 자신의 영혼을 완성한 우주의 희귀한 정 화이며 최종적인 열매이다. 사람에게는 절대자의 신성을 이어받은 마 음이라는 진기한 물건이 있어서 누구든 올바른 삶으로 그 마음을 계 속 닦아 나가면 마침내 그 의식이 꽃피어 인간 완성의 경지를 이루고 해탈이라는 열매를 맺게 되어 있다. 그래서 아수라장 같은 어둠의 시대에 성자들이 태어났지만, 그분들은 모진 시련 속에서도 세상을 사랑하고 진리를 밝히는 바른 마음을 꺾지 않고 악한 세상을 사랑하며 치열하게 자신을 닦았기에 마침내 모든 업을 씻어버리고 청정한 마음의 열매를 맺으신 것이다.

인간의 마음이 완성되면 그 마음은 이 우주를 창조한 근원(조물주, 신성, 불성)과 이어지기 때문에 세상의 모든 뜻과 진실을 깨닫게 되며, 한 점 어둠 없는 맑고 순수한 의식에는 세상의 모든 이치가 비치게 된다. 그래서 성자들은 제각각 다른 지역, 다른 시기에 서로 연락도 없이 살아갔지만, 세상의 진실과 이치를 동일하게 보았기에 그 지혜가 서로 통하는 것이다.

성자들은 삼계(三界: 과거, 현재, 미래)를 보는 완전한 깨달음으로 세상의 모든 실상과 그것을 이루고 있는 완전한 진리를 보고 인간들의 잘못된 삶과 무지를 지적하고 세상의 참된 진실과 이치, 좋은 인간과 밝은 세상을 만드는 길을 가르쳤다. 그것은 사실로 나타나는 어김없는 진실이어서 사람들은 그에 따라 행동하면 현실 속에서 그 결과를 확인할 수 있었다. 그래서 사람들은 그분들의 가르침을 '진리'라 하고, 그분들을 '성자'라 하여 수천 년 동안 인류의 스승으로 존경해오고 있다.

지금 사람들은 이 세상에 진리가 보이지 않는다고 하늘을 원망하고, 보이지 않는 진리는 없는 것과 마찬가지라며 함부로 행동한다. 그러나 세상은 완전하여 각자의 능력만큼 얻을 수 있고 각자가 가진 시각만큼 볼 수 있게 되어 있다. 그래서 완전한 깨달음을 얻은 성자들은 세상의 실상과 이치를 있는 그대로 완전하게 보는 것이며, 중생들은 각자 자신이 눈을 뜬 만큼만 보게 되는 것이다. 따라서 세상을 보는 시각과 지혜는 성자와 현자와 중생이 모두 다 다르다. 그러니 하늘이 인간에게 진리를 볼 수 있는 눈을 주지 않았다고 원망하기보다는 우리의 눈과 마음을 밝히는 데 우선해야 한다. 우리의 눈이 밝아지면 밝아지는 만큼 더 많은 실상과 진리를 볼 수 있고, 눈이 완전해지면 성자들이 본 진리마저도 볼 수 있게 되는 것이다.

그러면 어떻게 해야 성자들처럼 있는 그대로의 세상을 볼 수 있을까? 눈이 어두운 사람이 한꺼번에 세상을 볼 수는 없다. 모든 것은 순서가 있는 법이다. 먼저, 앞이 어둡다면 등불을 찾아야 한다. 따라서 눈앞의 일도 보지 못하는 눈뜬장님인 중생은 완전한 시각을 지닌 성자들의 가르침을 본받아 그에 따라 세상을 보려 함으로써 사실을 이해하는 지혜를 기르고 그 마음을 밝혀야 한다. 눈이 어두운 자는 빛 한 점 없는 어둠 속에선 혼자서 아무리 더듬거려도 길을 찾을 수 없다. 그러나 길을 아는 사람이 있어 그의 손을 잡고 방문을 나와 개울을 건너고 언덕을 넘다 보면, 나중에는 주변을 볼 수 있게 되어 손을 놓아도 혼자서도 어둠 속을 걸을 수 있게 되는 것이다.

실상과 진리를 깨닫고 마음을 밝히는 길도 바로 이러한 과정이 필요하다. 지금은 눈멀고 귀먹어 먼 곳에 있는 나무에 무슨 새가 있는지 어떤 소리가 나는지 알지 못 하지만 성자들이 인도하는 손을 잡고 어두운 방문과 골목길을 벗어나 멀리 있는 나무 가까이에 가게 되면, 과거 성자들이 보신 새와 즐거운 노랫소리를 직접 만날 수 있게 된다. 따라서 자신의 눈을 감은 채, 현대문명의 한계를 벗어날 진리를 보여 달라고 요구할 게 아니라 먼저 진리의 인연을 만나 세상을 보는 자신의 시력을 높이는 것이 시급하다.

그렇다면 성자들이 가르친 진리의 요체는 무엇인가?

그분들은 세상을 보지 못해 헤매고 있는 인간들을 위해 이 세상에 존재하는 완전한 뜻과 진리와 생명의 길을 밝혔다. 소크라테스는 소피스트들이 단편적 지식과 상대적 논리로 말장난을 일삼을 때, 이 세상에는 완전한 진리의 세계와 절대적 가치가 있음을 강조하며, 인간이 가야 할 덕을 실천하라고 역설했다. 그리하여 오늘날에도 널리 알려진 "너 자신을 알라!"는 경구로 편협하고 독단적인 소피스트들의 무지함을 일깨우며 영원한 진리를 전했다.

그러나 어두운 세상에서 진리를 전하는 것은 매우 어려운 일이다. 세상 사람들은 각자 타고난 업이 다르고 성품이 다르므로 진리를 받아들이는 정도가 모두 다르기 때문이다. 더구나 어두운 세상에 태어난 인간들은 탁한 업을 지니고 태어났기 때문에 거의 대부분의 사람이 욕망과 쾌락을 더 좋아하며 무지와 어둠을 쉽게 받아들인다. 이런 세상에 진리를 전한다는 것은 곧 현재 득세하고 있는 거짓된 세력과의 싸움을 의미하고 자기희생과 고통의 감수를 요구한다. 이러한 일은 과거에 예수와 소크라테스가 자기 민족에게 죽임을 당했고, 노자가 갈 곳이 없어서 초야로 사라졌으며, 석가가 길가에서 죽었던 사례에서 잘 알 수 있다.

이러한 어려움 속에서도 성자들은 자신의 생명을 다 바쳐 한결같이 완전한 뜻과 이치가 흐르고 있는 법계(法界)와 인간의 길에 대해 밝혔다. 완전한 뜻과 진리로 구성된 이 우주 속에서 진리에 따르지 않고 인간의 상상과 생각으로 지어내는 모든 일은 곧 인간적 한계와 불행에 부딪히기 때문이다.

그래서 성자들은 당시 사회를 무지와 불행으로 뒤덮고 있는 신의 존재와 구원의 진실에 대해서도 명확히 그 진실을 밝혔다.

어느 날 부처님이 나란다 숲에 계실 때였다. 한 촌장이 "뛰어난 수행자는 인간의 길흉화복을 마음대로 좌우할 수 있다."는 말을 전해 듣고 부처님을 찾아와서 여쭈었다.

"깨달은 분께서는 세상에서 존경받는 분이시며, 정각을 이루신 분이라고 들었습니다. 깨달은 분께서도 사람이 죽은 뒤 능히 천계에 나게 해 줄 수가 있습니까?"

그 질문에 부처님은 이렇게 답을 한다.

"촌장이여, 내가 그대에게 묻고 싶은 말이 있소. 그대가 생각하는 대로 답해 보시오. 어떤 사람이 사람을 죽이고, 도둑질하고, 거짓말을 하는 등 갖가지 삿된 행위를 했다고 합시다. 그런데 그 사람이 죽은 뒤에 많은 사람이 모여서, '이 사람이 죽은 뒤 천계에 태어나게 해 주소서!'라고 기도하고 합장한다면 그 사람은 많은 사람의 기도와 합장의 힘으로 천계에 날 수 있겠소?"

"아닙니다. 깨달은 분이시여, 그 사람은 천계에 태어나지 못할 것입니다."

부처님이 다시 말을 이어 갔다.

"촌장이여, 어떤 사람이 깊은 호수에 바윗덩이를 던졌다고 합시다. 그때 많은 사람이 모여서, '바위여, 떠올라라! 떠올라 뭍으로 올라오라!'고 같이 연못을 돌면서 기도한다면 그 바위가 사람들의 합장과 기도로 떠오르겠소?"

"깨달은 분이시여, 그렇지 않습니다. 그 바위가 떠오를 리 없습니다."

"그와 마찬가지요. 많은 악행을 저지른 사람은 다른 사람들이 아무리 기도하고 합장한다고 해서 죽은 뒤 천계에 날 도리가 없소. 그 사람은 몸이 병들고 명이 다한 뒤에는 악취 지옥에 갈 수밖에 없는 것이오.”

부처님은 다시 질문으로 말을 이었다.

“촌장이여! 누가 깊은 못에 기름 항아리를 던졌다고 합시다. 그래서 그 항아리는 깨어져 기름이 물 위에 떠올랐소. 이때 많은 사람이 모여 ‘기름아, 가라앉으라! 기름아, 가라앉으라!’며 기도하고 합장한다면, 그 기름이 기도와 합장의 힘으로 못 바닥에 가라앉겠소?”

“아닙니다. 깨달은 분이시여, 기름이 바닥에 가라앉을 리 없습니다.”

“그와 마찬가지요. 많은 바른 행과 선행을 쌓은 사람에게 다른 사람들이 아무리 빈다고 해도 악취 지옥에 떨어질 수가 없는 것이며 몸이 쇠해 목숨이 다하면 반드시 천계에 나는 것이오.”

이렇게 부처님은 요즘 사람들이 그토록 궁금해하는 구원의 이치와 신의 역할에 대해 이미 분명히 밝혔던 것이다.

예수님의 가르침도 이와 마찬가지였다. 당시 유대인들은 로마의 지배 아래서 서러운 노예 생활을 하고 있었다. 그러나 유대 사회에서 주도권을 쥔 바리새인들은 하느님의 참뜻을 실천하지 않고 겉으로 율법을 지키는 척하면서 속으로는 온갖 탐욕과 위선을 행하여 유대 사회를 어둡고 불행하게 만들고 있었다. 그래서 예수님은 이를 보고 크게 화를 내고 '독사의 자식'이라 꾸짖으며, 진정한 구원을 얻기 위해서는 “나더러 주여 주여 하는 자마다 다 천국에 들어갈 것이 아니요 다만 하늘에 계신 내 아버지의 뜻대로 행하는 자라야 들어가리라.”고 했던 것이다.

이처럼 인간의 무지와 삶의 길을 밝힌 성자들의 가르침을 정확히 이해한다면 인간이 살아가야 할 길은 분명해진다. 세상은 한 치도 어김없는 사실적 이치에 의해 이루어지고 있으니 짓는 만큼 결과를 받을 뿐, 짓지도 않은 일을 누가 대신해 주는 이치는 없다. 즉, 구원은 세상을 위해 좋은 원인을 짓고 자신을 승화시킨 만큼 이루어지는 것이지, 지은 것과 관계없이 창조주(신)에 대한 믿음만으로는 결코 구원을 얻지 못한다.

창조주는 세상의 일에 관여하지 않는다. 창조주는 자신이 만든 완전한 법칙에 따라 세상을 주재하고 심판할 뿐이다. 그래서 인간들이 지켜야 할 진리를 지키지 않고 사악한 원인을 많이 지으면 인류 전체도 눈 깜짝할 사이에 소멸시키는 것이 하늘의 완전한 뜻이니 하늘의 이치는 한 치의 빈틈도 기울어짐도 없다. 하물며 개인의 사사로운 욕망을 들어줄 리 만무한 것이다. 모든 종교인들은 자기 종교의 신은 우주에서 가장 높고 큰 절대적인 존재로 자신들에게만 나타나 특별히 자신을 돌봐준다고 말하고 있다. 하지만 창조주가 인간세상에 사사로이 나타나 자신이 만든 완전한 우주의 질서를 어기면서 개인적이고 구차한 사연을 지닌 인간들에게 일일이 기적을 베풀고 죄인까지 천국에 올려주는 일은 없다. 만약 창조주가 인간의 일에 사사로이 간섭한다면 그것은 자신이 만든 완전한 세상의 질서를 어지럽히는 것이며, 자신이 만든 우주의 법칙을 스스로 깨뜨림으로써 자신이 만든 이 세상과 창조주 자신의 불완전성을 스스로 증명하는 일이 되고 만다. 오직 하늘은 인간에게 세상의 주인으로 해야 할 역할을 맡겨 놓고 각자가 지은 만큼 대가를 받게 함으로써 세상을 완전하게 유지한다. 따라서 창조주는 진리로써 자신을 나타내며, 사람들이 지은 원인에 따라 상응하는 결과를 받는 완전한 이치로 심판하고 있는 것이다.

성자들은 세상을 있는 그대로 보는 완전한 눈을 얻어 세상의 진실과 이치를 명확하게 밝혔다. 다시 말해, 부정할 수 없는 사실과 그 사실을 이루는 이치가 성자들이 밝혔던 가르침의 핵심이다. 그래서 부처님의 초기 가르침을 '있는 일'에 대해 밝힌다 하여 '유법(有法)' 또는 '실상법(實相法)'이라 했으며, '있는 일' 사이의 원인과 결과에 관한 이치를 밝힌다 하여 인과법(因果法)이라 한 것이다. 이것은 현상 속의 인과관계를 분석하는 오늘날의 과학적 분석 방법과 하나도 어김이 없으니, 성자들은 이미 수천 년 전에 인간이 지키고 행해야 할 모든 삶의 기준과 탐구방법을 분명히 제시했던 것이다.

서구사회에서 과학적 탐구정신이 중세 시대까지 이어온 무지를 깰수 있었던 것처럼, 세상은 사실을 사실 그대로 알 때 모든 거짓과 환상에서 벗어나 문제를 바로 보고 이해하여 보람 있고 가치 있는 삶을 살 수 있게 된다. 근대 서구 문명이 세계를 지배하게 된 것도 바로 여기에 그 원인이 있다. 즉, 다른 지역의 문명들이 관념에 젖어 불합리한 미신과 기적을 추구할 때, 그들은 사실과 이치에 따라 세상이 이루어지는 원리를 밝혀 정확한 원인을 지음으로써 많은 결실과 세상을 지배하는 힘을 가지게 되었던 것이다.

현실에 발을 딛고 사는 인간에게 있어서 사실과 이치보다 더 중요한 것은 없다. 왜냐하면, '사실'은 우리의 삶을 구성하는 실체이며 '이치'는 우리의 삶을 있게 한 원리이니, 우주 속에 있는 모든 존재는 이 세상의 흐름에 따라 살아갈 때 부조화와 허황됨이 없이 보람 있고 가치 있게 살아갈 수 있기 때문이다. 만약 땅에 발을 붙이고 사는 인간이 자신이 근거하고 있는 현실을 부정하고 그 이치를 거부한다면, 이는 곧 자신의 삶을 전부 부정하는 일로서 거짓과 불행 속에 빠지게 된다.

이 세상 모든 것은 진리에 의해 나타나며, 그 이치에서 벗어날 수 있는 것은 아무것도 없다. '1+1=2'이며 '땅에 씨를 심어야 싹이 나고, 가꾸어야 풍년이 드는 것'은 누구도 부정할 수 없는 진리이다. 이러한 보편적 진리가 있기에 이 세상의 질서가 유지되고 삶은 의미와 가치를 가지게 된다. 세상의 모든 어둠과 불행은 사실과 다른 거짓으로 인해 시작된다. 세상에 거짓이 번지면 어둠과 불신이 커지고 이치가 사라지며, 사람들은 진실이 사라져 음지 속에 살게 된다. 음지는 모든 것을 어둡고 힘들게 하여 생명력을 약화시킨다. 하지만 반대로 거짓이 없는 사회는 양지가 되어 모든 것이 이치대로 이루어지고 서로 신뢰할 수 있기 때문에 각자의 가능성이 최고로 피어나 생명력이 넘치게 된다.

세상은 원인에 따라 결과가 나타난다. 따라서 양지와 같은 밝은 세상이 되어 진실, 정직, 신뢰, 양심, 정의, 진리와 같이 좋은 뜻이 넘치면 세상은 흥하지만, 음지와 같은 어두운 세상이 되어 거짓, 불신, 불의, 미신, 비진리와 같은 나쁜 뜻이 넘치게 되면 당연히 세상은 망하게 된다. 요즘 세상 사람들은 악이 넘치는 현실을 보고 선하게 사는 것은 어리석은 일이라고 이야기하지만, 그것은 근시안적 시각일 뿐, 실상은 결코 그렇지 않다. 세상은 세상의 주인인 인간이 어떻게 짓느냐에 따라 달라지게 되어 있는 것이다.

이렇게 좋고 나쁜 뜻에 의해 세상이 흥하고 망하는 완전한 이치를 보게 되면, 하늘의 완전한 뜻은 인간에게 선과 정의와 진리의 길을 가도록 하고 있음을 알 수 있다. 즉, 세상이 비록 무의미하고 불공정해 보이지만, 하늘은 완전한 뜻과 질서와 이치로 이 세상을 지키고 있는 것이다. 그래서 모든 부처님의 공통된 가르침인 '칠불통계게(七佛通戒偈)'에서도 '제악막작 중선봉행(諸惡莫作 衆善奉行)'이라고 하여 "모든 악은 행하지 말고, 모든 선은 받들어 행하라."고 가르치고 있는 것이다.

PART 3

세상의 진실

동양철학 서양철학

사람들은 동양철학과 서양철학이 서로 다른 줄 알고 있다.
그리고 기독교와 불교도 서로 다르고
천당과 극락, 지옥과 연옥도 전혀 다른 세계로 생각한다.

그러나 인류도 하나이고 지구도 하나이며 우주도 하나이기 때문에
진리도 하나이고 영혼과 사후 세계도 하나일 수밖에 없다.

그러므로 동양철학과 서양철학, 불교와 기독교는 모두
하나의 진실과 진리를 탐구한다는 측면에서 궁극적으로 하나이며
법과 도덕, 진리와 인간의 길도 모두 하나로 통한다.

우주의 실체

　사람들은 지금 이 세상이 무의미하다고 말한다. 그러나 그렇게 습관처럼 말을 하면서도 오늘도 힘차게 살아가고 있는 이유는 자신도 모르는 완전한 질서와 이치가 삶을 받쳐주고 있다는 내면적 확신이 있기 때문이다. 그것은 물고기에게 있어 물처럼 너무나 자연스러워 느끼지 못하고 있을 뿐, 우리의 삶에 주는 영향은 가히 절대적이다. 우리는 매일매일 회사나 학교에 나가 일을 하고 공부를 하지만, 그러한 평범한 일상 속에도 위대하고 완전한 자연의 법칙은 완벽하게 작용하고 있다. 즉, 우리가 매일 출근하고 밥 먹고 대화하는 일상의 이면에는 그러한 노력이 우리가 원하는 결과를 가져오며, 새로운 원인이 가미되지 않는 한 기존의 상태가 계속 유지될 것이라는 인과의 법칙에 대한 확신이 자리 잡고 있는 것이다.

　만약 이러한 인과의 법칙이 작용하지 않으면 우리의 행동이 어떤 결과를 가져올지 전혀 알 수 없어 어떠한 원인도 지을 수 없고 어떠한 질서나 규칙도 존재할 수 없으므로 세상은 바로 붕괴되고 만다. 내가 남의 무거운 짐을 들어주는 일이 야단을 맞을지 칭찬을 받을지 알 수가 없고, 돌멩이를 던지면 바로 앞에 떨어질지 먼 우주로 날아갈지 알수가 없으며, 눈앞에 있는 산과 도로가 그대로 있을지 제멋대로 움직일지 알 수가 없다면 어떤 행동도 할 수 없는 것이다.

따라서 지금 이 세상이 혼란스럽고 무의미한 것은 어떤 측면에서는 이 세상이 완벽하게 움직인다는 증거일 수도 있다. 인류가 그 오랜 역사 속에서 지은 수많은 나쁜 원인을 생각하면, 세상이 이 정도로 어둡고 혼란스러운 것은 그나마 다행인 것이다. 즉, 지금 인류가 겪고 있는 혼란과 고통은 그동안 자신의 욕심을 위해 함부로 이치를 어기고 질서를 어지럽혔던 일들이 인과의 결과로 나타나고 있는 현상인 것이다.

그렇다면 이러한 공명정대하고 완전한 진리가 흐르는 이 세상의 기원(起源)은 무엇일까? 이 문제는 인류 문명이 시작된 이래 모든 인간의 최대 의문이었다. 완전한 깨달음을 얻었다는 성자들도 하느님의 존재에 대해 분명히 언급한 적이 없고, 부처님도 무기(無記: 석가모니가 받은 질문에 가부를 밝히지 않고 침묵했음을 이르는 말)라 하여 이 문제에 답하기를 미루었다. 그 후 동양에서는 우주의 근원에 대해 '공(空)'이라는 이론과 '마음'이라고 하는 이론이 나왔으며 서양에서는 근대 이후 유신론과 유물론이 팽팽하게 대립했다.

먼저, 동양에서 나타난 우주의 근원에 대한 이론을 살펴보자. 우주의 근원을 '공'이나 '환(幻)'으로 보는 시각은, 힌두교에서 처음 나타났으며 대승불교(大乘佛敎)에서 나가르주나[Nāgārjuna, 한자식 이름 용수(龍樹)]의 『중관론』으로 꽃을 피웠다. 이 이론은 우주가 본래 순원무잡한 완전한 맑음인데 어느 순간 실체가 없는 환영이 헛꿈처럼 일어나 이 세상을 신기루처럼 꾸미고 있다고 본다. 따라서 세상 만물은 이러한 환이 인연에 의해 서로 의지하여 나타난 것으로 혼자 존재할 수 있는 것은 아무것도 없다고 본다. 이처럼 혼자 존재할 수가 없는 것은 자기라는 고유의 실체가 없다는 뜻으로 인연에 의해 나타나는 모든 존재는 실체가 없으므로 우주의 근원은 본래부터 '공'이라라고 한다.

나가르주나는 여덟 가지 부정(否定)을 통해서 우주의 실체가 존재하지 않는 '공'임을 이론적으로 증명하려 했다. 이를 팔부중도(八不中道)라 하는데, 즉 우주의 근원적 실체는 불생불멸(不生不滅), 불상부단(不常不斷), 불일불이(不一不二), 불래불거(不來不去)로 본래부터 나지도 사라지지도 않고, 영원하지도 일시적이지도 않으며, 하나도 여럿도 아니며, 오지도 가지도 않은 것이라고 하여, 인간의 인식 범위를 벗어난 본래부터 존재하지 않는 절대적인 '공'이라고 했다.

그러자 대승불교의 한 분파인 유식론(唯識論)에서는 "일체가 이름뿐이고 모든 실체가 없다고 하면, 어디에 진실이 있으며 깨달음이 있겠는가?" 하며 이를 비난하고, 중관론을 따르는 자를 최고의 허무론자이며 나쁜 공을 주장하는 '악취공자(惡取空者)'라고 비난한다. 그래서 유식론자들은 이 우주의 근원을 아무것도 없는 '공'이 아니라 실체적인 요소인 진여(眞如), 아뢰야식(阿賴耶識), 불성(佛性)과 같은 어떤 심적 요소가 있다고 본다.

그리고 현대과학과 맥을 같이 하며 우주의 근원을 물질로 보는 유물론적(唯物論的) 시각은 동서양의 자연철학에서 유래한다. 동양에서는 우주의 실체를 음양(陰陽)과 수화목금토(水火木金土)로 보는 음양오행사상(陰陽五行思想)이 있었고, 그리스에서는 자연철학파라 하여 물(탈레스), 공기(아낙시메네스), 원자(데모크리토스) 등이 우주의 실체라고 하는 주장이 있었다. 이러한 주장은 종교개혁으로 신의 부존재와 자연의 이치를 주장하는 과학적 진리가 강조되면서 일반화되었다. 그래서 포이어바흐 같은 철학자는 "신이란 인간의 요구와 바람이 대상화되어 나타난 것에 불과하다."라고 했고, 니체는 "신은 죽었다."고 선언하면서 이 우주 속에 신의 그림자는 사라지고 물질만이 남게 되었다.

그리하여 오늘날에는 이러한 유물론적 논리가 일반화됨으로써 과학교육을 받은 현대인들은 거의 모두 유물론에 기울어지게 되었고, 그 결과 사람들의 뇌리에는 인간의 의미와 가치가 사라지고 동물적 쾌락과 소유에만 집착하는 경향을 나타내게 되었다. 물질만이 존재하는 텅 빈 우주 공간에서 어떤 의미와 가치를 찾는다는 것은 아무 소용 없는 일이었기 때문이었다.

유물론자들은 모든 생명과 의식체가 물질의 한 유형에 불과하다고 본다. 왜냐하면, 아무리 복잡한 유기체라도 구성 요소들을 끝없이 파고들어가다 보면 그 끝에는 오직 물질만이 남으며, 그 이외에는 어떤 것도 만날 수 없다고 보기 때문이다.

그런데 생각해 보아야 할 일은, 인과의 법칙상 이 우주의 근원이 공이라면 영원히 공이어야 하고, 물질이라면 영원히 물질만 있어야 한다는 사실이다. 그런데 이 우주 속에는 이미 삼라만상이 나타나 있고, 생명과 영혼도 존재한다. 이러한 현상이 의미하는 것은 태초의 근원에 이미 그러한 씨앗이 다 포함되어 있었음을 말한다. 우리는 실험실에서 물질만 가지고서는 아무리 조작하더라도 작은 미생물 하나 만들어 낼 수 없다는 사실을 잘 알고 있다. 따라서 우주의 근원이 살아 있지 않고서는 살아 있는 것이 나올 수 없으며, 완전한 뜻을 지닌 신성이 존재하지 않는다면 보고 듣고 느끼고 판단하는 오묘한 생명과 의식이 나타날 수 없는 것이다. 마치 살아 있는 우리 몸의 모든 부위에서 생명현상이 나타나듯이, 살아있는 신성한 우주의 근원에 의해 피어난 우주 곳곳에서는 신비한 생명현상과 의식현상이 나타나고 있는 것이다.

그러므로 우주의 근원에 대한 가장 난해한 질문인 "유물론이냐? 유심론이냐?" 하는 문제는 상식선에서 결론이 난다. 즉, 이 우주의 실체는 아무것도 없는 절대 무가 아니며, 물질과 생명과 의식을 내포한 살아 있는 신성한 존재인 것이다. 따라서 그러한 신성으로부터 나타난 이 우주 속에서는 생명이 존재할 수 있는 조건만 맞으면 어디에서도 생명체가 생겨날 수 있으며 인간같이 의식을 지닌 존재가 나타나 문명 세계를 만들 수 있는 것이다.

우리가 살고 있는 이 세상은 완전한 뜻과 질서 속에서 지은 대로 받는 인과법에 의해 이루어지고 있다. 거대한 우주의 운행도 수십억 년 동안 한 치의 어김이 없으며 그 속에 생명과 의식이 생겨나 끝없이 순환하며 생동하는 인류 역사를 꾸며가고 있다. 인과의 법칙상 모든 결과에는 그에 상응한 원인이 있을 수밖에 없으니, 이처럼 완전한 뜻과 이치가 지켜지고 있는 이 세상의 근원은 완전하고 전지전능한 존재를 상정하지 않고는 이해가 불가능하다. 이러한 완전하고 절대적인 근원적 존재를 '신'이라 해도 좋고, God, 신성, 불성, 조물주, 창조주, 하느님이라 해도 좋으며, '완전한 존재'나 '완전한 뜻'이라 해도 좋다.

그러면 이 전지전능하고 완전한 절대자는 왜 맑고 고요한 근원의 상태로 영원히 머물지 아니하고 스스로 뜻을 내어 이 우주를 창조하게 되었을까? 그것은 이 우주의 신성한 근원이 스스로 존재하며 살아 움직이기 때문이다. 존재하는 모든 것은 움직임이 있고, 순환을 통해 자신을 존속시킨다. 따라서 태초의 근원도 존재하고 있기 때문에 죽은 듯이 고요히 머물지 아니하고, 끝없는 자율성과 창조성으로 세상을 만들고 순환하고 있는 것이다. 만약 우주의 근원이 항상 고요하고 순수하여 적멸(寂滅)에만 머문다면, 이 우주는 영원히 정지 상태로 아무 움직임도 없고, 존재도 없고, 인식하는 것도 없고, 인식되는 것도 없어 어떠한 존재도 나타날 수 없는 것이다.

그리고 이 우주의 근원은 본래부터 완전하므로 스스로 완전한 모습으로 움직인다. 완전하다는 것은 단순한 정지 상태의 완전함이 아니라 살아 움직임 속에서 완전함을 보일 때 비로소 완전하다는 평가를 받을 수 있다. 따라서 우주의 근원이 자신의 완전함을 증명하기 위해서는 이 세상을 완전하게 만들고 그 속에서 다시 자신과 같은 완전함을 만들어 내어야만 완벽한 완전성의 순환이 이루어지는 것이다. 소는 소를 낳아 소라 하고 말은 말을 낳아 말이라 하듯이, 우주는 생명 현상을 통해 자신과 같은 완전한 의식체를 지닌 성자를 낳음으로써 자신이 완전한 존재임을 나타내고 있는 것이다. 이것이 우주가 자신의 완전함을 나타내고 있는 가장 완벽한 형태의 존재 방식이다.

이 세상에 존재하는 모든 것은 '순환법'과 '모태법(母胎法)'의 원리에 의해 영원히 자기를 지속해 나간다. 모든 존재는 과거의 자기를 근본으로 하여 새로운 자기를 지어나가며, 또 순환을 통해서 영원히 자기를 이어나간다. 이것은 생명뿐만 아니라 영혼, 인류, 지구, 우주 자체도 마찬가지다. 생명력이 다하여 죽음을 맞이한 존재는 다시 과거의 자기를 근본으로 하여 새로운 자기로 태어나고, 또다시 자신의 삶을 가꾸며 영원히 자신을 이어 나간다.

이러한 존재 방식에는 예외가 없다. 대기의 흐름과 바다의 조류도 끝없는 순환을 통하여 살아 움직이고, 물도 바다와 하천과 하늘과 세상을 돌며 끝없이 순환한다. 모든 생명체도 순환을 통하여 대를 이어가고, 하늘에 빛나는 태양도 핵분열과 융합이라는 순환 과정을 반복하며 계속해서 자기의 역할을 수행해 나간다. 그리고 현대 학문이 아직 밝혀내지 못한 비밀이지만, 인류 역사도 매번 멸망과 재생을 거듭하며 계속 되풀이됐다는 사실을 알아야 한다. 이러한 사실은 성자들도 여러 번 말한 적이 있다. 따라서 지구도 인간 정신의 파탄과 자원 고갈로 생기가 다하면, 또다시 거대한 변화가 일어나 새로운 세상이 열리게 된다.

그럼 이 우주는 어떻게 시작했는가? 우주는 무시무종(無始無終)이라 스스로 존재하며 끝없는 순환을 통해 영원히 반복되기에 어디가 처

음인지 끝인지 구분할 수가 없다. 다만 인간들이 이러한 무한대의 시간을 견딜 수 없어서 시작과 끝이라는 논리적 구분을 하려고 하므로, 돌고 도는 우주의 흐름을 끊어서 현 우주가 처음 시작된 시점을 태초로 보는 것이다.

태초에 조물주가 어떤 과정을 거쳐 우주를 창조했는지 그 구체적인 과정에 대해 답할 수 있는 사람은 아무도 없다. 이 무한한 우주에는 한마디 말로 표현할 수 없는 너무나 엄청난 뜻과 이치가 들어있기 때문이다. 다만, 우리는 인간 완성의 경지에 오른 성자들이 원력(願力)으로 세상일을 하는 과정을 통해 간접적으로 그 모습을 유추해 볼 수 있다.

우리는 성자들이 세상일을 하거나 중생들의 불치병을 고칠 때 사용한 의통(意通: 마음의 힘을 사용하는 능력)이라는 능력 속에서 창조의 원리를 엿볼 수 있다. 즉, 성자들이 세상을 위해 진정으로 해야 할 일을 완전히 정화된 맑은 마음속에 떠올리면, 그 의식 속에 바라는 세상의 모습과 그것을 이루기 위한 이치가 나타나고, 성자들은 자신의 의식의 힘, 즉 원력을 써서 그러한 일이 세상에 나타나게 하는 것이다. 즉 마음의 힘이 현실로 나타나는 현상으로 본래부터 존재하는 마음의 묘용인 것이다.

이러한 이치로 조물주 또한 태초에 전지전능하고 순수한 절대 의식 속에서 이 우주를 창조하려는 완전한 뜻을 품게 되었고, 그 속에 미래 우주의 완전한 모습과 그것을 이루는 모든 질서와 이치가 비치자, 자신의 무한한 원력을 사용하여 오늘날과 같은 우주를 짓게 된 것이다. 즉, 자신의 모든 뜻과 기운을 바쳐 "있으라!" 하니 이 우주가 존재하게 된 것이다. 작은 인간의 정신도 뜻을 품으면 다른 사람에게 영향을 미치고 엄청난 인류 역사를 만들어 가는데, 우주의 근원인 조물주가 지닌 원력이라면 인간의 언어와 상상을 초월한, 무에서 유를 만들어 내는 거대하고 완전한 우주의 창조가 가능한 것이다.

　오늘날 우주의 기원에 대한 가장 유력한 이론이 빅뱅이론(big-bang theory)이다. 여기에 따르면, 현재 우주는 팽창하고 있는데 현 우주의 크기를 팽창 속도로 나누면 우주의 나이는 약 137억 년 정도이며 태초에 이 우주가 한 점에서 시작되었다는 것을 알 수 있다고 한다. 그런데 가장 과학적이라고 하는 빅뱅이론이 오히려 이러한 창조주의 원력을 가장 잘 설명해주는 아이러니를 보이고 있다.

　빅뱅이론에서 따르면, 이 우주는 태초에 $1/10^{32}$초 사이에 대충 오늘날의 크기로 만들어졌다고 한다. 이 $1/10^{32}$초가 얼마나 짧은가 하면 10의 20제곱이 1해(垓)이니, 1해가 1조(兆) 개가 있는 것 분의 1초, 그야말로 극히 찰나 간에 이 거대한 우주가 거의 다 만들어졌다고 보는 것이다.

　그런데 빅뱅이론의 문제는 이 우주의 총량에 해당하는 엄청난 질량이 이 보이지 않는 작은 한 점 안에 다 들어 있으며, 단순한 에너지의 집합체에 불과한 것이 불규칙적으로 폭발하여 오늘날과 같이 생명이 깃든 완전한 우주질서가 다 만들어졌다는 데 있다. 그러나 이러한 주장은 상식적으로 이해되지 않는다. 우주에 존재하는 모든 물체의 원자핵만 모아도 지구보다 클 텐데 어찌 우주의 총 중량이 보이지 않는 작은 점 안에 다 존재할 수 있으며, 혼란스런 에너지 대폭발이 어떻게 수십억 년을 완전한 궤도로 순행하는 완전한 우주질서를 낳을 수 있으며, $1/10^{32}$초라는 눈 깜짝할 새에 오늘날과 형태의 질서 잡힌 우주가 만들어질 수 있느냐 하는 것이다.

이것은 과학적인 관측과 계산의 결과로서 부정할 수는 없다. 그런데 과학자들은 이러한 현상이 존재한다고 말은 하지만 어떻게 해서 그렇게 나타날 수 있느냐 대해서는 물리과학적으로 설명이 불가능하다고 한다. 바로 여기에 창조주의 초월적인 창조 현상의 개입이 필요하다. 이러한 현상은 무에서 유를 만들어 내는 창조주의 원력이 아니고서는 도저히 이해나 설명이 불가능하기 때문이다.

우스갯소리 같지만 성경 창세기 천지창조의 모습처럼, 창조주가 맑고 전지전능한 의식 속에서 이 우주의 완전한 모습과 운행 원리를 떠올리고 자신의 무소불능한 원력으로 "있으라!" 하니 한순간에 이 우주가 만들어진 것이며, 그 속에 창조주가 의도한 완전한 질서와 원리에 따라 완전한 세상이 나타나게 된 것이다. 이렇게 절대자(조물주, 창조주, 신성, 불성)는 자신의 영원성과 완전성을 나타내는 수단으로 자신의 완전한 뜻을 담은 이 우주를 지은 것이다.

이런 시각에서 보면 우주의 실체에 대한 많은 의문들이 풀리게 된다. 창조주(조물주)의 원력으로 나타나 원시우주에 가득 찬 기운들은 기나긴 억겁의 세월 동안 끝없이 서로 스치고 부딪치면서 창조주가 지은 뜻과 질서에 따라 기운의 정화가 이루어지게 되고 청탁(淸濁)의 변화가 생겨난다. 그래서 탁한 기운은 물질로 변하고, 맑은 기운은 생명력을 띠면서 우주 속에 생명체가 나타나기 시작한다. 이것이 바로 현대과학이 알지 못하는 우주의 생명탄생 원리이다.

기존 과학의 논리대로 하자면, 물질에서는 절대로 생명이 생겨날 수가 없다. 그러나 우주에는 이미 생명과 의식이 나타나 있고 지금 이 순간에도 새로운 종들이 생겨나고 있다. 이러한 현상은 이 우주가 살아 있다는 증거이다. 따라서 이 우주에는 조건과 환경이 맞으면 언제나 그곳에 새로운 생명이 나타나게 되어 있다.

　이렇게 태초의 우주 속에 기운이 정화되어 생명력을 띤 진기(眞氣)가 나타나면, 이 진기(眞氣)가 생명 활동을 통해 계속 진화하면서 여러 생명체로 나게 되고 최종적으로 인간으로 나타나 올바른 삶으로 그 의식을 완성시켜 해탈이라는 정신의 열매를 맺게 된다. 그래서 완전한 근원으로부터 세상이 시작되어 다시 태초의 근원과 같은 완전한 의식체를 열매 맺음으로써 완전성의 순환이 이루어지는 것이다.

　이러한 과정에서 모든 존재는 각자가 자기 삶의 주인이 되어 살아간다. 그 이유는 이 세상에 나타난 모든 것이 절대자의 분신이기 때문이다. 절대자가 자신을 나타내기 위해 태초에 자유의지로 이 세상을 창조했듯이, 이로부터 나타난 모든 존재는 그 속성을 이어받아 스스로 주체가 되어 자신의 삶을 지어나가는 것이다. 그리하여 완전한 인과의 법칙 속에서 각자 지은 대로 결과를 받아, 잘 지은 것은 좋은 열매를 거두며 잘못 지는 것은 쭉정이가 되어 소멸함으로써, 이 우주는 스스로 자신이 완전한 존재임을 나타내고 있는 것이다. 따라서 지금 세상에 나타나는 불행과 어둠은 우주의 근원이 본래 무의미하고 혼란스러워 그런 것이 아니라, 완전한 신성의 씨앗이 생명의 주체로서 자신을 키워가는 과정에서 잘못 지은 것들이 스스로 고통을 받으며 소멸해가는 과정인 것이다.

　그러므로 인간이 지니고 있는 의식이라는 요소는 단백질의 화학반응에 따라 일시적으로 나타났다 사라지는 의미 없는 존재가 아니라 우주의 근원으로부터 물려받은 고귀한 신성이며, 생명의 진화과정에서 진화하여 인간 완성을 이루고, 최종적으로 우주의 근원과 같은 완전체에 도달하는 우주에서 가장 존귀한 영물인 것이다.

따라서 이러한 오묘한 의식을 지닌 인간은 동물과 같이 단순히 생존만을 위해 살아서는 안 되며, 자신에게 주어진 의식을 완성시켜 절대자와 같은 완전한 존재가 되어야 할 고귀한 의무와 가치를 지니고 있다. 인간 세상에 성자들이 나타나 사람들에게 영원한 생명과 완전한 자유를 얻으라고 하신 것도 바로 이와 같이 인간에게 고귀한 가치와 무한한 가능성이 있음을 보았기 때문이다. 그래서 부처님은 끝없이 고해를 도는 중생의 삶에서 벗어나 무한한 가능성이 주어진 자신의 의식을 완성하여 인간 완성의 경지인 해탈을 이루라고 하신 것이다.

　이처럼 완전한 절대자(조물주, 창조주, 하느님, 신성, 불성)는 완전한 뜻과 이치가 가득한 세상을 낳고 그 속에 자신의 속성을 지닌 생명과 의식과 인간을 출현시켜 해탈이라는 우주의 정화를 이룸으로써 자신과 똑같은 열매를 거두게 된다. 오이는 오이를 낳기에 오이라 하고 참외는 참외를 낳기에 참외라 하듯이, 이처럼 우주는 완전한 근원으로부터 생겨나 다시 완전한 존재를 낳기에 영원히 완전한 존재로 머무는 것이다.

모태법과 인과법

모든 존재는 예외 없는 순환 속에서 자기의 운명과 모습을 만들어 나가고 있는데, 이때 '모태법(母胎法)'과 '인과법'의 원리가 작용한다. 즉, 모든 존재는 자신의 근본을 지니고 태어나(모태법) 지은 대로 받는 완전한 인과의 원리에(인과법) 따라 자신의 삶을 농사짓고 있으며 삶을 통해 더 나은 열매를 맺고 있다. 이때 자기가 지니고 나온 근본(모태)은 과거에 자기가 농사지은 결과물이다.

우리는 이러한 현상을 자연에서 확인할 수 있다. 밭에 있는 콩에게 "너의 근본이 무엇이냐?" 하고 물으면, 콩은 "나의 근본은 밭이다." 하고 답할 것이다. 왜냐하면, 콩이 보기에 자신은 밭에다 뿌리를 두고 있기 때문이다. 그러나 농부는 그 콩의 근원이 밭이 아니라 자신이 작년에 수확하여 뿌린 콩씨라는 것을 잘 알고 있다. 이와 마찬가지로 사람들도 자신의 근원이 피를 물려주신 부모인 줄 알고 있지만, 사실 자신의 근원은 부모가 아니라 전생에 자기가 가꿔온 자신의 영혼인 것이다.

    그는 과거 자기 삶의 결과인 영혼을 씨앗으로 해서 태어나는 것이며 부모의 육체적인 인연을 바탕으로 이생에서 뿌리내려 다시 피어나게 된 것이다. 이처럼 과거의 씨앗을 근본으로 하여 끝없이 자신을 되풀이하는 것을 일러 '모태법'이라고 한다.

    이와 같이 하나의 씨앗을 기반으로 하여 새로운 삶을 만들어가는 과정에는 '근본'과 '바탕'과 '환경'이라는 세 가지 요소가 작용한다. 하나의 씨앗이 메마른 밭과 거친 환경에 뿌려지게 되면 부실한 열매를 맺게 되며, 비옥한 밭과 좋은 환경에서 뿌려지면 크고 기름진 열매를 맺는다. 사람도 이와 마찬가지로 자신의 씨앗인 영혼을 어떤 바탕과 환경에서 만들어 나가느냐에 따라 그 결과가 달라진다. 바른 이치에 따라 세상을 축복하는 좋은 원인을 지은 이는 양심, 사랑, 용기, 지혜 같은 선업(善業)이 있어서 좋은 운명을 받게 되며, 거짓과 환상을 좋아하고 이치를 거슬러 산 자는 무지와 욕망과 악업이 의식 속에 가득 차 자신의 운명을 불행하게 만든다.

    따라서 인간의 운명을 결정하는 데 있어서 그 사람이 타고난 '업(業)'

이란 요소가 가장 중요한 역할을 한다. 업이란 과거의 삶을 통하여 자신 속에 지어진 삶의 흔적을 말하는데, 한번 지어진 업은 변화가 없는 한 계속 되풀이되어 앞으로의 운명에 지속적인 영향을 미친다. 이것은 모든 생명체에서 확인할 수 있는 공통적인 원리로 업에 의해 좌우되는 삶의 모습을 운명(運命)이라고 한다. 운명이란 한마디로 참외씨를 심으면 참외가 나고 오이씨를 심으면 오이가 나는 것과 같다. 모든 생명체의 살아가는 모습이 다 다르고 모든 사람의 운명이 다 다른 것은 바로 이처럼 과거에 지은 업이 다르기 때문이다.

그렇다면 이러한 운명에서 벗어날 길은 없는 것인가? 아니다! 이 세상은 살아 움직이므로 고정되어 있는 것은 없다. 인간의 삶이 고정된 운명을 영원히 맴도는 것이라면 살아갈 필요조차 없다. 모든 것은 과거에 자신이 지은 것을 되풀이하지만, 여기에 새로운 원인을 가미하면 새로운 변화가 나타나는 것이 바로 인과의 이치이기 때문이다. 완전한 법계 속에 나타나는 세상일은 마치 수학 공식과 같아서 새로운 원인이 없으면 영원히 과거를 되풀이하지만, 새로운 원인이 가미되면 반드시 그 결과가 달라진다. 이러한 변화를 부처님은 '인과법'이라 하셨다. 그래서 인과법을 깨치면 세상의 모든 이치를 볼 수 있고, 업의 끌림에서 벗어나 자신이 소망하는 모든 일을 이룰 수 있게 되는 것이다.

모든 세상일은 만법귀일(萬法歸一)이니, 하나의 이치로 이루어진다. 따라서 운명과 농사일도 서로 다르지 않다. 농사를 지어 보면 똑같은 씨앗이라도 척박한 환경에 뿌리내린 것은 그 결실이 적고 쭉정이가 많으며, 기름진 땅에 뿌려진 것은 씨알이 굵고 풍성한 것을 알 수 있다. 이러한 인과의 이치는 『불경』뿐만 아니라 『성경』에도 잘 나와 있다.

"씨를 뿌리는 자가 그 씨를 뿌리러 나가서 뿌릴새, 더러는 길가에 떨어지매 밟히며 공중의 새들이 먹어버렸고, 더러는 바위 위에 떨어지매 싹이 났다가 습기가 없으므로 말랐고, 더러는 가시떨기 속에 떨어지매 가시가 함께 자라서 기운을 막았고, 더러는 좋은 땅에 떨어지매 나서 백배의 결실을 하였느니라.”

이 구절은 예수님이 세상의 잘되고 못되는 일에 대해서 ‘근본’과 ‘바탕’과 ‘환경’ 사이의 원인과 결과의 법칙을 제자들이 이해하기 쉽도록 농사짓는 일을 예로 들어서 설명한 것이다. ‘인과’란 있는 일이 다른 어떤 일을 만남으로써 온갖 결과를 있게 하는 원리를 말한다. 이것은 성자들이 진리를 밝히기 전부터 이 우주 속에 본래부터 깃들어 있던 완전한 뜻이다. 성자들은 사실 속에 존재하는 이러한 불변의 이치와 그 속에 있는 진실들을 보고 그 실상을 세상에 밝혔을 뿐이다. 그러므로 세상의 모든 문제는 이러한 인과의 법칙을 이용하면 해결하지 못할 일이 없다. 다만 성자들은 완전한 눈을 지녔기에 그러한 인과법을 완전히 보는 것이며 중생들은 이를 보지 못하니 어쩔 수 없이 운명의 쳇바퀴를 도는 것이다.

이처럼 ‘운명’은 이러한 인과의 이치 속에 나타나고 있으므로, 자신의 운명을 변화시키기 위해서는 인과의 법칙에 따라 새로운 원인을 지으면 된다. 비록 자신이 돌감의 자질을 갖고 태어났다 하더라도 자신의 부족한 천성을 과감히 잘라내고 그 자리에 단감 순을 접붙이면 반드시 단감이 열리게 되는 것이 바로 인과의 법칙이다.

여기에 운명의 주체로서 자유와 창조라는 절대자의 속성을 부여받은 인간의 진정한 가치가 나타난다. 사람은 자신이 지은 업에 따라 운명의 실을 짓고 있는 거미라 할 수 있지만, 지금 이 순간부터 운명의 실을 어떻게 짤 것인가를 스스로 결정할 수 있는 주체적인 거미인 것

이다. 이러한 완전한 진리가 자리 잡고 있기에 이 세상은 살아갈 만한 의미와 가치가 있는 것이다.

　하지만 자기가 바라는 무늬와 곱기로 베를 짜는 것은 쉬운 일이 아니다. 아무나 자기 마음대로 베를 짤 수 있다면, 백만장자가 못 될 사람이 하나도 없고 출세 못 할 사람은 아무도 없을 것이다. 사람들은 자신의 운명에 대해 불만을 느끼고 바꾸려 하지만, 자기에게 주어진 습성을 스스로 벗어나기란 거의 불가능하니 맨날 자신의 운명을 쳇바퀴 돌듯 돌게 된다. 희대의 난봉꾼인 돈 후안(Don Juan)에게 아무리 바람기를 버리라고 해도 버리지 못하는 법이며, 도박중독자에게 도박을 끊으라고 충고한들 끊기 어려운 법이다.

게다가 오늘날 현대인들은 쾌락과 재물과 출세라는 마약에 중독되어서 자신의 영혼과 운명을 좋게 만들 참된 삶의 진실과 미덕을 받아들이지 못하고 있다. 그래서 지금 대다수의 사람들은 욕심으로는 단감이 되기를 꿈꾸면서도 자신의 돌감 같은 습성을 버리지 못하고 운명의 굴레를 천형(天刑)처럼 지니며 살아가고 있는 것이다.

이러한 운명에서 벗어나기 위해서는 세상 속에 깃들어 있는 이치와 올바른 삶의 길에 대한 깨침이 반드시 필요하다. 세상을 바로 보고 그 흘러가는 이치에 눈을 뜬다면 그 흐름에 거슬러 업의 충동에 따라 움직이지 않게 된다. 그래서 성자들은 세상을 바로 보지 못하는 무지가 모든 어둠과 불행의 근본이며 깨우침이 진리와 행복의 근본이라 한 것이다.

세상일은 엄격한 인과의 법칙에 의해 조금도 쉬지 않고 변하고 있다. 모든 것은 원인이 있으면 변화가 생기고, 한 번 지어진 것은 결코 저절로 사라지지 않는다. 이러한 영원하고 완전한 인과의 법칙을 이해한다면, 자신 속에 더 좋은 열매를 얻기 위해서는 죽는 순간까지 자신을 축복하는 좋은 원인을 계속 지어야 하며, 자신을 타락시키는 나쁜 원인은 절대 짓지 말아야 한다. 그러므로 조금의 깨우침이라도 있어 자신의 잘못을 뉘우치고 좋은 원인을 지으면, 그만큼 삶은 밝아지고 더 좋은 영혼을 얻게 된다. 이러한 이치는 너무나 쉽고 당연하다. 돈을 벌려면 일을 해야 하고, 이름을 떨치려면 자기 자신을 가꾸고 알려야 하며, 보람 있고 가치 있게 살려면 세상의 실상과 이치를 밝혀 세상을 축복해야 한다.

이러한 완전한 진리 앞에는 어떠한 속임수도 용납되지 않으며 점이나 사주, 기도나 주문, 심지어 신의 축복조차 통하지 않는다. 완전한 창조주는 자기 마음대로 세상을 움직이는 것이 아니라, 사실 속에 존재하는 원인과 이치를 통하여 자신의 완전한 뜻을 나타내고 있기 때문이다.

따라서 우리는 우리 주변에 존재하는 사실과 이치에 대해 바로 알고 상황에 맞는 정확한 원인을 지음으로써 우리가 원하는 목표를 이룰 수 있다는 것을 깨달아야 한다. 현재 내가 원하는 운명을 누리지 못하고 있는 것은 사실 속에 존재하는 문제를 정확히 보지 못하고, 어둡고 부실한 습성을 끊기를 거부하며, 문제를 해결할 용기와 대책을 실천하지 못하기 때문이다. 이것이 바로 인간의 운명 속에 숨겨져 있는 너무나 쉬우면서도 바르게 알고 있지 못한 비밀이다.

현상계와 의식계

　요즘 과학교육을 받은 사람들은 이 세상 속에는 무의미한 기계적 질서밖에 없으며, 인간은 골칫덩어리에 불과한 이상한 의식을 지닌 동물로, 죽으면 모든 것이 끝난다고 생각한다. 그러나 이 우주는 물질적인 현상계(現象界)만 있는 것이 아니라 그와 이어지는 완전한 의식계(意識界)와 정신적 질서가 깃들어 있다. 이러한 의식의 세계에 대해서는 세상의 실상을 보신 모든 성자들이 이미 밝힌 바가 있다. 예수님과 부처님도 일상의 대화 속에 항상 천국과 지옥에 관해 이야기했으며, 소크라테스 또한 윤회와 죽어서 가는 사후 세계에 대해 언급했다.

　이러한 사후의 세계에 관한 얘기는 각 사회마다 다양한 형태로 전해져 내려오고 있는데 여기서는 보편적 원리인 인과의 이치를 통해 살펴보고자 한다.

　태초에 세상이 나타나면서 그 속에 기운이 가득 차게 되었고 그 기운들이 계속 스치고 부딪치는 가운데 기운의 분화가 일어나 탁한 것은 물질이 되고 순수한 것은 생명력을 지닌 진기를 띠게 된다. 이 살아 있는 생명의 기운이 더욱 정화되면 의식을 띠게 되는데, 이것이 그 진화 정도와 만나는 인연에 따라 식물, 미물, 동물, 인간으로 나타나게 된다. 여기서 인간이 지닌 의식에 주목해야 한다. 의식은 인간에게 생로병사의 기쁨과 고통을 주는 골칫덩어리지만 우주의 진화 과정에서 최종적으로 나타나는 가장 높은 차원의 존재이다. 이것을 잘못 관리하면 견디기 힘든 고통의 바다를 살아야 하지만, 제대로 성장시키면 우주에서 가장 완전한 존재인 조물주의 차원에 이르게 되는 고귀한 영물이다.

생명의 진화 과정에서 처음 나타난 진기는 정화가 덜 되어 거의 의식이 없으므로 식물에 붙어 단순히 생기로 생명을 유지하는 작용을 하게 되고, 낮은 차원의 진기는 의식이 흐리고 미약해 미물과 동물에 붙어서 본능적인 업에 의해 살아가게 된다. 그리고 가장 정화된 높은 차원의 의식체는 인간의 몸에 머물게 되는데, 이때 인간의 의식은 육체와 업에 의해서만 좌우되는 것이 아니라 독자적으로 자신과 세상을 돌아보고 사유하며 뜻을 내어 완전한 이치에 따라 자신을 완성시켜 나간다. 그리하여 자연의 뜻과 이치에 따라 자신을 올바르게 성장시켜 그 마음을 완전히 정화하게 되면, 완성의 경지인 해탈에 도달하게 되고, 조물주와 같은 완전한 자율성과 창조성을 지니게 되어, 다시 자신이 태어난 우주의 근원 자리로 들어가게 되는 것이다.

이러한 의식의 정화 정도를 수치로 나타내면, 고통의 바다를 도는 일반 중생(衆生)의 경우 50~60% 정도의 순수성을 지니고 있는데, 이것이 40% 이하로 떨어지면 동물이나 미물, 식물로 태어난다. 그리고 의식의 순도가 높아져 70% 이상이 되면 소위 구원을 얻었다고 하는 영생(永生)의 단계에 이르게 되고, 80% 이상이면 모든 것이 조화되고 완전한 천상계(天上界)에 태어나게 되며, 90% 이상이 되면 성자의 경지에 오르고, 95% 이상이면 해탈하여 깨달음을 얻게 되며, 100% 순수한 상태가 되면 우주에서 가장 완전한 의식체가 되어 그 지극한 순수의식(純粹意識)에 온 우주가 비치고 모든 것을 가능케 하는 원력이 생겨 조물주의 차원에 이르게 된다(물론 의식의 차원을 수치로 나타낼 수 없지만 이해를 돕기 위한 방편으로 이해하기 바란다).

그러면 인간은 어떻게 자신을 완성해 나가는가?

모든 존재는 진화될수록 점점 의식과 주체성이 맑아지고 강화된다. 식물의 경우, 의식이 거의 없이 단순한 생기로 이루어져 있기 때문에, 죽으면 다시 식물로 나거나 다른 생명체에 흡수되어 다른 생명체의 일부가 된다. 그리고 동물은 의식이 미약하여 타고난 업에 의해서만 살아갈 뿐 독자적인 정신 작용을 할 수 없으므로, 자신의 의식을 정화할 길이 없이 동물적인 본능에 따라 약육강식의 운명 속에서 계속 돌게 된다. 이것은 탁한 의식을 받은 과보이니만큼 특별한 계기가 없는 한 동물의 운명을 벗어나기가 어렵다.

그러나 인간은 그 의식이 창조주의 속성을 이어받아 주체성을 지니고 자유와 창조성을 지니기 때문에 육체에만 얽매이지 아니하고 독자적인 의식 활동을 벌이며, 이치에 따라 움직이고 인과의 과보를 예민하게 받는다. 그래서 삶을 통하여 세상 이치를 깨닫고 자신의 삶을 잘 농사짓게 되면, 점차 자신 속에 있는 탁함, 즉 거짓과 욕망과 집착과 업을 지워 그 의식을 맑고 순수하게 정화함으로써 그 맑은 의식에 온 우주가 비치고 모든 것을 가능케 하는 원력이 생기는 해탈의 경지에 이르게 되고, 더욱 공덕을 쌓아 모든 잡티를 제거한 100% 진기인 순

수의식에 도달하게 되면 마침내 모든 것을 가능케 하는 조물주의 차원에 이르게 된다.

　이러한 과정에서 모든 존재는 절대자의 분신으로 그 속성을 이어받아 스스로 자유와 주체성을 가지고, 자신이 지은 대로 결과를 받으며 살아간다. 각자가 지은 대로 받기에 세상은 공명정대하고 완전한 것이다. 그런데 이러한 완전한 이치를 무시하고 모든 것이 신에 의해 예정된 채 이루어지고 있다면, 이 세상에서 벌어지고 있는 다양한 현상들을 합리적으로 설명하는 것이 불가능해진다. 왜냐하면, 이 세상에 나타난 모든 악과 부조리 또한 지고지선(至高至善)한 절대자의 뜻에 의해 나타난 것이 되기 때문이다. 따라서 이 세상의 모든 일은 절대자의 분신으로 나타난 생명체가 스스로 주체성을 가지고 자기 책임으로 행하고 그 결과를 받는 것으로 보아야 한다. 이러한 진실을 부정하고 주체적인 삶을 버린 채 모든 것을 신에게 의지하려는 행동은 오히려 절대자(창조주, 조물주, 하느님, 신성, 불성)의 뜻에 반하는 무지하고 어리석은 짓이다. 절대자는 자신의 모든 뜻과 원력을 세상에 쏟아 부어 세상을 낳았고 자신의 씨앗인 생명의 주체들에게 자신과 같이 세상의 주인이 되어 자유의지로 세상을 살게 했다. 그러므로 세상의 주인은 인간과 같은 각 생명의 주체인 것이지, 신이 아니다. 신 스스로 모든 것을 다 결정할 것 같으면 이 세상을 창조할 필요가 없는 것이다.

이 세상은 창조주의 완전한 뜻과 원력에 의해 그 속성을 그대로 부여받아 나타난 것이니, 창조주 자신도 이에 예속되어 이를 벗어나거나 개입할 수 없다. 완전한 자신이 한 치의 어김 없이 지어놓은 완전한 뜻을 스스로도 거부해서는 안 되는 것이다. 따라서 세상에 지어진 완전한 뜻과 이치에 따라 올바른 원인을 짓지 않는 한 절대 원하는 결과를 얻을 수 없으며 신도 개입할 수 없는 것이 완전한 자연의 섭리이다.

그렇다면 이 세상은 어떤 질서에 의해 돌고 있는가? 창조주는 이 세상을 단순히 눈에만 보이는 현상계만 존재하게 한 것이 아니라 물질과 생명과 의식, 신과 인간, 생과 사, 이승과 저승이 모두 하나의 이치 속에서 완전하게 돌도록 완벽한 법계의 질서를 만들어 놓았고, 무거운 것은 가라앉고 가벼운 것은 떠오르는 이치에 의해 조금의 어김없이 과보를 받도록 만들어 놓았다.

이러한 질서를 이해하기 위해서는 먼저 영혼의 존재에 대해 분명하게 이해할 필요가 있다. 영혼의 존재를 인정하지 않는 입장에서는 이러한 논의가 아무 의미가 없고 공허하기 때문이다. 인간의 의식이 사후에 존재하느냐 하는 문제는 오늘날 과학이 기본적으로 영혼을 부정하기 때문에 말하기가 까다롭지만, 영혼의 존재에 대해서는 과거부터 많은 논의가 있었다. 그런데 깨달음의 빛을 얻어 세상의 진실에 대해 밝힌 모든 성자들은 영혼의 존재를 당연히 인정하고, 이를 기반으로 모든 현상을 설명했으며, 많은 현자들도 이를 인정하고 있다.

일례로, 20세기 최고의 석학인 아인슈타인은 거대한 우주에는 초월자의 완전한 뜻이 깃들어 있다고 결론을 내렸으며, 프랑스의 사상가이며 물리학자인 파스칼은 보이지 않지만 모든 것은 서로의 일부분이 되어 존재하고 있는 것이 확실하다고 말했다. 부처님도 "나는 전생에 수많은 생을 돌며 인간이 가야 할 바른길(공덕)을 쌓았으며, 전생에서는 아라한(阿羅漢)의 세계에 머물다 이생에서 비로소 공덕을 완전히 닦아 완전한 해탈에 이르렀다."고 하였으며, 예수님은 하느님을 내 아버지라고 칭하면서 "몸만 죽이는 자를 두려워하지 말고, 몸과 영혼을 모두 멸할 수 있는 하느님을 두려워하라."고 외치며, 진리에 따른 삶을 실천함으로써 천국에서의 영생을 얻으라고 하였다. 또한, 소크라테스도 무고한 모함으로 사형을 당하기 전 법정에서 자신의 입장을 밝힌 『소크라테스의 변명』에서 사후의 영적 세계에 관해 이렇게 이야기했다. "저 세상에 우리보다 먼저 죽은 훌륭한 조상들과 성현들이 사는 것이 사실이라면, 저세상에서 그분들과 함께 사는 것보다 더 행복한 일이 어디 있겠소?" 하며 "나는 죽고, 여러분은 살겠지만, 어느 것이 더 나은 것인지 오직 신만이 아실 것이오." 라고 하며 영혼과 사후 세계의 존재에 관해 분명히 밝혔던 것이다.

그런데 최근 현대과학은 물질적 실험을 통해 나타난 결과를 가지고 영혼의 존재에 대해 부정하는 흐름을 보이고 있다. 그러나 이것은 과학자들의 단견으로 논리적으로도 매우 비과학적이다. 그들은 몇 가지 물질적 실험을 통해 나타난 한정된 결과만을 가지고 자신들이 검증 대상에서 제외했던 신과 영혼의 존재에 대해서까지 함부로 부정하는 비과학적인 결론을 내렸기 때문이다. 눈앞에 있는 일도 제대로 보지 못하는 눈뜬장님이 자기가 본 얼마 안 되는 경험과 지식을 가지고, 완전한 눈을 뜬 성자들이 보았던 영혼의 존재를 부정한다는 것은 참으로 어리석고 교만한 일이 아닐 수 없다.

오늘날 과학교육은 영적 존재를 부정하므로 인간이 죽으면 동물처럼 아무런 의미 없이 사라지며, 영혼이란 것도 존재하지 않는다는 유물론적 사고방식을 사람들에게 가르치고 있다. 그러나 우리는 과학법칙상 모든 일에는 원인이 있으며, 또한 원인이 있으면 반드시 결과가 남는다는 사실을 알고 있다. 이처럼 모든 것이 결과가 있는데, 살아 있을 때 세상의 주인이 되고 온 우주를 좌우하는 작용을 일으켰던 인간의 마음이 죽음과 동시에 아무 결과도 남기지 않고 육체와 함께 '펑' 하고 사라진다는 것은 너무나 비과학적이다. 사람이 살아가면서 육체보다 더 큰 역할을 하는 것이 의식이다. 따라서 육체가 재를 남기듯, 살아 있을 때 세상을 변화시키는 엄청난 힘을 발휘한 인간의 의식도 반드시 그 결과를 남기게 되는 것이다.

현대과학은 자신이 검증할 수 있는 것만 말해야 한다. 따라서 자신들의 인식 범위에서 벗어나 검증할 수 없는 것은 "알 수 없다."고 해야지, "존재하지 않는다."고 말해서는 안 된다. 영혼이 바로 그런 영역에 속한다. 과학자들의 일반적인 지각 능력으로는 기(氣)와 영(靈)의 세계를 인식하지 못하며, 이는 검증 대상에서도 벗어난다. 그런데도 과학자들은 자신들이 인식하지 못한다고 해서 영혼이 존재하지 않는다고 장담하며 여러 가지 심령현상을 일종의 집단최면이나 심리적 현상 정도로 단정하고 있다.

그러나 현실 속에서 나타나는 심령현상을 그렇게 단순한 심리작용으로 일반화시키기엔 너무나 생생하고 구체적이다. 당사자가 전혀 듣지도 배우지도 않았던 말로 방언하는 현상, 신이 들어 다른 사람이 과거에 했던 구체적인 일들을 표현하고 그 목소리를 흉내 내는 현상, 다른 영이 몸에 들어와 산 사람처럼 대화를 나누며 괴롭히는 현상, 전기적으로 측정이 안 되는 기가 몸에 물처럼 흐르는 느낌, 신이 든 무당이 날 선 작두 위를 뛰거나 불 위를 걷는 현상 등은 일반적인 과학 상식으로는 설명하기 곤란한 것이다.

그런데 이러한 현상들에 대해 과학자들은 모두 환상이나 정신착란, 집단최면으로 간주하고, 정 해석이 곤란한 것은 인간의 무한한 가능성이나 뇌의 영역으로 둘러댄다. 그들은 무당들이 오랜 연륜이나 경험에 의한 감으로 어림짐작하거나 미리 정보를 알아내어 점을 친다고 한다. 그러나 아무리 넘겨짚기를 잘하더라도, 전혀 알지 못하는 죽은 자의 목소리를 내고, 그 사람이 죽기 전에 있었던 일을 맞추는 것은 확률적으로 불가능하다. 따라서 조금만 과학적인 사고를 지녔다 하면, 이런 영적 현상들이 소위 '제3의 존재'라고 하는 영적 존재를 상정하지 않고는 해석이 불가능하다는 사실을 알 수 있다.

현대과학은 인간 정신의 독자성을 부정하고 의식 현상을 육체를 구성하는 유기체의 화학반응에 불과하다고 한다. 그렇다면 원숭이와 인간의 몸은 거의 똑같은 유기화합물과 염기 서열로 이루어졌음에도 불구하고 그 의식의 차이가 하늘과 땅만큼 벌어지는 것은 왜일까? 앞서도 언급했지만, 원숭이의 경우, 인간과 유전자가 98.6% 같다고 한다. 만약 과학자들의 주장대로 인간의 의식이 육체의 화학적 반응에 의해 나타나는 것이라면, 원숭이와 인간의 DNA가 98.6% 일치하므로 원숭

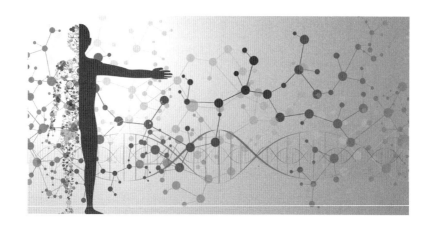

이와 인간의 의식 또한 거의 비슷해야 한다. 그러나 인간과 원숭이의 의식 차이는 하늘과 땅 차이로, 오직 인간만이 제대로 된 의식을 가지고 있고 원숭이는 말 그대로 동물에 불과하다. 따라서 거의 똑같은 성분으로 이루어진 유기체 사이에 비교조차 할 수 없는 엄청난 의식의 차이가 나타난다면, 의식의 작용 속에는 단순한 유기물의 화학반응이라고만 할 수 없는 뭔가 다른 요소가 깃들어 있음을 쉽게 판단할 수 있다.

오늘날 서구 과학이 검증 가능한 것만 믿고 인정하는 태도는 좋았으나, 자신의 판단 능력 너머에 존재하는 검증할 수 없는 사실들까지 모두 무시해 버림으로써 의미를 찾는 인간에게 진실로 소중한 우주의 신성함과 신과 영혼의 존재, 구원과 해탈이라는 인간 완성의 가능성 등을 모두 외면하는 결과를 초래하게 만들었다. 이제 인간세상에는 동물적 생존과 쾌락만이 팽배한 나머지, 사람들은 무의미와 인간소외 속에서 헤매고 있으며, 어떠한 존재 이유나 살아갈 길도 찾지 못하고 있다.

인류는 한때 과학에 무한한 신뢰를 보냈고 그 기대도 컸다. 그러나 과학이 세상을 물질로만 인식하고, 물질과 쾌락에만 힘을 쏟아붓고 있는 현실을 보고 사람들은 과학에 깊은 한계를 느끼고 미래에 대한 희망도 잃어가고 있다. 따라서 이제라도 과학자들은 생명이 약동하고 있는 세상의 실체를 바로 파악하기 위해서는 한계에 빠진 유물론적 세계관에서 벗어나 영혼의 실재성을 인정해야 한다.

지금 이 순간에도 나의 의식은 가슴속에서 쉴 새 없이 움직이며 삶을 만들어 가고 있으며, 죽으면 삶의 결과인 영혼을 남긴다. 인과의 이치가 완전히 작용하고 있는 이 세상에서 존재하는 현상이 결과를 남기지 않고 갑자기 사라지는 일은 없다. 인간 또한 죽으면 '펑' 하고 모든 것이 사라지는 것이 아니라 반드시 자신의 결과를 남긴다. 영혼을 부정하는 사람들은 죽는 순간 자신의 몸에서 빠져나와 식은 자신의 육신을 바라보는 자신의 영혼을 느끼게 된다면 그동안 영혼을 외면했던 자신의 어리석고 교만했던 행동에 대해 부끄러워하게 될 것이다.

그렇다면 영혼에 대해 좀 더 자세히 알아보자! 영혼은 기운이 의식을 띤 형태로 존재한다. 이 영혼이라는 형태는 물질의 원인으로 알려진 쿼크(quark) 입자보다도 훨씬 더 미세한 것으로 인간의 감각으로는 인식할 수 없다. 그러나 없는 것은 아니니, 그야말로 유와 무의 경계에 존재하고 있다.

좀 더 과학적으로 물체를 분석해 분자와 원자 속으로 들어가 보면, 핵이 있고, 그 핵은 양성자와 중성자로 되어 있는데, 이것을 더 깊이 파고 들어가 보면 에너지로 구성되어 있다. 그리고 이 에너지를 더 깊이 파고 들어가면 기술적으로 측정할 수 없는 유와 무의 경계 영역이 나오는데, 과학이 아무리 발달한다 하더라도 전자기적 흐름 이상은 측정이 불가능하다.

오늘날 거짓말 탐지기로 사람들의 심리 현상을 측정한다고 하지만, 거짓말탐지기가 측정하는 영역은 인간의 의식이 전자기적 흐름을 일으키는 부분에 국한될 뿐이다. 그러므로 거짓말 탐지기는 전자파 너머에 존재하는 미세한 의식의 흐름은 탐지하지 못한다. 이럴 경우, 전자파 너머에 존재하는 미세한 마음은 있다고 해야 할까, 없다고 해야 할까? 바로 여기에 현대과학의 인식 범위를 넘어 유와 무의 경계 속에 존재하는 의식과 영적 현상의 가능성이 나타난다.

이처럼 인간의 영혼이 존재한다면, 자연스럽게 사후세계에 대한 이해를 필요로 한다. 그렇다면 사후에는 어떤 영적 질서가 생명의 세계를 감싸고 있는가?

사람이 죽으면 영혼은 자신의 몸에서 나와 자신의 가족과 친지들이 울고 있는 것을 머리 위에서 내려다본다. 그리고 몸에서 분리된 영혼은 완전한 뜻과 이치에 따라 이루어진 결과의 세계인 사후세계로 들어간다. 이때 가벼운 것은 높이 뜨고 무거운 것은 가라앉는 보편적 원리에 의해, 맑고 가벼운 영혼은 높이 떠오르고 어둡고 무거운 영혼은 밑으로 가라앉아 자신이 지은 삶의 결과를 받게 된다.

그 가운데 평범한 삶을 살아 큰 한이나 집착이 없는 영혼은 다시 인간으로 윤회하게 된다. 하나의 씨앗이 정상적으로 열매를 맺으면 그 열매는 다시 같은 종으로 싹을 틔우는 것과 같은 이치이다. 따라서 정상적인 영혼은 그 영혼의 맑기가 윤회의 순환대에 어울리는 정도의 탁기이기에 그 흐름과 하나가 되어, 후생을 받기 위해 순탄한 재생 과정을 밟게 된다.

그래서 사람이 죽게 되면 그 영혼이 그동안 지고 있던 육체의 짐과 고통에서 벗어나기 때문에 평안함과 안락함을 느끼게 된다. 임사체험을 했다는 사람들이 천국을 보고 왔다는 말을 많이 하는 것은 바로 이러한 상태에 들었기 때문이다. 그러나 얼마간의 시간이 지나면 이제 본격적인 영혼의 삶이 시작된다. 그래서 정상적인 인간의 결실을 얻은 영혼은 윤회하게 되며, 잘못된 삶으로 그 영혼이 한과 욕망에 얽매인 영혼은 집착에 의해 그 의식이 점점 뚜렷해진다. 이렇게 의식이 뚜렷해지고 현실이 살아 있을 적처럼 느껴지는 이유는 삶에 대한 강한 집착 때문에 자기를 버리지 못하고 살아 있을 때처럼 행동하려고 하기 때문이다. 따라서 살아 있을 때처럼 주변 풍경과 인연이 있던 사람들이 계속 나타나면 그것은 지옥에 빠진 것이니 매우 주의해야 한다.

먼저, 윤회에 대해 살펴보자. 정상적인 영혼은 죽은 후 얼마 안 있어 여름날 억수같이 쏟아지는 장대비처럼 깊은 잠이 쏟아지며 모든 것을 잊고 사라지게 된다. 그러면 새로운 인간으로 다시 윤회하는 것이다. 한 알의 밀알이 자신을 썩혀 모든 것을 잊어야만 새 생명을 낳을 수 있듯이 인간도 과거의 모든 기억을 잊어야만 새 생명으로 환생할 수 있다. 이것이 정상적인 삶을 산 평범한 영혼의 흐름이다.

반면에 일상적인 삶을 뛰어넘는 훌륭한 삶을 산 영혼은 업과 욕망과 집착을 정화하여 윤회대의 끈적끈적한 인력을 벗어날 만큼 그 영혼이 맑고 가벼워졌으므로 윤회의 순환대에서 벗어나 높고 평안한 차원에 이르게 된다. 이 차원은 중생들이 부대끼며 사는 윤회대의 끈끈한 습기에 영향을 받지 않고 평안하게 오래 머물며 자신의 생명을 보존할 수 있기에 이를 '영생계'라고 한다. 이 상태에 머물게 되면 변화기에 영향을 받지 않고 자신의 영혼을 보존할 수 있으므로 구원을 얻었다고 할 수 있는데 이곳에는 500년에서 1,000년을 머물게 된다.

그런데 이보다 더 큰 공덕행으로 자신의 업과 집착과 욕망을 온전히 정화하여 순수의식 상태에 이른 영혼은 완전에 가까운 의식체들이 가는 천상에 오르게 되는데, 이는 우주의 중심에 가장 근접한 차원이다. 천상계는 의지만으로 모든 것이 이루어지는 그야말로 천국으로, 이곳은 모든 것이 순수하고 평안하기 때문에 시간이 더디게 흐르며 수명 또한 그만큼 긴데 5,000년에서 10,000년을 머물게 된다.

이와 같이 영생계와 천상계에 도달한 영혼들은 그곳에 오래 머물다가 자신이 원할 때 현상계에 내려와 자신의 영혼을 완성하려고 시도한다. 이들이 세상에 태어나면 그 뛰어난 근기(根基)로 인해 세속에선 큰 학자나 전륜성왕(轉輪聖王)이 되고 인간 완성의 길로 나가면 깨달음을 얻게 된다.

이와 반대로 잘못된 삶을 살아 강한 집착과 원한에 의해 혼탁해진 영혼들은 윤회의 흐름에도 들지 못하고, 현상계의 제일 밑바닥에서 헤매며 악몽에 갇히듯 오랫동안 지옥의 고통으로 빠져들게 된다. 이러한 유혼들은 보통 30년에서 150년 정도 유계(幽界)를 헤매게 되는데, 그 이유는 영혼이 한과 집착으로 강하게 엉켜 있으면 그만큼 풀리는 데도 오래 걸리기 때문이다.

자연은 모든 것을 동화시켜 순환케 한다. 쇠도 자연 속에 오래 두면 산화되어 자연으로 돌아가고, 생명체도 죽으면 모두 자연으로 돌아가 다시 순환한다. 인간도 죽으면 이와 마찬가지로 영혼이 자연의 힘과 중력에 의해 흩어지면서 자연에 동화되어 다시 순환하게 된다. 그런데 이렇게 동화되어 순환하는 정도는 그 기운이 얼마나 엉켜 있느냐에 따라 달라진다. 따라서 맺힌 것이 없으면 자연의 힘에 의해 금방 순순히 풀려 윤회하게 되지만, 의식에 맺힌 것이 많고 딱딱하게 굳어 있으면 그것이 풀리는 데 오래 걸리며, 또 풀리는 동안 자신이 무너져 내리는 고통까지 겪게 되는 것이다. 이처럼 그 영혼이 부서져 내리는 과정이 너무 고통스럽기 때문에 이를 지옥이라 표현하는 것이며 이들은 고통을 잊고자 산 자의 세계를 계속 서성거리게 된다.

이때 유혼(遊魂)은 몸이 없는 상태에서 자기라는 의식만 가지고 있기 때문에 마치 꿈을 꾸는 듯한 환상에 빠지게 된다. 살아 있는 사람은 몸을 가지고 있기 때문에 의식 활동이 단순한 정신의 활동에 불과하지만, 유혼은 의식만으로 되어 있어서 생각 자체가 자신의 생활 전부이기 때문에 환경의 변화에 따라 느껴지는 무한한 의식의 변화가 곧 현실과 같다. 그래서 중력의 변화가 생기면 유혼은 자신의 몸이 깨어지는 고통을 느끼면서 아픔을 호소한다. 그래서 날씨가 흐린 날 공동묘지 같은 곳에 가면 울음소리가 들린다고 하는 것이다. 한여름의 뜨거운 열기는 화염지옥으로, 한겨울의 차가운 냉기는 얼음지옥으로 느껴지는 것이다. 그래서 고통에 시달린 영혼은 결국 산산이 부서지고 흩어져버려 사람으로 다시 날 수 있는 영혼의 진기마저 유지하지 못하고 의식체 중 가장 허약한 단계로 떨어져 미물로 태어나는 과보를 받게 되는 것이다.

그러나 이러한 사후 차원은 모두 결과의 세계이니, 영혼 그 자체가 어떤 변화나 작용을 할 수는 없다. 하나의 알곡으로 맺힌 것은 알곡 자체로서는 어떠한 작용을 할 수 없으며, 다시 땅에 심어야만 변화를 일으킬 수 있는 이치와 같다. 그래서 이 우주는 우리가 지금 숨 쉬고 있는 현상계를 중심으로 변화가 이루어지고 있는 것이다. 즉, '이생'은 원인의 세계요, '사후세계'는 결과의 세계인 것이다. 그래서 모든 생명체는 현생에서 자신을 이루어, 그 결과인 열매로 심판받게 되는 것이다. 따라서 자신을 변화시키고자 하는 모든 존재는 반드시 이승에 태어나야 하며, 천상의 신들도 안락한 천상에 계속 머물지 아니하고 더 나은 자신을 이루기 위해서 기회가 되면 이생에 태어나려고 애를 쓰는 것이다.

그러면 결과의 차원인 유혼들이 현실에서 여러 가지 심령현상을 일으키는 일은 어떻게 해석해야 하는가? 그것은 생명의 질서에 어긋나는 일이지만, 영적 세계에 전해지는 비밀을 배워 자신의 한정된 진기를 사용하여 현실 속에서 물리적 현상을 일으키는 것이다. 이렇게 영혼이라는 자신의 열매 속에 든 한정된 진기를 현실에 대한 집착으로 함부로 사용하면, 그 영혼은 마치 기름을 짜버린 깨처럼 부실해져서 다시는 인간으로 나지 못하고 미물과 같이 허약한 진기를 가진 존재로 나게 되는 것이다. 즉, 유혼이 여러 가지 기이한 심령현상을 일으키는 일은 자신을 영원히 망치는 일인 것이다.

이렇게 완전한 하늘의 뜻과 질서 속에서 인간은 자기가 짓는 바에 따라 사후의 과보를 받으며 조금이라도 더 나은 자기를 이루기 위해 계속 돌고 있다. 다시 말해, 조물주로부터 기운과 물질이 나고, 물질에서부터 생명이 나고, 생명에서부터 의식이 나며, 의식 수준에 따라 희미한 의식을 가진 식물과 탁한 의식을 가진 동물, 그리고 신과 같이 완전에 가까운 의식을 가진 인간이 나타나 퇴보와 완성의 길을 돌면서 최종적으로 조물주와 똑같은 완전한 의식을 지닌 우주의 열매가 맺히는 거대한 순환의 질서 속에 인간의 삶은 존재하고 있는 것이다. 이처럼 인간에게는 우주의 근원과 이어지는 무한한 가능성과 오묘한 신비가 깃들어 있기에 세상은 참으로 신성한 곳이며, 인생은 살 만한 가치가 있는 것이다.

신의 실체

    완전한 신의 뜻은 보편타당하고 공명정대하다. 따라서 우주의 제일원인(第一原因)인 조물주는 인간의 사사로운 요구와 감정에 따라 편파적으로 움직이는 인격적인 존재가 아니며, 모든 생명과 모든 민족과 모든 우주를 포괄하는 공평한 진리로 세상을 다스리며, 자의적으로 세상일에 간섭하는 일이 없다. 왜냐하면, 완전하고 전지전능한 조물주는 그 능력만큼 이 세상을 조금의 흠이 없이 완전하게 창조했기 때문이다. 따라서 신이 세상에 직접 나타나 자신이 만든 완전하고 공정한 세상의 질서를 어기는 일은 없다. 만약 조물주가 세상일에 관여한다면, 그것은 자신이 만든 이 세상이 온전치 않음과 자신의 능력이 불완전함을 시인하고, 이를 사후에 바로 잡겠다는 뜻이 되는 것이다.

    이 세상 속에 나타난 하늘의 뜻은 완전하다. 세상은 완전한 인과법에 의해 움직이며 모든 것은 지은 대로 결과를 받는다. 이러한 뜻과 질서는 조물주의 속성으로 본래부터 엄연했으니 성자들은 나중에 그 뜻을 발견했을 뿐이다. 이렇게 태초부터 진리가 이 세상에 분명히 자리 잡고 있었지만 아무도 알지 못한 이유는 진리란 각자가 지닌 시각만큼만 볼 수 있기 때문이다. 그래서 수많은 인류가 태어났지만, 눈뜬 장님인 중생들은 그 진리를 보지 못하고 어둠 속에서 헤맨 것이며 오직 눈이 열린 몇 분의 성자들만 세상의 실상과 이치를 보고 인간세상에 알린 것이다. 그래서 그분들의 가르침을 진리라 하고 그분들이 완전한 삶의 길을 밝혔다 해서 성자라 칭하는 것이다.

그분들의 말 속에는 세상의 모든 실상이 있는 그대로 들어 있고, 그것을 이루는 이치가 있다. 따라서 사람들이 현실 속에서 그에 따라 행하면, 한 치의 어김 없이 이루어지므로 이를 '진실' 또는 '진리'라 부르고 있는 것이다. 그러나 이처럼 세상에 존재하는 일과 달리, 세상에 없는 일이거나 이루어지지 않은 일들은 거짓이고 환상이니, 이러한 일들이 세상을 어둠과 불행으로 이끄는 근본 원인이 된다. 지금도 실상의 일을 알지 못하는 중생이나 양심 없는 거짓된 자들이 함부로 말을 만들어 세상을 오도(誤導)하고 있다.

따라서 그들이 주장하고 있는 것과 같이, 신이 모든 것을 다 해준다는 것도 세상에 존재하지 않는 거짓이며, 기도만 하면 이루어진다는 것도 사실과 이치에 맞지 않는 말이다. 만약 신이 모든 것을 다 해결해 준다면 신을 믿는 나라는 계속 발전해야 하고, 기도해서 모든 일이 좋아진다면 씨를 심어놓고 가꾸지 않고 기도만 해도 풍년이 들어야 한다. 하지만 세상에 그런 일은 존재하지 않는다. 진리는 명확하다. 진리는 세상 속에서 확인하면 된다. 이곳에서 나타나면 저곳에서도 나타나고 이곳에서 없는 일이면 저곳에서도 없게 된다. 따라서 사실 속에서 좋은 결과가 나타나고 밝은 세상이 도래하면, 그것은 진리지만 그렇지 않으면 거짓이다. 이렇게 사실 속에서 증명되는데도 믿지 못하고 전해져 내려오는 관념에 빠져 눈앞의 일을 부정한다면 그는 판단력을 상실한 어리석은 인간으로 매우 문제가 많은 사람이다.

인간은 정신이 밝을수록 사실과 이치를 중시하고, 어두운 사람일수록 관념과 환상을 좋아한다. 이 세상은 원인에 따라 결과가 나타나는 완전한 법계이다. 따라서 그동안 지은 원인이 결과로 나타나고 있는 이 세상이 바로 옳고 그름을 판단하는 증거가 된다. 그래서 관념적인 종교가 번지는 나라일수록 환상을 중시하고 사실을 멀리하여 어둡고 불행한 역사를 지니고, 사실과 이치를 중시하는 나라일수록 밝고 강한 나라를 운영하고 있는 것이다. 오늘날 서구 문화가 세계 문명을 지배하는 힘을 가진 것도 중세 시대 맹목적 신앙이 주는 우상과 불합리한 관념의 허구에서 벗어나 사실과 과학적 원리를 중시하며 인간 이성의 소중함을 회복했기 때문이다.

그런데 요즘 우리 사회에는 우리가 생각하는 것보다 훨씬 심각할 정도로 많은 영적 현상이 나타나고 있다. 그래서 일상 속에서 길을 가다가도, 신을 믿으라 외치거나 조상신을 잘 모셔야 한다는 사람들을 많이 목격할 수 있으며, 세계 최대를 강조하는 신흥 교회가 생겨나는 등 우리나라는 세계에서 가장 영적 현상이 크게 일어나는 나라가 되었다.

그런데 문제는 모든 종파마다 자신들이 믿는 신이 다른 종교의 신들과 달리 우주에서 가장 높고 거룩한 신이라 주장하며, 다른 종교의 신들은 모두 잡신이라고 평가한다는 사실이다. 과연 지금 세상에 나타나고 있는 수많은 신들 중에서 과연 누가 진정한 우주의 제일 원인인 조물주이며, 누가 세상을 혹세무민하는 거짓된 신일까?

신의 정체를 파악하기 전에, 먼저 신에 대한 생각을 정리해 보자.

대체로 사람들은 신에 대해 두 가지로 생각하고 있다. 하나는 신을 이 우주를 창조한 거룩하고 전지전능한 '조물주(God)'로 생각하고 있고, 다른 하나는 한과 집착을 갖고 세상을 떠도는 영적 존재인 '생명의 사후 결과체(ghost, phantom)'로 생각하고 있다. 현재 이 두 가지 개념이 혼재되어 사용되고 있지만, 이 두 가지는 분명히 구분되어야 한다. 그 이유는 신에 대한 개념이 인간의 정신을 완성하고 사회를 발전시키는 데 결정적 역할을 하기 때문이다.

우리는 보통 신을 조물주(창조주)와 동의어로 여기고, 절대적 영적 능력을 가진 신비한 존재로 막연히 생각한다. 그러나 창조주는 그런 단순한 존재가 아니다. 창조주는 광대한 이 우주를 창조한 전지전능한 존재이며, 이 세상에 완전한 뜻과 질서를 만든 지고지선한 존재이다. 창조주는 이 우주에 존재하는 수많은 신과 모든 생명체, 더 나아가 우주의 모든 것을 포용하는 존재이며 모든 민족과 나라를 아우르는 공명정대한 절대적 존재이다.

이에 비해 일반적으로 말하는 신(ghost)이란 사람이 죽어 의식의 결과체가 세상에 떠도는 것으로, 생명과 이치에 어긋나게 살아 저승으로 떠나지 못하고 이승에 머물면서 헤매는 존재를 말한다. 따라서 이 둘은 정확히 구별해야 한다. 만약 자신이 창조주라고 믿는 신이 행여 세상에 떠도는 집착과 욕망을 가진 영적 존재에 불과하다면, 참으로 어이없고 참담한 일이 된다. 자기가 평생 쏟은 정성과 시간과 재물이 이승을 헤매는 귀신의 욕망과 집착을 달래주는 일에 쓰임으로써 자신의 인생을 헛되고 무가치하게 만들기 때문이다.

그렇다면 우주의 근원인 신성한 조물주(창조주)와 떠도는 신을 어떻게 구별할 것인가? 우리는 이에 대해 열린 눈으로 세상을 보신 성자들의 시각에서 지혜를 찾을 수 있다. 성자들은 창조주의 존재에 대해 명확히 언급한 적은 없지만, 많은 비유를 통해 그 존재를 밝혔다.

부처님은 신의 존재를 묻는 말에 대해 이렇게 말한다. "조물주(창조주)에 대해 안다고 하는 힌두교 장로에게 신에 대해 직접 보고 들은 게 있느냐고 물었더니, 그들은 선대 장로가 일러준 말이라 하여 계속 거슬러 올라가 확인해 보았더니 아무도 직접 신을 만나거나 신의 말을 분명히 들은 자가 없었다고 한다. 따라서 아무도 직접 본 적도 들은 적도 없는 신을 분명히 있는 듯이 섬기고 그 말을 따르고 있는 것은 마치 색시가 얼굴도 모르는 사람에게 시집가는 것과 같다."고 그 모순을 지적하며 알 수 없는 신의 뜻과 계시에 얽매지 말고 사실과 이치를 밝혀 눈앞에 닥친 현실에 충실하게 살라고 한 것이다.

그렇다면 예수님은 어떠했는가? 당시 유대 민족은 신을 가장 열성적으로 믿는 민족이었다. 그들은 자신들의 신인 여호와가 자기 민족을 구원해 준다고 확신하며 광신적으로 믿고 있었다. 그러나 그들의 종교에는 맹신만 있었지 세상과 인간을 복되게 하는 밝은 진리와 실천이 없었다. 그리하여 진리가 없는 유대 땅에서 사람들의 마음에는 양심이 없었고 사회에는 정의가 사라졌으니 유대인들 사이에는 불신과 위선과 죄악이 넘쳐났다. 유대 사회는 어둡고 나약했으며, 한마디로 말해 망해가고 있었다. 그러한 현실 속에서 예수님은 진정한 구원과 천국은 무조건 하느님을 받드는 데서 오는 것이 아니라 하느님의 뜻에 따라 인간의 도리와 진리를 실천해야 온다는 것을 깨닫고 그 복음을 널리 전하고자 했다. 그래서 예수님은 "나더러 주여! 주여! 하는 자마다 다 천국에 들어갈 것이 아니요, 다만 하늘에 계신 내 아버지의 뜻대로 행하는 자라야 들어가리라." 한 것이다. 즉, 예수님이 전하

고자 한 것은 인간을 무조건 축복해 주는 인격적인 신이 아니라 모든 것을 진리대로 이루게 하는 창조주 하느님으로 인간이 주체가 되어 신의 축복인 완전한 진리를 깨쳐 열심히 실천할 때 복을 얻는다는 것이다. 이것이 바로 참된 삶이며 구원에 이르는 길이며 세상을 축복하는 길이다. 그러나 유대인들은 이러한 진리를 거부하고 예수님의 가르침이 전통과 신성에 위배된다는 이유로 그분을 죽이고 만다. 여기에 예수님이 밝히고자 하는 진정한 창조주 하느님과 유대인들이 믿던 여호와 간에 분명한 차이가 나타난다.

그렇다면 역사 속에서 나타났다고 하는 신들의 정체에 대해 살펴보자. 원시시대에 나약한 인간들은 자신의 힘으로는 어찌할 수 없는 천둥과 번개, 폭풍우, 화산, 지진, 해일 같은 초자연적인 현상 앞에서, 이를 일으킨다고 생각한 절대자를 상정해 놓고 그에 의지하여 해결책을 구하려 했다. 당시 사람들은 자신이 상정한 신이 세상의 모든 일을 만들고 주관하는 전지전능한 존재라고 생각했기에 그에게 모든 것을 의지함으로써 세상에서 일어나는 모든 일에 대해 신성한 의미와 가치를 부여하고, 자신의 보잘것없는 한계를 신의 뜻으로 미화함으로써 자신의 불완전성을 극복하려고 했던 것이다.

그러나 그들이 숭배한 신들은 자기 종족만의 욕구를 충족시켜 주는 불공정한 신이었기에 우주의 모든 존재를 공명정대함으로 축복하는 전지전능하고 보편적인 창조주일 수는 없었다. 따라서 그들이 믿었던 이러한 신들은 그 민족에 애착을 가진 지역신이나 민족신일 가능성이 크다. 역사를 살펴볼 때, 대부분의 민족은 오직 자신들이 섬기는 신만이 유일한 창조주라고 생각했다. 그러나 실제 역사 속에서 나타난 그들의 신이 내려주었다는 계시는 대부분 편파적인 것으로, 인간 사회에 불신과 투쟁의 계기가 되었고, 사회를 어둡고 불행하게 하는 원인으로 작용한 면이 많았다. 그럴 수밖에 없는 것이 무지한 인간 사회가 이 우주를 창조한 완전한 신의 실체를 알지 못한 상태에서, 각자가 원하는 신을 영접한다고 해서 그것이 완전한 창조주일 가능성이 적으며 각자의 수준에 맞는 형태의 신이 나타날 수밖에 없기 때문이다.

구약을 보면, 그들이 말하는 창조주 여호와 하느님이 특별히 유대인들에게만 나타나 그들을 선민이라고 편들고 다른 민족을 살육하는 잔인한 짓을 한다. "여호와께서 그들을 이스라엘의 손에 넘겨 주셨기 때문에 그들을 격파하고 큰 시돈과 미스르봇 마임까지 추격하고 동쪽으로는 미스바 골짜기까지 추격하여 한 사람도 남기지 아니하고 쳐죽이고 여호수아가 여호와께서 자기에게 명령하신 대로 행하여 그들의 말 뒷발의 힘줄을 끊고 그들의 병거를 불로 살랐더라. 하솔은 본래 그 모든 나라의 머리였더니 그때에 여호수아가 돌아와서 하솔을 취하고 그 왕을 칼날로 쳐죽이고 그 가운데 모든 사람을 칼날로 쳐서 진멸하여 호흡이 있는 자는 하나도 남기지 아니하였고."

여기에 등장하는 여호와는 이스라엘에게 정복 전쟁을 일으키게 하고, 상대 민족을 전멸시키며, 나아가 살아 있는 모든 생명마저 진멸하라고 한다. 따라서 이처럼 고대 각 지역에 나타난 종교에서 내세워진 하느님은 절대자에 의존하여 위로를 받고자 하는 나약한 인간들의 경외심이 만들어 놓은 원시 신앙의 신이거나 각 민족과 관련된 하급신일 가능성이 크다. 그래서 초기 기독교의 마르키온파(Marcionists)도 『구약성서』에 나오는 잔혹한 하느님과 『신약성서』에 나오는 선한 하느님은 다른 존재라고 하여 구약이 창조주 하느님의 작품이 아니라고 주장했던 것이다. 그래서 자신들의 고유한 신을 믿은 유대인들은 진리를 밝힌 유일한 자인 예수님을 "전통을 해치고, 신성을 모독한다."는 이유로 죽였으며, 그 대가로 나라를 잃고 2,000년간 세계를 유랑하는 떠돌이 민족이 되었던 것이다. 이것이 바로 하느님의 이름으로 행해졌던 그들의 죄스런 역사인 것이다.

그렇다면 각 종교단체에서 모습을 나타내며 불합리한 행동을 하는 신은 과연 어떤 존재일까? 그것은 한과 욕망에 얽매여 세상을 떠도는 조상신이나 지역신일 가능성이 크다. 그들은 자기 민족과 관련된 한과 욕망을 풀기 위해 죽어서도 계속 후손들에게 나타나 민족의 이기심을 고취하고 전쟁을 부추기는 것이다. 그래서 각 민족과 관련해서 나타난 신들은 대부분 『구약』의 신처럼 타민족을 정복하여 자기 민족의 한을 풀어주기를 요구한다.

이들은 세상을 떠도는 것이 너무나 고통스럽기 때문에 사람 몸속으로 들어와 안락하게 지내기를 바라며, 큰 사당을 짓고 제사를 지내 자신들을 섬겨주기를 바란다. 그래서 예로부터 신들이 나타난 곳에는 반드시 큰 사당이 지어졌던 것이며, 무당들이 제단과 사당을 만드는 것은 거기에 붙은 신이 자신을 달래주기를 바라기 때문이다. 옛날 그리스·로마 시절에 수많은 신전이 생겨난 것도 그곳을 떠도는 수많은 신들이 각자 자기의 안락한 보금자리를 지어주기를 바랐기 때문이며, 종교가 생기면서 어마어마한 교회와 절들이 생겨난 것도 그곳에 머물러 있던 낮은 차원의 신들이 자기를 섬기며 위로해 주기를 원했기 때문이다.

진정한 하느님이라면 사람들의 고혈을 짜서 자신의 집을 짓게 하지 않는다. 온 세상이 그의 집이요 터전이며, 온 인류가 자신의 일부일진대, 굳이 인간의 재물과 피땀을 짜모아 모래알처럼 작은 집을 지을 이유가 없는 것이다.

그렇다면 어떻게 해서 낮은 차원의 신이 거룩한 창조주 하느님의 이름을 도용하여 큰소리치며 살 수 있었을까? 그 이유는 영적 존재인 신은 의식으로 존재하기 때문에 연극배우가 분장하듯이 마음먹기에 따라 다른 형태로 변하여 나타날 수 있기 때문이다. 따라서 하느님의 모습을 가지고 나타나는 '성령(聖靈)'이라는 존재는 기독교인들이 주장하듯이 하느님이나 천사의 현현이 아니라 기독교적 배경을 가진 유혼들이 자신들의 종교적 집착과 한을 풀려고 하느님의 베일을 쓰고 나타난 것일 가능성이 크다. 우주를 관할하는 신성한 하느님이 사사로운 인간의 욕망을 들어주기 위해 죄 많고 나약한 인간의 몸속에 그렇게 함부로 나타날 이유가 없기 때문이다.

그러면 이런 못된 짓을 하는 신들을 왜 하느님은 가만히 두는지 의문을 품을 수 있다. 하느님은 인간들이 잘못 행동할 때 곧바로 천벌을 내리지 않고, 완전한 인과의 법칙을 통해 그 과보가 무르익을 때 심판한다. 마찬가지로 이 세상 곳곳에서 나쁜 짓을 일삼는 작은 신들에 대해서도 일일이 나타나서 바로 벌을 주지 않으며, 과보가 무르익을 때 진리로 심판하는 것이다. 그래서 심판의 시간이 올 때까지 악은 악대로 선은 선대로 움직이면서 세상을 만들어 나가는 것이며 악이 성하면 세상은 고통스러운 것이며 선이 성하면 세상은 조화롭고 평안한 것이다.

결국 인간 속에 나타나 섬김을 받는 신들은 신성하고 공명정대한 창조주 하느님이 아니라, 인간이 죽어 생겨난 낮은 차원의 영적 존재로서 한과 집착과 욕망이 있기 때문에 인간들로부터 세속에서 자신이 누렸던 식욕, 색욕, 물욕 등 온갖 욕망으로 섬김을 받으려는 욕구를 가지고 있다. 그래서 하느님의 영을 받았다고 하는 많은 사이비 교주들이 성적으로 문란하며 재물을 탐하는 모습을 보이고 있는 것이다.

이처럼 하급 신을 섬기는 집단들은 신의 편파적인 사고와 계시에 빠져 사실과 이치를 멀리하고 스스로 신(ghost)의 종이 됨으로써 위안을 받으려고 한다. 그러나 이러한 삶 속에는 바른 이치가 없고 무지와 미신만 있으므로 결국 그러한 사회는 패망의 길로 들어설 수밖에 없다. 우리는 그 증거를 역사 속에서 찾을 수 있다. 그리스의 이성과 철학을 바탕으로 찬란한 고대 문명을 꽃피웠던 로마가 기독교를 받아들인 후 시름시름 앓다가 멸망하고, 고대사에서 주도적 역할을 했던 서구 사회가 환상적인 신의 영광 속에 머물다가 1,000여 년간의 중세 암흑기에 빠져든 이유도 바로 여기에 있는 것이다.

즉, 서구 사회가 힘을 잃고 무기력해진 것은 그 속에 사회를 어둡게 하는 잘못된 원인이 작용하고 있었다는 사실을 말해준다. 그들이 망한 이유는 완전한 뜻과 진리로 이루어진 창조주를 믿고 이치에 따라 좋은 원인을 지은 것이 아니라, 자의적으로 구원을 준다는 불합리한 인격적 신을 믿고, 은총과 계시를 바라며, 이치에 맞지 않는 비현실적인 원인을 지으며 살았기 때문이다. 우리는 그 증거를 신의 불합리성에서 벗어나 인간의 이성과 과학적 진리를 되찾음으로써 근대 이후 급속하게 발전한 서구 문명에서 분명히 찾아볼 수 있다.

이것은 동양도 마찬가지다. 불교와 힌두교의 지나친 관념성으로 사실과 진리의 중요성을 경시한 국가들은 대부분 망국의 길을 걸어야만 했다. 그 대표적인 나라가 인도와 몽골과 티베트이다. 그들은 부처님이 밝힌 실상법과 인과법을 버리고 힌두교와 그 아류인 밀교(라마교)를 택한 이후, 그 염세성과 불합리성으로 말미암아 무기력과 환상에 빠져 결국 패망하고 말았다.

이러한 사례들을 볼 때, 종교에서 말하는 신이 인간 세상에 바른 진리를 전해 좋은 세상으로 이끌어 준다는 주장에 회의감을 느끼게 된다. 따라서 오늘날 창조주의 뜻과 진리를 전한다고 하는 종교에서 받들고 있는 신의 정체에 대해 의심하지 않을 수 없다. 물론 그들은 아니라고 하겠지만, 현실 속에 나타나는 여러 가지 부작용과 불합리성을 생각해 볼 때 부정할 수가 없는 것이다.

지금까지 살펴본 바와 같이 지난 수천 년간 인류가 맹목적으로 신을 섬기고 그 계시를 따르며 살았던 일들이 진정한 창조주의 은사가 아니라 이 세상을 떠도는 신들의 장난이었다면, 그것은 실로 인류사를 다시 써야 할 만큼 끔찍한 일이 아닐 수 없다. 그동안 신의 뜻을 믿고 섬기며 살아온 거대한 인류의 역사가 고귀한 인간의 삶을 잡신

에게 바친 치욕의 역사이며, 인류 스스로를 노예로 만든 어리석음의
극치이기 때문이다.

그렇다면 우리는 어떻게 신을 믿어야 할까?

창조주(조물주)는 완전한 진리와 사랑의 존재로 전지전능하고 보편타
당하다. 따라서 사사로운 개인의 청을 들어주기 위해 편파적으로 나
타나는 일은 없으며, 각자가 지은 대로 완전한 뜻과 공정한 이치로 판
단하신다. 만약 신이 이치를 어기고 편파적으로 복을 주거나 벌을 내
린다면, 그보다 더 불완전하고 나쁜 신은 없다.

『성경』에도 나무는 그 열매로 판단된다고 했듯이, 인간도 자신이 지
은 삶의 결과에 따라 판단된다. 그러므로 신의 존재를 믿되 행하지 않
은 일을 신에게 바라는 것은 잘못이다. 그것은 신의 뜻에 반하기 때
문이다. 창조주(조물주)는 진리에 의해 이루어지는 완전한 이 세상을
지어놓고 자신과 같은 의식을 지닌 인간을 이 세상의 주체로 만들어
놓았다. 그래서 인간들이 짓는 대로 결과를 받게 함으로써 완전하게
작용하는 세상을 펼치고 있는 것이다.

따라서 창조주(조물주)의 속성을 지니고 그 뜻에 의해 나타난 인간은 각자가 세상의 주인으로서 지은 대로 받는 완전한 뜻과 법칙 속에서 정직한 마음으로 열심히 자기 책임 하에 살아가야 하는 것이다.

그럼 우주의 근원적 존재인 완전한 신과 인간의 관계는 어떠해야 하는가?

사람이 어두운 세상을 살다 보면, 혼탁한 세상사에 휩쓸려 이 세상을 지어놓은 조물주(창조주)의 좋은 뜻과 신성함을 잊고 살기가 쉽다. 그럴 때는 조물주 하느님이 행동의 증거자로서 내가 하는 일이 하늘의 이치대로 바르게 이루어지도록 지켜주시고 악연과 어둠의 그림자에 의해 잘못되는 일이 없도록 살펴달라고 기도하면 좋다. 이 세상은 무한하고 절대적인 근원적 존재의 품 안에서 그 완전한 뜻과 질서에 따라 움직이고 있기 때문이다. 성자들이 완전한 하늘의 뜻에 따라 한 치의 어김없이 살았던 것도 그 맑은 마음과 열린 눈에 하늘의 완전한 뜻과 속삭임이 항상 곁에 있는 듯 생생하게 느껴졌기 때문이다.

그래서 예수님은 몸을 죽인 후에 능히 더 못하는 자들을 두려워하지 말고 죽인 후에 지옥에 던져넣는 권세 있는 하느님을 두려워하라고 했고, 소크라테스는 『파이돈』에서 살아생전 자신이 지은 대로 받는 완전한 사후 질서를 제시하면서, 만일 죽음이 영원히 살고 있는 의로운 현자들과 옛 영웅들을 만나는 일이라면 이루 말할 수 없는 행복으로, 나는 죽기 위해 여러분은 살기 위해서 각자의 길을 가지만 어느 쪽이 더 좋은가 하는 것은 오직 신만이 알 것이라고 당당하게 말한다. 이처럼 우리가 신성한 근원적 존재의 품속에서 움직이고 있으며, 완전한 하늘의 뜻과 질서가 우리 주위에서 생생하게 움직이고 있음을 알 때, 인간은 아무리 큰 어려움이 닥쳐와도 자신의 존재 의미와 가치를 알고 하늘의 뜻과 진리에 따라 살게 되는 것이다.

그러므로 완전한 신에게 하는 기도는 자신이 짓지도 않은 일을 바라는 것이 아니라 하늘의 선한 뜻과 완전한 진리를 믿으며, 그 완전한 뜻이 자신의 노력으로 피어나도록 서원(誓願)하는 것이 되어야 한다. 즉, 자신이 좋은 마음을 잃고 망각할까 싶어서 그 마음을 다잡고 자신과 세상을 축복하려는 좋은 마음을 굳히며, 이를 실천하고자 하는 결심과 용기를 세우는 것이다. 그러면 인간에게는 마음의 힘인 원력이 있으니 그 좋은 마음에 지혜와 용기가 생겨 현명하고 좋은 삶을 살 수 있게 되며 자신의 그릇만큼 하늘에도 그 뜻이 닿아 좋은 결과가 오게 된다. 일할 때도 마음이 맞는 사람끼리 하면 힘든 일도 쉽게 느껴지듯이, 인간도 세상을 진리로 축복하는 좋은 마음을 내면, 조물주와 인간 완성의 길을 간 높은 차원의 신들과 이 세상의 기운이 하나로 호응하여 쉽게 일이 풀리게 된다. 그것은 이 세상을 지어놓은 근원적 절대자의 본래 뜻과 그 뜻을 받아 나타난 이 세상의 속성이 곧 사랑과 진리로, 본래 하나이기 때문이다. 그래서 하늘의 뜻을 아는 자는 완전하고 신성한 하늘의 뜻과 하나 되어 세상의 주인으로서 걸림 없고 당당하게 움직이는 것이다.

종교의 변질

이 시대에 완전한 신의 뜻이 희미해진 것은 종교의 근거가 되었던 성자들의 가르침이 후대에 전해지는 과정에서 심각하게 왜곡되었기 때문이다. 이러한 가르침의 변질이 일어날 것에 대해 성자들은 이미 세상을 보는 열린 눈으로 예견한 바가 있다. 부처님도 이미 자신의 정법(正法)이 500년밖에 전해지지 않으리라 예언하였다. 이 말이 뜻하는 것은 지금의 불교가 부처님이 본래 전하고자 했던 가르침과는 다르다는 것을 의미한다. 즉, 이 세상 모든 것은 변하고 영원한 것이 없으니, 잘 익은 과일이 오래되면 저절로 상하듯 성자가 밝힌 완전한 가르침 또한 영원히 좋은 상태에 머물지 못하고 언젠가는 사람들에 의해 변질되고 만다는 사실을 밝힌 것이다. 즉, 성자들이 아무리 완전하게 진리를 드러내 보였다고 하더라도, 제자들이 그와 같은 완전함에 도달하지 않는 한, 진리를 원형 그대로 완전하게 보전할 수 없으며, 현실적 문제까지 더해져 변질을 피할 수 없게 되는 것이다.

그런데 대부분의 종교인들은 자기들의 종교는 절대자의 완전한 진리를 전하는 신성한 것이기에 어떠한 변질도 없으며, 일점일획(一點一劃)의 오류도 있을 수 없다고 주장한다. 그러나 이것은 역사적 사실과 다르다. 종교의 역사 속에는 인간들이 받아들이기 어려운 거대한 변질의 역사가 숨어 있으니, 이를 알아야만 오늘날 종교의 실체에 대한 정확한 이해가 가능하다.

그럼 기독교의 변화에 대해 살펴보자.

예수님은 황야에서 세상에 대한 안타까움과 사랑으로 자신을 완전히 불살라 그 영혼을 깨끗이 정화함으로써 완전한 신성에 도달해 세상의 진실과 인간이 가야 할 길을 보았다. 그리하여 관습적으로 전해져 내려오는 신의 우상과 어둠 속에서 고통스럽게 사는 유대인들을 바라보며, 기존 유대교와 유대 사회의 잘못을 따르지 말고 참된 하느님의 길, 즉 진리를 행하라고 가르쳤다. 그래서 "너희들은 부모의 말을 듣고 행하나 나는 하느님에게서 본 것을 말한다."고 하여 자신의 가르침이 기존의 유대적 신앙이나 관습과 다름을 밝혔던 것이다.

이것이 신만 믿으면 모든 것이 해결된다고 했던 기존 유대교와는 다른 예수님의 가르침이었다. 그는 이 세상을 이루는 참된 진실과 진리를 보고, 불확실하고 미신적인 신의 우상과 관념에서 벗어나 입으로만 주를 외지 말고 실질적으로 주의 뜻인 사랑을 행하라고 했던 것이다. 이 세상은 하느님의 뜻과 진리가 깃들어 있고 인간이 세상의 주인으로 실제 행하지 않고 이루어지는 일은 아무것도 없으니, 열심히 선을 지키고 사랑을 행하라고 한 것이다.

그러나 예수님은 불과 3년 반이라는 짧은 시간 동안 진리를 펴다가 33세의 젊은 나이로 십자가에 못 박혀 돌아감으로써 제자들이 그 가르침의 깊은 뜻을 이해하기에는 너무나 시간이 부족했다. 그래서 예수님이 갑자기 돌아가신 후, 그 뒤에 남겨진 제자들은 무엇을 어떻게 해야 할지 앞길이 막막했다. 개인별로 자질에 따라 차이가 있었겠지만, 제자들은 대부분 진리에 대한 이해가 불충분했고, 예수님에 대한 믿음도 약했다. 3년간 예수님을 하늘처럼 떠받들던 열두 명의 제자였지만, 십자가형이 집행될 시점에는 모두 겁을 집어먹고 도망쳤다는 사실은 그러한 사실을 잘 말해준다. 다른 제자들이 모두 도망가 버린 후 오직 제일 제자였던 베드로만 처형 현장에 숨어 있었는데, 그마저도 닭이 울기 전 세 번이나 예수를 모른다고 부정했던 사실은 이를 잘 말해주고 있다.

이러한 상황에서 예수님이 돌아가신 후 그 가르침이 명확히 정리되지 않은 상태에서 제자들은 각자가 배우고 깨친 것에 근거해서 진리의 말씀을 전하게 된다. 그러던 중 예수님이 전한 정통적인 가르침에 근본적인 변화가 일어난다. 그것을 주도한 사람은 사도 바울이었다. 그는 기독교계에서 직계 제자인 '12사도'보다도 더욱 '사도'의 역할에 충실했다고 칭송받고 있지만, 정작 그는 예수님의 직접 가르침은 고사하고 그분을 한 번도 만난 적이 없었던 사람이었다.

그는 바리새파 율법학자로 유대 유력가의 아들이었으며 로마와 밀접한 관계로 시민권까지 가지고 있는 로마 시민이었는데, 당시 그는 예수를 믿고 따르는 이들을 처벌하는 역할을 맡고 있다가 그 와중에 예수님의 가르침을 접하기 시작한다. 그러다가 어느 날 갑자기 저주를 받아 눈이 멀게 되었고, 성령의 은사를 받아 눈을 뜨고는 예수님을 영적으로 섬기게 된다. 따라서 그에게 있어서 예수님은 참된 삶의 길을 전하는 진리의 스승이 아니라 그가 전통적으로 섬겨온 여호와와 같이 영적으로 섬기는 믿음의 대상이었던 것이다.

그래서 그는 예수님이 가르친 진리에 관한 말씀이나 율법보다는 과거 유대교에서 익혔던 신앙처럼 성령에 의한 구원을 강조하고 손쉬운 구원의 교리인 믿음을 통한 대속론(代贖論)을 주장하게 된다. 이것이 오늘날 기독교의 핵심교리가 되고 있는데 이러한 그의 견해를 가장 잘 대변하는 것이 바로 「로마서」에 나오는 다음과 같은 구절이다. "그러므로 우리는 사람이 율법(律法)의 행위들이 없이 믿음으로 의롭게 된다고 단정하노라." 이로써 기독교는 기본적으로 인과의 이치가 아니라 믿음이 주가 되는 종교가 된 것이다.

그러나 이것은 예수님이 말한 것과 배치된다. 예수님이 안식일에도 병자를 고치고 여러 가지 일을 하자 유대인들이 왜 율법을 어기느냐고 따졌다. 그러자 예수님은 "나는 율법을 폐하러 온 것이 아니라 율법을 완성하러 왔다."고 하면서 자신이 하고자 하는 일은 형식적인 규정의 준수가 아니라 참된 사랑의 실천으로 진정으로 세상을 축복하는 데 있다고 한 것이다. 율법이란 인간이 걸어가야 할 길로서, 거짓말하지 말고 살인하지 말고 도둑질하지 않고 세상을 사랑함으로써 인간의 마음을 어린아이처럼 순수하게 만들어 천국에 갈 수 있도록 한 것이다. 이것이 바로 예수님이 강조한 요체로 그래서 입으로만 주를 외지 말고 주의 뜻을 행하라고 한 것이다.

그래서 예수님은 산상수훈에서 팔복을 강조한다. 영혼이 가난한 자, 애통해하는 자, 박해를 받는 자, 고통받고 모함받는 자, 마음이 청결한 자, 온유한 자, 자비로운 자, 화평케 하는 자가 복이 있다고 하면서, 이런 참된 삶을 살고 진리를 세상에 실천하며 자신의 마음을 정화할 때 비로소 복을 받는다고 구원의 원리를 밝힌 것이다.

그런데 기독교인들은 예수님이 밝힌 이 팔복에 관한 성경 구절이 현재 기독교의 기본 교리하고 달라서 많은 혼란을 겪고 있다. 왜냐하면, 오늘날 기독교의 틀을 세운 바울이 「로마서」에서 "인간은 율법의 행위들이 없이도 믿음만으로 의롭게 된다."고 선언(declare)했기 때문이다. 그래서 기독교인들은 죄를 지어도 용서받을 수 있는 자신들의 종교가 가장 세상에서 우월한 종교라고 자랑한다.

그러나 이처럼 율법을 중시하지 않는 바울의 교리는 직전제자(直傳弟子)들의 강한 반발에 부딪혔다. 살아생전 예수님을 옆에서 모시면서 그 가르침을 직접 들었던 제자들이 볼 때, 예수님을 전혀 만난 적이 없고 진리의 가르침도 전혀 들은 적이 없었던 바울이란 자가 나타나 제자를 자처하고 스승의 가르침 대신 기존 유대교에서 여호와를 섬기듯 예수님을 신앙으로 섬기는 교리를 전하자, 제자들은 바울을 더 이상 용납할 수 없어 이단으로 배척하고 죽이려는 시도까지 한다. 「사도행전」을 보면, "유대인들이 안디옥과 이고니온에서부터 그곳에 몰려와서, 무리를 부추겨 바울을 돌로 치게 했다. 그들은 그가 죽은 줄 알고 그를 도시 밖으로 끌어내었다."는 구절이 있다. 그만큼 당시 유대 지역의 교회를 주관하고 있던 직전제자들과 외지에서 자기 나름대로 신앙을 전하던 바울과의 사이에는 깊은 정서적 교리적 간극이 있었다. 이러한 현상은 너무나 당연한 일이었다. 왜냐하면, 진리를 이해함에 있어서 성자로부터 그 가르침을 직접 들은 것과 남으로부터 말로 전해들은 것과의 차이는 하늘과 땅 차이이기 때문이다. 따라서 바울의 예수님의 가르침에 대한 이해는 제자들과 비교조차 할 수 없는 상태였으니, 오늘날 기독교가 바울의 교리를 중심으로 전개되고 있다는 것은 그만큼 예수님의 원 가르침과 달라졌을 가능성을 의미하는 것이다.

그리하여 유대 지방에서 쫓겨난 바울은 당시 로마제국으로 근거지를 옮겨 독자적인 전도를 해나가게 된다. 그 후 기원후 68~70년에 일어났던 이스라엘 민족의 반란 여파로 로마군에 의해 예루살렘이 파괴되고 기원후 74년에 최후 저항지였던 마사다(Masada) 요새가 함락됨으로써 예루살렘을 중심으로 했던 초기 기독교 정통 세력은 크게 약화되는 역사적 과정을 겪는다. 반면에 로마제국으로 활동의 중심지를 옮긴 바울은 당시 하층 계급이던 노예나 부녀자를 대상으로 영적 신앙을 전함으로써 크게 교세를 일으키게 된다.

　이러한 일련의 사건 이후 최종적으로 바울파가 현실적 우세를 점하게 되자, 제자들이 예수님에게서 들었던 정통적인 진리의 가르침은 약화되고 유대교와 같은 형태의 신앙 중심의 교리가 기독교의 본류가 되는 현상이 나타나게 된다. 이것이 바로 기독교에서 예수님이 밝힌 가르침이 희미해지고 유대교와 같은 영적 신앙이 강조된 역사적 배경이다. 그래서 진리를 밝힌 다른 여느 성자들과 같이 예수 또한 완전한 창조주의 뜻과 진리를 밝혔으나 그 가르침은 약화되고 원시 신앙 형태의 인격적인 신과 믿음이 중심이 되어 2,000년이 지난 오늘까지도 이어지고 있는 것이다.

　이러한 현상은 불교에서도 비슷하게 일어났다. 우리는 역사 속에서 거대한 종교인 불교와 기독교가 똑같이 진리의 왜곡 현상을 겪었다는 사실에 아이러니를 느끼며, 과연 인간세상이 성자들의 가르침을 받아들이는 것이 왜 그렇게 어려운지 안타까움을 금할 수 없다. 많은 학자들이 일반적으로 지적하는 것이지만, 모든 종교는 초기 성자들이 진리를 전할 때는 사회의 핍박을 받으면서 소수 집단으로 지내지만, 종교의 성립 과정을 통해 점차 세속화되면서 세력이 커져 지배 세력이 된다고 한다. 안타까운 일이지만, 현대인의 삶을 좌우하고 있는 기독교와 불교는 다 같이 이러한 세속화 과정을 거쳐왔다는 사실이다.

석가모니 부처님은 최고의 깨달음인 정등각(正等覺)을 이룬 법안(法眼: 열린 눈)으로 삼계(三界: 과거, 현재, 미래의 세계)를 두루 살피고, 이 세상은 완전한 법계로서 원인과 결과의 이치에 따라 한 치의 어김 없이 돌고 있음을 밝혔다. 그리하여 자신의 가르침을 이고득락(離苦得樂)의 길로 모든 고통을 여의고 행복을 얻는 길이라고 표현하면서, 인간을 행복하게 만드는 길, 세상을 밝게 만드는 길, 해탈에 이르는 길이 모두 세상의 실상과 이치를 밝히고 좋은 원인을 짓는 길 속에 하나로 이어지고 있음을 밝힌 것이다.

그래서 부처님은 무지가 모든 악과 불행의 원인이라고 하며, 당시 힌두 신앙의 미신과 어둠 속에 빠져 사는 사람들에게 어둠과 무지에서 벗어나 실상과 이치를 있는 그대로 보라고 한 것이다. 부처님은 모든 업이 사라진 맑은 반야심(般若心)에 비친 세상을 있는 그대로 진실하게 밝혔으니, 자연 속에 나타나 있는 세상의 모습은 그 자체로 완전한 우주의 진리가 스며 있는 경전이었으며, 그것을 있는 그대로 표현하면 그 자체로 완전한 진리의 소리, 즉 법음(法音)이었다. 그래서 초기에 부처님이 밝힌 진리를 일러, 있는 사실을 밝힌다 하여 '실상법(實相法)' 또는 '유법(有法)'이라고 했으며, 초기 부파불교(部派佛敎: 석가 입멸후 100년경에 20여 개의 교단이 나타나 법을 연구하던 시대의 불교를 일컫는 말)의 가장 권위 있는 분파를 "존재하는 모든 현상을 설명한다."고 해서 '설일체유부(說一切有部)'라고 불렀다.

이들은 사실 간의 인과관계를 밝히는 부처님의 가르침에 따라 이 세상을 구성하고 있는 모든 일이 어떻게 서로 영향을 주고받으며 현상을 만들어 가는지 그 원리를 밝히려 했다. 그래서 초기 불교의 '설일체유부'가 완성한 철학 체계는 비록 오랜 기간 만들어진 것이지만, "모든 것이 있다."고 보는 것이 기본 입장이었다. 그들은 실재하는 사실의 원인과 결과에 따라 세상의 모든 일이 이루어지며 이러한 완전한 법칙에 의해 나타나는 세상의 원리를 법(다르마, dharma)이라 하여, 사실로 존재하는 현상과 그 속에 있는 이치를 알면 세상을 모두 파악할 수 있다고 생각했다.

부처님은 인간의 마음속에 끝없는 윤회를 통해 쌓인 숙생(宿生)의 업이 실재함을 보시고 실상과 바른 이치를 깨쳐 무명(無明)을 없애고 끝없는 정진으로 선근공덕(善根功德)을 쌓으면, 마침내 그 마음이 정화되어 해탈에 이른다는 것을 팔정도(八正道)로 밝혔다. 이처럼 생활 속의 실천을 강조하는 가르침은 후대에 체계화되는 과정에서 다소 변질되기는 했으나, 세상의 모든 일은 사실로 이루어지고 있으니 좋은 결과를 얻기 위해서 삶 속에서 부지런히 노력하여 그에 상응한 사실적인 원인이 지어야 한다는 기본 흐름을 가지고 있었다.

처음 부처님이 깨달음을 이루고 처음 밝힌 가르침은 인도 사회의 무지몽매한 관념과 미신을 깨뜨리는 사실적인 진리였다. 그는 운명론, 회의론, 유물론, 쾌락론, 힌두교의 미신과 주문, 갖가지 명상과 고행의 허구를 지적하고, 인과법에 따른 올바른 공덕의 실천만이 인간의 마음을 정화하여 깨달음에 이르게 한다고 선언했다. 그래서 사람들은 부처가 밝힌 사실과 인과의 이치를 생활 속에 직접 시행해 보니 현실과 한치의 어김이 없고 자신들의 삶에 좋은 일이 생김을 깨닫고, 그 가르침이 참된 진리임을 알게 되었다. 그리하여 석가모니 부처의 말을 그대로 기록한 『숫타니파타(Suttanipata)』나 『이티부타카(Itivuttaka)』와 같은 초기 경전은 이 같은 가르침에 근거하여 단순하면서도 생명력이 가득 찬 사실적인 인과의 이치로 넘쳐났다.

그러나 안타깝게도 이러한 진리들은 그대로 전해지지 못 하고 변질되기 시작했다. 내부적으로는 진리를 전해 들은 제자들의 한계가 있었고, 외부적으로는 오래전부터 인도 사회를 지배해 오고 있던 힌두 신앙의 강한 영향 때문이었다. 경전에서도 자주 볼 수 있는 일이지만, 부처님이 살아 있을 당시에도 자주 법을 거역하는 제자들이 나와 법을 훼손하는 일이 있었고, 외도(外道)들과의 충돌도 끊임없이 계속되고 있었다.

부처님이 세상을 떠난 후 이러한 환경 속에서 법을 전하던 제자들은 힌두적 전통에 젖은 사람들을 설득하고자 자연스레 그들의 관념과 논리를 활용하게 되었고, 그 과정에서 불법 속에 힌두적 관념과 논리가 스며들어 법의 변형이 서서히 일어나게 되었다. 게다가 이런 경향은 문자가 없어 더욱 심했다. 당시는 문자가 정립되기 이전이라, 말씀이 정확하게 기록되지 못하고 주로 입에서 입을 통해 가르침이 전해졌다. 지금과 같은 인터넷 시대에도 한 다리만 건너면 말이 달라지는데, 그 당시 글이 제대로 없는 상태에서 수백 년을 지나면서 세대와 지역을 넘어 입에서 입으로 구전된 법이 온전한 상태로 남아 있기를 바라는 것은 지나친 기대인 것이다.

그럼에도 불구하고 당시 불법은 세상을 무지하고 불행하게 하던 기존 힌두 신앙과 미신을 깨뜨리고 세상을 밝게 만드는 가장 유력한 진리였기 때문에 불교는 입에서 입을 통해 점점 세력을 넓혀 갔고, 그리하여 최초로 인도 대륙을 통일하고 불경을 결집한 아소카 대왕 시절에 이르러서는 불교가 인도에서 가장 지배적인 종교로 자리 잡게 되었다.

그리하여 인도 전역에 흩어진 제자들은 지역별로 무리를 형성하며 자기가 보고 들은 교리를 논리화, 체계화하여 수많은 학파를 만들기 시작했는데, 이처럼 초기 제자들이 부처님의 가르침을 원뜻에 맞게 체계적으로 정비하고자 했던 때를 부파불교[아비달마(阿毘達磨)] 시대라 한다. 그러나 그들이 만든 불교 체계는 수백 년간 구전되어 온 내용에 당시 학승들의 사상적 배경이었던 힌두적 지식과 논리적 사유가 가미된 것으로 자연스레 부처님의 원음이 변질되는 현상이 나타난다.

이러한 상황에서 당시 마우리아 왕조의 아소카 대왕은 국론 통일을 위해 당시 최고의 진리로 인정받던 불교를 국교로 정하고 최초로 경·율·론(經律論)의 삼 장을 갖춘 성문 경전을 편찬하여 교리의 통일을 시도했다. 그는 당시 불교 교리가 부파 간에 다 다른 것을 보고 전국에서 1,000여 명의 고승들을 모아 논의를 거친 끝에, 모든 것이 존재하고 인과의 이치로 구성된다는 '유부(有部)'의 상좌불교를 정통으로 인정하고, 공성을 주장하며 불법의 실체성을 부정하는 대중부를 이단으로 규정하여 이들을 모두 흰옷을 입혀 불교계에서 쫓아냈다고 한다. 그리하여 지금도 동남아시아에는 당시 정립된 초기 불경을 기초로 한 상좌불교가 정통으로 자리 잡고 있는 것이다.

그러나 부파불교 내부의 갈등이 깊어지면서, 부처님 사후 500여 년이 지난 기원 전후부터 대중부를 기반으로 대승불교가 일어나기 시작한다. 당시 상좌부를 근간으로 한 기성 불교계에서는 교단을 중심으로 고도의 복잡하고 난해한 법(法) 논리를 전개하면서 소수의 지식인만이 알 수 있는 철학적인 종교가 되어 갔고, 왕실과 귀족들의 지원아래 엘리트적 지위를 누리고 있었다. 이들은 현실을 혐오하고 해탈을 최우선시하는 경향이 있어 중생들의 아픔을 외면하고 명상으로 자기 해탈에 치중하려는 흐름이 강했다. 물론 이러한 경향이 나타나게 된 것은 수백 년간 입으로 불교가 전해지면서 알게 모르게 부처님의 원 가르침이 변질된 관계로, 실상과 인과의 가르침이 약화되고 공과 염세성을 강조하는 힌두교적 관념이 교리 속에 스며들어 자체 모순이 내재되어 있었기 때문이었다.

그래서 재가(在家) 신자들과 개혁적인 대중부 승려들은, 권력과 유착하여 중생들의 아픔을 외면하고 일신의 안락을 누리면서 추상적인 논변만 일삼고 있는 기존 승단을 비판하면서, 부처님이 생전에 행했던 중생제도(衆生濟度: 무지를 깨우치는 일)의 기본정신으로 돌아가 중생들의 구원을 위한 불교가 되자며 대승불교 운동을 전개하기 시작한다.

그들은 기존 승려들의 비현실적이고 이기적인 모습을 '소승(小乘)'으로 공격하고 스스로를 '대승(大乘)'이라 이르면서 공(空)과 보살 정신을 요체로 하는 새로운 경전을 편찬하고 대중적인 신앙 운동을 발전시켜 나가게 된다. 그들은 당시 인도의 정치적 격동기를 틈타 국수주의적 종교로 부각된 힌두교로부터 신을 믿는 박티(Bhakti) 신앙을 받아들여, 부처를 믿기만 하면 법을 몰라도 구원을 얻을 수 있다는 보살 신앙을 발전시킨다. 여기에 더하여 대중부와 힌두 철학의 영향을 받은 나가르주나는 중관사상(中觀思想)을 마련하여 공(空)을 기초로 한 대승불교의 철학적 기초를 마련하게 된다.

대승불교에서는 힌두교 마야[Māyā, 환(幻)] 사상의 영향을 받아 부처님이 생시에 언설(言說)로 표현했던 많은 가르침은 어리석은 중생을 깨우치려는 방편(方便)으로 낮은 차원의 진리에 지나지 않는다고 주장하면서, 진실로 부처님이 전하고자 한 고차원의 정법은 아무것도 존재하지 않는다는 '공법(空法)'이라고 주장한다. 즉, 참된 실상을 깨치게

되면, 우리가 사는 이 우주는 실제 아무 실체가 없는 환상에 불과하며 부처님이 밝힌 팔정도, 선근, 공덕, 해탈이란 가르침도 모두 인위적으로 지어놓은 분별에 불과하니, 모든 것이 실체가 없고 허망하다는 것을 깨달으면 자신의 근본이나 지은 공덕에 관계없이 바로 해탈에 이른다는 것이다.

이와 함께 대승불교의 양대 축을 이루는 유식론은, 이 세상에 아무 것도 없다는 공을 주장하는 사람들을 악취공자(惡取空者)라 비난하면서 '공' 대신에 '마음'을 이 세상의 근본으로 본다. 그래서 일체유심조(一體唯心造)라 하여 이 세상의 모든 것은 마음이 지어내는 환(幻)에 불과하니, 나를 이루는 아뢰야식(阿賴耶識: 근본의식)이 본래 청정하여 텅 비어 있음을 깨치면 '거짓 나'가 사라지고 '진여(眞如, 참나)'라는 우주의 식을 만나게 된다고 주장한다. 이러한 논리는 긴 시간과 거리를 지나

중국과 한반도에까지 전해짐으로써 오늘날 동북아 선불교와 참선의 이론적 근거가 된다.

이처럼 대승불교가 마음을 깨쳐 우주의 궁극적 실체와 합일한다는 수행법을 주장하자, 힌두교에서는 이러한 해탈관이 힌두교의 범아일여(梵我一如: 우주의 근본 실체인 브라만과 개인의 본체인 아트만이 일치함) 사상과 같으며 세상을 환으로 보는 우주관이 힌두교와 공통된 것이라 간주하고, 불교를 힌두교의 한 분파로 보는 경향을 보이게 된다. 이로써 불교는 인도 내에서 진리를 가진 종교로서의 존재 근거를 상실하고 말았으니, 이러한 정법의 변질이 불교 고유의 생명력을 약화시켜 결국 불교가 인도에서 사라지게 된 하나의 원인이 되었다고 보는 것이 오늘날 인도 종교사를 연구하는 학자들의 일반적인 시각이다.

그렇다면 불법의 근본적인 변화를 가져온 용수(나가르주나)의 공(空) 사상에 대해 살펴보자! 용수는 연기(緣起)하는 모든 존재는 홀로 설 수 없으므로 자성(自性: 모든 존재가 지니고 있는 변하지 않는 독자적인 본성)과 실체가 없다고 본다. 따라서 연기에 의해 나타난 이 세상 모든 것의 실체는 공이며, 공이 곧 세상의 근본이고 참된 진리라고 본다. 그러나 이러한 주장은 부처님이 밝힌 실상법이나 연기법의 본질과 반한다. 초기 부처님의 가르침은 모든 것을 실체를 인정하는 법이라 하여 '유법'이라 부를 정도였으며 세상의 모든 현상은 사실 간의 상호 인과 관계로 인해 나타난다고 보았다. 그래서 오직 유일한 무위 경지로 일컫는 해탈마저도 사실적인 인과의 결과로 오는 것으로 본 것이다.

따라서 연기법의 본질은 상호 의존성에 있는 것이 아니라 과거의 원인에 의해 현재의 모든 현상이 나타나며 현재의 모든 일은 후대의 원인이 된다는 원인과 결과의 과학적인 이치를 말하는 것이다. 그러므로 현상을 가장 잘 설명하는 완전한 인과의 이치를 왜곡하여 상호 의존하므로 실체가 없다는 식으로 현실 부정론으로 사용하는 것은 실상과 이치를 올바르게 이해하라고 한 부처님의 정법이 아니며, 세상을 무상한 환으로 본 힌두교 환(마야) 사상의 영향으로부터 나타난 것이다. 모든 존재는 변화하는 인연 속에 존재하며, 현재 나타난 세상은 그동안 온 우주의 모든 원인이 모여 있는 총체적 결과이며, 부정할 수 없는 실체이다. 만약 눈앞에 보이는 생생한 이 현실을 부정한다면 그는 이 세상에 더 존재할 가치가 없으며, 자신이 실체를 부정한 말법(末法)의 인연에 따라 스스로 소멸하게 될 것이다.

또한, 이들은 옳고 그름을 밝혀 모든 악업을 멀리하고 모든 선을 받들어 행하는 인간세상의 보편적 행위마저 하근기(下根機)에 대한 방편적인 가르침이라고 경시하고, 깨달음을 얻기 위해서는 부처님이 상근기(上根機)를 위해 비밀리에 가르친 공법에 따라 선정(禪定)에 들어 일체 현상이 환임을 자각하고 공을 깨치면 된다고 주장한다. 그러나 업이란 과거 삶을 통해 자신 속에 들어온 부정할 수 없는 실체이다. 그럼에도 이처럼 공이라는 관념에 의해, 이 세상의 실체와 우리 속에 생생히 살아 움직이는 업마저도 실재하지 않는 환이라고 무시하며 가만히 앉아 오직 생각만으로 지우려 했으니, 모든 업이 사라진 깨끗한 마음의 경지인 해탈을 결코 얻을 수가 없었던 것이다.

이렇게 일체 현상이 꿈같고 환상 같고 거품 같고 그림자 같은 것이라며 세상의 실체를 부정하고, 삶의 기반인 현실마저 가벼이 여기는 공법이 번지자, 불교 속에는 자신과 세상을 좋게 만들려고 하는 성실한 노력이 사라지고 공함만 깨쳐 바로 해탈을 이루려는 욕심만이 가득하게 되었다. 그리하여 공법이 성행한 곳에서는 합리적 사고가 흐려지고 세상을 통찰하는 시각과 문제를 해결하는 능력이 약화되었으니 불교는 말 그대로 관념에 빠져 현실을 무시하는 가장 비현실적이고 비진리적인 종교가 되고 말았던 것이다. 이것이 바로 실상을 밝히고 사실적이고 진리를 가르치는 불교가 생명력을 잃어버리고 불합리한 관념의 병이 든 실체인 것이다.

정법이 사라진 이런 사회에서는 옳고 그름을 이야기하면 어리석은 집착에 불과하다고 하며 선도 없고 악도 없으니, 비판하지 말고 모든 것을 포용하라는 식의 불합리하고 비이성적 사고가 성행하게 된다. 이러한 비과학성과 비현실성이 동양의 합리적인 사고를 마비시키자 결국 서양과의 근대화 경쟁에서 뒤처짐으로써 결국 식민지가 되는 불행한 사태를 겪고 만 것이다. 이것이 부처님이 밝힌 사실적이고 과학적인 인과법 속으로 관념적인 공법이 섞여 들어옴으로써 야기된 지독한 폐해이다. 따라서 불교가 세상을 밝히는 정법으로서의 가치를 회복하고 현실에서의 생명력을 인정받기 위해서는 부처님의 초기 가르침인 실상에 대한 정견(正見)과 세상을 원인과 결과의 이치로 분석하는 과학적 원리인 인과법을 반드시 회복해야 한다.

신본주의와 인본주의

고대에는 신이 모든 것을 다 해준다고 여겼을 정도로 인류에게 있어 '신'은 오랫동안 인간 세상에 큰 영향력을 끼쳐왔다. 그러나 기원 전후 성자들이 나타나 우상숭배의 무지를 타파하고 스스로 올바른 원인을 짓는 자만이 좋은 결과를 얻게 된다는 분명한 진리를 밝혔다. 그리고 2,500년이 지난 오늘날 어둡고 불행한 역사는 반복되고 있으며, 사람들은 다시 진리를 잃고 헤매고 있다.

그렇다면 어떻게 해야 인류가 더 이상 어둠 속을 방황하지 않고 삶의 의미와 가치를 찾아 힘차게 살아갈 수 있을 것인가? 이를 해결하기 위해서는 인류가 가장 궁금하게 여기는 "과연 신이 존재하는지?", "만일 존재한다면 인간세상에 어떤 영향을 주는지?", "신의 그늘에서 벗어날 수 있는 인간의 주체성은 있는지?", "만일 인간의 주체성이 있다면 어느 정도의 역할을 하는지?", "신이 지고지선(至高至善)하고 전지전능하다면, 세상 속에 있는 죄와 불행은 왜 만들어 고통을 주는지?"

에 대한 명확한 해답이 있어야만 한다. 따라서 여기서는 그동안 잊혀 왔던 성자들의 가르침 속에서 그 해답을 모색해 보고자 한다.

먼저, 신과 관련하여 세상을 보는 시각은 크게 두 가지가 있다. 하나는 세상의 중심은 신으로서, 전지전능한 신이 세상의 모든 일을 좌우한다고 보는 '신본주의 사상'이며, 다른 하나는 세상의 중심을 인간으로 보고 신의 뜻을 진리로 이해하여 인간이 진리를 실천하면 바로 신의 뜻을 실천하는 것과 같다고 하는 '인본주의 사상'이다.

신본주의의 시작은 고대에 인간이 전지전능한 신의 존재를 상상하고 그에 귀의하여 모든 문제를 해결하려던 인간의 소박한 바람으로부터 유래한다. 원시시대 때 인간들은 자신의 힘으로 감당할 수 없는 자연재해와 초자연적인 현상을 보면서 이를 일으키는 전지전능한 절대자를 상정해 놓고, 이에 의지하여 궁극적인 해결책을 찾으려 했다. 그리하여 원시인들은 자신이 상상한 절대적 신이 세상의 모든 일을 주관하는 전지전능한 존재라고 생각했기에 그가 일으킨다고 여겼던 세상의 모든 일에 대해 신성한 의미와 가치를 부여할 수 있었고, 또한 보잘것없어 보이는 인간의 한계를 신의 뜻으로 미화하여 마음의 안정을 얻고자 했다. 그렇게 신에 대한 믿음을 통해 부족한 인간이 절대자의 일부가 됨으로써 모든 불안에서 벗어나고 모든 문제를 해결하고자 했다.

그러나 그것은 영원하지 못했다. 원시인들은 합리적 사고가 아니라 감정적으로 신에게 의지했기 때문에 그들이 의지하는 신의 모습은 세상을 공평무사(公平無私)하게 다스리는 합리적 존재가 아니라 인간이 희망하는 대로 소원을 들어주는 감정적이고 인격적인 신이었던 것이다. 그러나 이렇게 인간의 생각으로 모든 면에서 완전한 존재를 만들다 보니 상호 간에 모순이 생겨나는 점은 어쩔 수가 없었다. 한 개인이나 집단이 원하는 모든 욕망을 들어준다면 공명정대한 보편적 원칙에 어긋나는 신의 한계가 생겨난다는 것을 이해하지 못했던 것이다. 그런데도 그들은 신의 뜻을 거역하지 않고 잘 섬기기만 하면 신이 모든 것을 충족시켜주며, 심지어는 자신의 소망보다도 몇 걸음 앞서 최선의 길로 인도한다고 믿었다. 그렇게 신을 섬기다 보니 모든 일의 중심에 신이 자리하게 되었고, 인간 스스로 무엇인가 하려는 것은 불경스러운 일이 되고 말았다. 즉, 신을 섬기고 신의 계시에 따라 생활하는 것이 인간의 길이 되어 버렸으며, 인간으로 태어난 의미와 가치, 자유, 책임 등을 찾는 것이 교만스러운 일이 됨으로써 점차 세상 속에 인간의 존재 이유는 사라지고 신만 남게 된 것이다.

그리하여 미지의 절대자에 대한 단순한 믿음과 구원에 대한 막연한 기대는 결국 사실과 이치가 지배하는 현실에서 여러 가지 한계와 모순에 부딪히게 되었다. 즉, 완전한 신이 모든 것을 선하고 문제없이 처리해 준다는 그들의 소박한 생각과는 달리, 현실 속에 풀 수 없는 여러 가지 모순들이 나타나자, 이를 이해하고 해결할 길을 찾을 수 없게 된 것이다. 따라서 인간의 감정에 따라 그려진 신과 이치에 맞는 완전한 신 사이의 모순을 해결하는 것이 초기 기독교 교부철학(敎父哲學, patristic philosophy)의 가장 큰 과제였다. 그러나 그들은 영원히 뛰어넘을 수 없는 간극을 지닌 이 두 문제의 조화점을 찾는데, 결국 실패하고 최종적으로 "불합리하므로 나는 믿는다."는 무조건적인 믿음을 강조하게 된다. 그리하여 교부들의 비이성적 결론은 합리적인 이치를 찾는 인간의 이성과 항상 마찰을 빚게 된다.

신본주의에서 신은 전지전능성과 완전성을 전제로 하므로 어떠한 오류도 범하지 않는 완전한 존재로 묘사된다. 그래서 모든 세상일은 신의 뜻과 계획에 의해 나타나므로 인간의 자유의지에 의한 변화는 인정하지 않는다. 또한, 하느님은 세상 전체의 틀과 각 부분의 움직임을 하나하나 뜻을 세워 완전하게 운행하시기 때문에 작은 새 한 마리도 저절로 떨어지는 일이 없으며 들에 백합 하나가 피는 것도 하느님의 뜻과 계획 없이 이루어지지 않는다고 한다. 즉, 이 우주의 주인이신 하느님이 전지전능한 능력으로 이 세상을 완전하게 지키고 있어서 우주의 모든 피조물을 보살피고 양육하고 계신다는 것이다.

이렇게 전지전능한 완전성과 절대적 선을 지닌 분이기에 하느님은 인간을 창조하시고, 그들이 결코 죄를 범하지 않게 하는 것도 가능하다고 본다. 이러한 입장을 '위험 없는 섭리관'이라 한다. 위험 없는 섭리관은 현존하는 모든 피조물에 대한 하느님의 소유와 질서를 인정한다. 즉, 하느님 스스로 창조 세계와 그 안에 있는 모든 것을 장악하고 계시기에, 창조 세계는 스스로 자신을 유지할 수 있는 고유의 힘을 지니고 있지 않으며 오직 하느님의 섭리에 의해서만 보존되고 유지된다고 본다.

따라서 여기서는 세상에 존재하는 악과 불행을 부정한다. 하느님은 지고지선하고 전지전능하므로 악과 불행을 만들지 않을 수도 있지만, 이것을 세상에 나타나게 한 진정한 의도는 하느님 당신의 완전한 뜻과 자비를 세상에 깨우치기 위해 일부러 만들어 놓으셨다는 얘기다. 그러나 여기에는 논리적으로 모순이 있으며 또 다른 논란으로 이어진다. 하느님이 진정으로 전지전능하다면 악과 불행을 만들지 않고서도 자신의 뜻을 능히 세상에 전할 수 있지 않았을까? 이러한 모순을 해결하기 위해 기독교인들은 이 세상에 존재하는 악은 하느님이 만든

것이 아니라 하느님의 권세를 물려받은 천사장(天使長)이 하느님을 배반하여 악의 화신인 사탄이 됨으로써 악을 퍼뜨리게 되었다는 주장을 편다.

그러나 이런 논리에는 또 다른 의문이 생긴다. 모든 것을 다 아시는 전지전능한 하느님이라면 미리 천사장이 배신하지 않도록 만들면 되지 않는가? 그리고 인간의 원죄도 하와가 사탄의 유혹으로 선악과를 먹었기 때문이라고 하는데, 하느님이 인간을 만들 때부터 악의 유혹에 넘어가지 않게 했으면 아무 문제가 없지 않은가? 이런 식으로 의문들을 제기하면, 기독교에서는 신의 완전한 뜻과 역사(役事: 하나님이 행하는 일)를 인간의 생각으로 짐작하지 말라는 식으로 더 이상의 논의를 금한다.

따라서 이러한 모순을 벗어나려면, 하느님이 이 세상을 창조해 놓고 자신을 닮은 피조물에게 자신과 같은 자유의지를 부여함으로써 그 자유의지를 받은 사탄이나 인간들이 모두 스스로 악을 짓고 그에 대한 대가를 받고 있다고 설명하면 된다. 이것을 '위험 있는 섭리관'이라고 한다. 만약 그렇지 않다면 악과 불행을 만들어 인류를 어둠과 절망에 빠뜨린 책임을 이를 다 알고 만드신 하느님께서 모든 잘못을 다 안으셔야 하기 때문이다. 그러나 신과 교회를 중시하는 입장에서는 이러한 논리를 인정할 수도 없다. 왜냐하면, 그렇게 되면 인간이 스스로 자신의 주인이 되어 자기 책임으로 일하고 그에 상응한 결과를 받게 됨으로써 신이나 교회에 의지할 필요가 없어지기 때문이다. 그래서 천사장이 출연하고, 그 천사장이 사탄으로 변심하는 복잡한 시나리오가 나타나게 된 것이다.

이와 같이 하느님의 전능함과 완전함을 주장하는 논리는 자연히 '예정설'로 이어진다. 예정설에서 이 세상에 존재하는 모든 것은 하느님의 뜻에 따라 나타나므로 운명도 개인이 좌우할 수 없으며 오직 하느님이 정하신 완전한 뜻과 계획에 따라 이루어진다. 그래서 이 세상 모든 것은 전지전능한 하느님의 완전한 뜻 속에 있으며 세상의 선함이나 악함, 불행이나 행복까지도 벌써 하느님의 치부책 속에 적혀 있고, 사람마다 이런저런 과정을 겪긴 하지만, 결국은 구원받을 사람과 받지 못할 사람마저 이미 구분되어 정해져 있다고 본다. 그래서 교부들은 자신이 구원받을 대열에 들어갔는지 여부는, 예수님을 자신의 주로 영접하고 예수님의 부활을 믿게 되면 이런 사람은 하느님이 미리 구원을 예정해 놓은 부류에 속한다고 규정한다. 예정설에 의한 구원은 유일신인 알라를 믿는 이슬람교의 지하드(Jihād: 이슬람 세계의 확대 또는 방위를 위한 전쟁) 순교자가 하느님의 곁에 간다는 교리에서도 찾아볼 수 있다. 그들은 한번 하느님을 믿고 주를 영접하기만 하면 이미 하느님이 구원하기로 정해 놓은 '예정된 자' 가운데 속하기 때문에 그 이후로 잘못을 범하더라도 예정된 구원에는 변함이 없다고 한다.

그러나 이러한 주장은 논리적으로 모순이 있다. 신에 의한 구원이 예정되어 있다면 이미 사전에 신에 의한 구원의 징조가 주어져야 한다. 따라서 그러한 사전적 계시나 징조가 전혀 없는 상태에서, 나중에 인위적인 선택에 의해 신을 믿기만 하면 구원받는 부류에 속하게 된다고 하는 논리는 지나친 자기합리화이며 자가당착적인 주장에 지나지 않는다. 이러한 경우는 신을 믿으면 예정된 부류에 속한다는 식으로 해석할 게 아니라 신을 믿으면 무조건 구원해 준다는 식으로 해석하는 것이 올바른 일이다.

이 세상의 모든 존재는 그 열매를 보고 삶이 좋았는지 나빴는지를 판단할 수 있다. 따라서 신본주의에서 인간이 삶을 잘살았는지 못살았는지, 얼마나 좋은 영혼을 얻었는지를 따지지 않고 하느님이 미리 구원을 결정해 둔다고 하는 것은 이치에 맞지 않는 불합리한 일이다. 이러한 주장은 이 세상이 이루어지고 있는 이치와 다르니 진리라고 할 수 없다. 이러한 이치는 예수님의 가르침에도 잘 나타나 있다.

"그들의 열매로 그들을 알지니 가시나무에서 포도를, 또는 엉겅퀴에서 무화과를 따겠느냐. 이와 같이 좋은 나무마다 아름다운 열매를 맺고 못된 나무가 나쁜 열매를 맺나니, 좋은 나무가 나쁜 열매를 맺을 수 없고 못된 나무가 아름다운 열매를 맺을 수 없느니라. 아름다운 열매를 맺지 아니하는 나무마다 찍혀 불에 던져지느니라. 이러므로 그들의 열매로 그들을 알리라."

예수님의 말처럼 모든 것은 자신이 지은 원인에 따라 결과를 받고 그 열매로 판단 받게 된다. 자신 속에 좋은 원인을 짓지 않아 좋은 영혼을 이루지 못했는데 믿음이나 신이 정한 뜻에 따라 신이 임의로 구원해 준다면, 그것은 공정하고 이치에 맞는 올바른 신이 아니다. 이처럼 이치에 맞지 않는 독단적인 주장을 하고 있기에 신본주의와 예정설은 이성적으로 받아들이기가 어려운 것이다.

그럼 이번에는 '위험 있는 섭리론'에 대해 살펴보자. 이 이론은 하느님이 자기를 닮은 피조물을 창조하여 자신과 같은 자유와 창조성을 부여했다고 본다. 따라서 모든 생명은 자유의지가 있으므로, 하느님의 능력으로는 자유의지를 가진 인간이 도덕적으로 옳은 일만 하도록 하는 것은 불가능하며 사후에 결과를 놓고 심판한다고 본다. 그래서 천사장이 악마로 변할 수 있고 아담과 하와가 악마의 유혹에 넘어가 선악과를 먹을 수도 있는 것이다.

이처럼 인간에게 자유와 주체성을 인정하고, 절대자 또한 완전한 진리의 적용을 받는 것으로 보는 시각을 '위험 있는 섭리론' 또는 '비결정론적 섭리론'이라 하는데, 이것은 근대 이후에 인본주의와 이신론으로 발전한다. '비결정론적 섭리론'은 하느님이 전지전능하지 못하다는 말이 아니라, 진정으로 완전하기에 자신도 더는 간섭할 수 없는 완전한 법칙을 만들어 모든 것이 주체적으로 행동하고 지은 대로 공정하게 결과를 받도록 하는 완전한 세상을 만들었다는 뜻이다. 이러한 진리로서의 신의 모습은 신이 자연 속에 자신의 완전한 뜻과 진리를 심어놓았으며 인간은 그 진리를 발견하여 적용할 때 신의 축복을 누리게 된다는 이신론으로 구체화된다.

이신론에서 말하는 신이란 진리로 나타나는 자연의 법칙을 의미하는 것으로 이 '진리의 신'은 자기 자신도 예외를 허용하지 않는 완전한 법칙을 만들어 냈으므로, 법칙을 만드는 것으로 자신의 역할을 다할 뿐 그 안에서 운행되는 세계에 대해 간섭하지 않는다. 만약 자신이 만든 완전한 법칙에 관여한다면, 그것은 자신이 만든 법칙의 불완전성을 의미하는 것이며, 자신의 불완전성과 불공정성을 나타내는 일이 되기 때문이다. 따라서 세계는 일단 창조된 후에는 이미 이 세상 속에 만들어진 완전한 진리에 따라 자동으로 운행되므로, 신이 은총, 기적, 계시 등으로 인간 생활에 개입하는 일은 없다고 본다.

이러한 논리는 자연의 실상과 이치를 보고 밝힌 성자들의 가르침과 궤를 같이한다. 부처님은 이 세상은 완전한 뜻과 이치대로 돌고 있는 법계이며 모든 것은 지은 대로 결과를 받게 된다는 인과의 법을 밝혔으며, 예수님은 자신이 할 일을 하지 않고 신에게 모든 것을 의지하며 위선으로 천국을 바라는 유대인들에게 "나더러 주여 주여 하는 자마다 다 천국에 들어갈 것이 아니요, 다만 하늘에 계신 내 아버지의 뜻대로 행하는 자라야 들어가리라."고 삶의 이치를 밝힌 것이다.

물론 이신론이 현상계의 물질적인 측면만 보는 한계 속에서 인간의 존재 이유를 탐구하는 부분적 접근이었다면, 성자들은 눈앞에 펼쳐진 물질적 세상은 물론, 감각으로 경험할 수 없는 세계와 그 속에 실재하는 모든 존재의 생성과 사멸 그리고 순환의 원리를 전체적으로 밝혔다는 데 차이가 있다. 동·서양의 성인의 가르침이 모두 공통점을 갖는 이유도 조물주가 만든 동일한 세상 속에 일어나고 있는 모든 자연현상과 생명현상 속에는 보편적인 원리가 적용되고 있기 때문이다. 따라서 동양과 서양의 철학과 진리가 다르지 않고, 동양인과 서양인의 생사의 길이 다르지 않으며, 동양인과 서양인의 구원 원리가 다를 수가 없는 것이다.

특정 종교인들은 자기들의 종교는 하느님의 특별한 은총을 받은 예외적인 종교여서 주님을 믿기만 하면 길 잃은 양을 찾는 목자처럼 그분께서 일일이 찾아와서 구원을 베풀어주신다고 한다. 그러나 자기들만이 하늘의 특별한 은혜와 기운을 받는다는 식의 주장은 오늘날 성행하고 있는 모든 종교단체나 수련단체에서 공통으로 하는 이야기로 설득력이 없다.

조물주가 보시기에 이 세상 모든 것은 다 똑같은 당신의 피조물이다. 그러므로 하느님은 모두에 대해 공평무사하기 때문에 어느 특정한 민족이나 집단에게만 특혜를 주는 일은 결코 없다. 따라서 누구를 편들고 집착하여 특별히 은사를 베푸는 일 또한 절대 없으며, 특별히 어느 민족이나 종교인을 편애하여 구원해 주는 일도 없다. 이처럼 공정하지 못하고 자의적으로 행동하는 인격신을 주장하는 것은 신의 끝없는 사랑을 설명해 주는 게 아니라 오히려 신의 완전성을 해치는 일이 된다. 이러한 논리는 전지전능한 인격신이 자신이 원하는 대로 모든 것을 다해주기를 바라는 종교인들의 독단적이고 이기적인 발상에서 비롯된 불합리한 주장이다.

더구나 눈앞에 보이는 자연의 일들은 그러한 주장이 이치에 맞지 않는 억지 주장이라는 것을 말해주고 있다. 만약 하느님을 믿고 기도해서 모든 일이 해결된다면 농부가 농사를 짓지 않고 기도만 열심히 하면 풍년이 들어야 한다. 그러나 이 세상 속에 그런 일은 절대 일어나지 않는다. 기도를 많이 하는 목사나 승려의 논밭이 땀 흘려 일하는 농부의 논밭보다 농사가 잘되는 일은 일어나지 않는다. 풍년이 오기 위해서는 때를 맞춰 씨를 뿌리고 거름을 주고 잡초를 뽑아 주어야 하는 것이지, 자기 할 일은 안 하고 하느님께 아무리 열심히 기도해봤자 소용없는 일이다. 따라서 문제를 해결하는 원인을 짓지 않고 하느님께 의지하여 기적과 같은 일이 생기기를 바라는 것은 매우 이기적이고 어리석은 짓이다.

이와 같이 세상 속에는 인간이 따르고 의지해야 할 정해진 길이 있다. 이처럼 태초부터 정해져 있는 불변의 약속을 우리는 진리라고 한다. 성자들은 이처럼 자연 속에서 일어나고 있는 정해져 있는 실상의 일과 생명의 길을 있는 그대로 밝혔을 뿐이다. 이 세상 속에서, 세상을 지키고 있는 진리를 통하지 않고서 이루어지는 일은 없다. 그래서 진리인 것이다.

성령 현상의 진실

지금 서구에서 기독교가 사양길을 걷고 있는 모습과는 달리, 우리나라에서는 성령(하느님의 영) 현상이 크게 일어나며 다시 부흥하는 모습을 보여주고 있다. 그래서 요즘 우리나라 기독교인은 성령의 이름을 내건 교회로 많이 모여들고 있으며, 성령 영접이 곧 구원의 징표와 신앙의 핵심 요체로 받아들여지고 있다. 그 이유는 기독교가 가지고 있는 삼위일체론 때문이다. 사도 바울에 의해 시작된 이 교리는 하느님과 그 아들인 예수님은 본질이 동일하며 하느님의 영인 성령이 세상에 직접 나타나 인간을 일일이 구원해 준다고 주장한다.

그러나 예수는 오직 진리와 인간의 길을 가르쳤을 뿐 신을 향한 맹목적인 믿음과 성령의 영접을 가르치지 않았다. 왜냐하면, 예수는 유대교에서 일반적으로 나타나던 성령 현상을 창조주 하느님에 의한 구원의 증거로 보지 않았기 때문이다.

당시 유대인들은 성령의 은사와 신의 계시 속에 산 민족이었다. 그러나 현실에서 여호와는 그들을 구하지 않았고, 유대인들은 여호와의 이름으로 예수님을 십자가에 못 박았다. 이런 일이 벌어진 이유는 여호와가 유대 민족을 구원해 줄 능력이 없었고, 그 가르침 속에는 세상을 밝게 하는 진리가 없었기 때문이니, 여호와가 진정한 창조주 하느님인지 유대인의 민족신인지 확인할 길이 없는 것이다. 그리하여 진리가 없고 맹신만 있던 유대인들의 마음에는 거짓과 욕망만이 가득했고, 사회는 부패했으며, 종교는 무지한 광신으로 넘쳐났다. 제사장들은 아무도 알 수 없는 불합리한 신의 뜻을 이유로 백성들의 고혈을 짜고, 진리와 인간의 길을 잃어버린 대중은 서로 불신하여 헐뜯었다. 그래서 예수는 유대인들에게 "독사의 자식들아! 회개하라!", "하느님의 뜻을 행하라!'고 꾸짖은 것이다.

세상에 영적 현상이 많이 나타난다는 것은 결코 바람직한 일이 아니다. 본래 세상이 어둡고 무지할 때나 나라가 망할 때 그러한 영적 현상이 많이 나타난다. 따라서 우리는 그런 일이 많이 일어나는 나라를 미신과 무지가 가득한 후진국으로 봐야 한다. 영적 현상이 빈번한 나라치고 밝고 건강하며 부강한 나라는 없다. 과거 유대 민족에게 성령 현상이 많이 나타난 것도 바로 이처럼 망해 가는 어둡고 무지한 나라에 나타나는 일반적인 미신 현상이었을 뿐이다.

그런데 기독교인들은 자신들에게 나타나는 성령 현상은 다른 종교의 영적 현상과는 달리 창조주 하느님이 직접 나타나는 예외적이고 특별한 경우라고 한다. 하지만 기독교에서 성령을 받았다는 것처럼 다른 종교나 수련단체에서도 하늘의 기운과 가피를 직접 받는다는 얘기를 흔히 한다. 그러므로 자신들만 하늘의 선택을 받아 예외적인 대우를 받는다고 주장하는 것은 자아도취적인 독단에 불과하다. 어찌 우주 전체를 관할하는 절대자가 일부 종교인이나 단체에만 특별한 기운을 내리고 성령이 강림하겠는가?

그리고 창조주 하느님은 물론이고, 성자처럼 완성의 경지에 이른 높은 차원의 영들 또한 이 세상에 떠돌아다니지 않는다. 생명의 이치상 살아 있는 자는 이승에 머물고, 죽은 자는 이 세상을 떠나도록 되어 있다. 만약 살아 있는 생명의 세계(산 자의 세계)에 죽은 자가 함부로 나타나 자신을 드러내면, 이 세상은 생사의 질서가 어질러져 종국에는 생명의 세계가 파괴되고 만다. 그래서 이러한 생명의 질서를 본 예수는 "죽은 자는 죽은 자에게 맡기고, 산 자는 산 자의 길을 따르라."고 한 것이다.

그런데 원한과 집착과 욕심이 많았던 사람은 죽어서도 이 세상을 떠나지 못하고 계속 이 세상에 남아 자신의 한과 욕망을 풀려고 한다. 이것을 귀신, 유혼, 망령이라 하는데, 이러한 심령현상은 이러한 유혼이 이 세상에 계속 남아 자신을 나타내는 현상으로 생명의 질서에 어긋나는 일이다.

생명의 원리에서 볼 때 지금 우리 주변에 영적 현상이 많이 나타나고 있는 것은 그만큼 우리 사회가 어둡고 불행하다는 말이며, 많은 사람이 사회의 욕망에 물들어 한과 집착에 벗어나지 못하고 사후에 유혼이 되고 있다는 것을 의미한다. 반면, 올바른 이치가 있는 밝은 세상에서는 사람들의 마음에 큰 욕망과 집착과 원한이 없으므로 죽더라도 귀신이 되어 떠돌지 않으며 잡스러운 심령현상도 생겨나지 않는다.

그리고 높은 차원의 영들은 이 세상에 머물며 심령현상을 일으키지 않는다. 사후에 영혼이 은원관계(恩怨關係)를 풀려고 세상일에 집착하여 여러 가지 심령현상을 일으키면, 자신이 지니고 있던 기운을 모두 써버려 결국 그 영혼이 나쁘게 변하기 때문이다. 그것은 마치 기름 짠 깨와 같다. 깨를 수확하여 이를 온전히 보존하지 않고 기름을 짜내 버리면, 그 깨는 싹을 틔울 수 없어 다시는 자기를 낳지 못하고 쭉정이가 되어 버린다. 이처럼 삶의 결과체인 영혼도 저세상으로 떠나지 않고 이 세상을 떠돌면서 계속 자기를 나타낸다고 억지로 심령현상을 일으키면 자신의 진기를 다 소진하여 마침내 퇴화하여 소멸하고 만다.

따라서 좋은 결실을 이룬 성자들의 영혼은 이 세상에 머물지 않고 높은 차원의 저세상으로 떠나게 된다. 왜냐하면 좋은 근기를 가진 영혼도 탁한 이 세상에 머물면 그 끈끈한 속세의 인연의 힘에 이끌려 다시 혼탁한 세상에 태어나야 하기 때문이다. 모든 성자는 살아 있을 때 세상을 위한 사랑과 자비심으로 여한 없이 자신을 바치고 가신 것이며, 따라서 죽어서도 아무런 원한이나 집착 없이 높은 차원에 올라가 편히 지낸다. 만약 그들에게 할 일이 더 남아 있으면 그는 다시 인간의 몸을 받고 내려와 현실 속에서 역사하는 것이지 영으로 돌아다니며 세상에 나타나는 일은 없다. 그래서 예로부터 영이 내려와 진리를 말한 적이 없으며, 모든 진리는 오직 인간의 몸을 타고 태어난 성자들의 육성을 통해 전해지고 있는 것이다.

따라서 예수 또한 인간으로 태어나 최고의 영혼의 열매를 거둔 성자이기에 현상계에서 유혼 상태인 성령으로 떠돌아다닐 이유가 없다. 따라서 이러한 이치를 살핀다면, 지금 세상에 나타나는 많은 성령 현상들은 창조주 하느님이 보여주는 신성한 역사가 아니라 저급한 영적 존재들이 나타내고 있는 영적 장난이라고 보는 것이 올바른 판단인 것이다. 그래서 요즘 외국에서는 우리나라의 많은 개척교회에서 성령 현상

이 빈번한 것을 보고 매우 의심스러운 눈초리를 보내고 있다. 따라서 우리도 이제 급격히 일어나고 있는 성령 현상을 무조건 반길 것이 아니라 그 위험에 대해 심각성을 가지고 객관적으로 접근해야 한다.

오늘날 종교가 번성하는 가장 큰 이유는 인간의 허약하고 무지한 마음이 영적 기적을 바라기 때문이다. 이것이 바로 오늘날 우리나라를 종교의 천국으로 만들고, 세계 최대 신자 수를 자랑하는 개척교회가 나타날 수 있었던 이유이다. 그만큼 영적 현상은 우리들의 생각과는 달리 인간세상에 큰 영향력을 미치고 있다.

그러나 신이 구원을 주거나 기적으로 축복해 주는 일은 사실적으로나 이치적으로 일어날 수 없다. 만약 그러한 일이 사실이라면 기독교를 국교로 받아들인 로마는 세계 제일의 강대국이 되어야 하며 기독교를 믿는 나라는 모두 부강해야 한다. 그러나 로마는 망했으며 기독교를 믿는 남미나 필리핀은 가난과 불행에 허덕이고 있다. 따라서 신이 모든 것을 다해주거나 기적을 베풀어준다는 것은 이치상 올바르지 않은 일이며, 사실 속에 존재하지 않는 잘못된 환상일 뿐이다. 눈앞에서 이루어지지 않는 현상은 다른 곳에서도 이루어지지 않으며, 지금 이루어지지 않는 일은 과거에도 이루어지지 않았고 미래에도 이루어지지 않는다.

따라서 신을 제대로 믿고 종교를 바로 이해하기 위해서는 신이 내리는 기적의 의미와 정체에 대해 알아보는 것이 무엇보다 중요하다. 그럼 인간의 몸을 통해 나타난 성령의 정체에 대해 좀 더 자세히 알아보자. 먼저 단순한 영적 존재를 넘어서 이 우주를 창조한, 말로 표현할 수 없는 절대적이고 신성한 창조주가 과연 죄 많고 비천한 인간의 몸에 나타날 수 있는지에 대해 생각해 보자.

진정한 창조주 하느님이 이 세상에 나타난다면 『구약』에 나와 있는 것처럼 그 은사가 실로 엄청나야 한다. 7일 만에 세상도 창조할 수 있으니, 모세처럼 홍해를 가르거나 인류의 모든 병을 한순간에 낫게 하는 절대적 치유 능력도 가져야 할 것이며, 세상의 모든 문제를 한꺼번에 해결하는 무소불위의 권능도 행사해야 한다. 따라서 이처럼 거룩하고 위대한 창조주라면 실패한 자나 허약한 자에게 주로 나타나 아무도 몰래 베푸는 비밀스러운 은사를 행하지 않을 것이며, 오히려 밝은 대낮에 이 세상을 이끄는 높고 고매한 인격자나 강한 정신력을 지닌 선각자에게 당당하게 나타나 분명히 세상을 밝히는 진리를 전하고 세상을 한순간에 밝게 만들어야 할 것이다.

그러나 현실적으로 대부분의 성령 현상은 주로 사회에서 도태되거나 심신이 허약한 사람, 그리고 극단적인 절망에 빠진 사람에게 남몰래 나타나며, 일으키는 현상도 마음의 위안을 주거나 병을 고치거나 땀이나 피를 흘리는 정도에 불과하다. 이러한 현상은 과거에 무당이 병을 치유하거나 이상한 영적 현상을 일으키는 것과 별 차이가 없다. 이처럼 성령 현상이 무당에게 나타나는 신접 현상처럼 미미한 영적 현상에 불과한 이유는 대부분의 성령 현상이 나약한 인간에게 찾아드는 신(ghost)들의 영적 현상에 불과하기 때문이다.

그렇다면 그 비밀을 더 자세히 살펴보자. 성령 현상은 한마디로 사람의 몸에 헤매는 신이 들어가 일으키는 심령현상의 일종이다. 원칙적으로 참된 창조주 하느님의 영이 들어오면 진정한 성령 현상이라고 하겠지만, 세상을 떠돌아다니는 잡령이 들어오면 신내림 현상이 되는 것이다. 그런데 앞에서 살펴본 바와 같이 창조주 하느님의 영이나 예수님의 영이 이 세상에 돌아다니며 혼탁한 인간의 몸에 들어오는 일은 없으므로, 성령 현상은 무당의 접신 현상과 같은 유형일 수밖에 없는 것이다.

사람의 몸은 일반적으로 정신과 육체가 단단히 결합하여 외부의 이물질이 침입할 수 없게 하는 자기 보호 기능을 갖고 있다. 그래서 외부에 떠돌아다니는 다른 영이 자기 몸으로 들어오는 것을 근원적으로 차단한다. 그래야만 한 생명체가 자기 정신을 보존하며 주체적으로 살 수 있기 때문이다. 그러나 이런 보호 기능도 생명력이 약해지면 느슨하게 되고, 완전히 풀리면 영혼이 몸을 떠나게 됨으로써 죽음에 이르게 된다. 다른 영이 사람의 몸속으로 들어오는 것은 바로 이처럼 사람의 생명력이 허약해져 몸의 보호막이 풀릴 때 나타난다.

그래서 보호막에 문제가 생겼을 때, 예를 들어 사업에 실패하여 극도의 낙망 상태에 빠지거나, 큰 병을 앓아 심신이 허약해져 있거나, 단식기도로 많은 날을 굶어 그 기운이 극히 쇠잔해졌을 때, 그리고 명상 등으로 몸에 기문(氣門)이 열렸을 때 몸의 보호막이 깨어져 외부에 떠도는 신(영혼, 유혼, 잡신)이 들어오게 된다. 따라서 심신이 허약한 자에게 성령이라고 찾아오는 영적 존재들은 무당들에 붙은 신처럼 세상에 떠도는 저급한 잡신에 불과하다고 보아야 한다.

그래서 기이한 환시(幻視)를 보거나, 신내림을 받거나, 성령에 접하는 것은 대부분 몸이 병약하거나, 심신에 큰 충격을 받거나, 고행이나 백일기도와 같은 것으로 인간의 몸이 극한적으로 허약한 상태에 이르렀을 때 주로 나타난다. 그래서 성령이나 신을 받기 위해 기도나 굿을 하는 경우, 며칠간 금식 철야기도라며 먹지도 자지도 못하게 하는 이면에는 건강한 몸의 보호막을 해제하여 신을 받아들이게 하려는 비밀이 숨어 있다. 다른 말로 하자면, 귀신이나 성령이 잘 들지 않는 사람은 정신과 육체가 단단히 결합한 건강한 사람이라 할 수 있다.

이런 이치를 살펴봐도 오늘날 우리 주변에서 흔히 나타나고 있는 성령 현상들은 빙의 현상과 마찬가지로 비정상적인 심령현상임을 알 수 있다. 만약 전 우주에서 제일 높으신 창조주 하느님께서 성령으로 오신다면, 이처럼 인간의 허약함을 이용하여 들어오는 유치한 방법을 쓰지 않고 사회의 선도적 위치에서 넓은 도량과 강한 정신력으로 존경받는 선각자들을 택하여 당당하고 장엄하게 나타나실 것이다. 그러나 현실에서 성령은 병약하고 삶에 큰 상처를 받아 심신의 균형이 깨진 사람이나 수행으로 몸이 쇠약해진 사람들에게서 주로 나타나고 있는 것으로 봐서 그 정체는 매우 의심스러운 것이다.

이렇게 말하면 기이한 영적 체험을 거쳐 독실한 신자가 된 사람들은 크게 반발하며, 자신은 하느님의 빛과 모습을 분명히 보았으며 그로 인해 황홀한 구원의 은사를 받고 치병의 기적을 체험했다고 주장할 것이다. 그러나 미안한 일이지만, 그들이 보고 느꼈다는 은사와 체험 어디에도 하늘의 은총은 담겨 있지 않으며, 제아무리 기적의 환희

속에 젖어 있다 해도 주님과는 조금도 관계가 없다. 높은 차원의 신이 인간세상에 함부로 나타나 죄 많은 인간의 사사로운 욕구에 불합리하게 응해줄 리가 없기 때문이다.

그렇다면 그들이 본 것은 과연 무엇이며, 그들 몸에 나타난 현상은 모두 거짓이란 말인가? 지금부터 그러한 현상 속에 숨어 있는 비밀을 밝히고자 한다. 신을 받게 되면 마음이 평안해지고 황홀경을 느껴 마치 구원을 받은 것 같은 착각이 든다. 어떤 사람은 몸에 전율과 진동을 느끼며 앓던 병이 낫는 체험을 하기도 한다. 그러한 경험은 이전에는 전혀 느껴보지 못한 것이기에, 자연히 세상 어디에서도 겪지 못하는 오직 자신에게만 주어진 하느님의 은총이라 생각하게 된다.

그러나 그것이 사탄일 가능성은 아이러니하게도 영적 지도자인 바울이 지적한 바 있다. "이것은 이상한 일이 아니니라, 사탄도 자기를 광명의 천사로 가장하나니." 이 「고린도후서」의 구절처럼 지금 세상에 나타나는 수많은 성령 현상들이 빛과 천사의 모습으로 변장한 사탄이 자신을 위장해 나타난 것이 아닌지 의심해 보아야 한다.

잡령이 사람 속으로 들어갈 때는 자신을 솔직히 드러내지 아니하고, 하느님이나 성령의 가면을 쓰고 나타난다. 영들은 의식적 존재이기 때문에 사람에게 들어올 때는 그 의식을 바꾸기만 해도 다른 모습으로 변하여 나타날 수 있다. 그것은 마치 배우가 무대에 올라갈 때 배역에 따라 여러 가지 모습으로 변장하고 출연하는 것과 같은 이치다. 그래서 교인들은 이처럼 성스러운 하느님의 영으로 모습을 속여 나타난 유혼을 보고, 마치 자신이 하느님의 은총을 입었다고 생각하며, 더욱 미신과 우상 속으로 빠져들게 되는 것이다.

그럼 어떤 이치로 이 같은 치유의 기적이나 황홀경을 체험하는지 알아보자. 신은 기운에 의식이 붙은 에너지의 형태로 되어 있어, 그 자체에 의식 현상을 가지고 있다. 이러한 의식을 띤 기운이 사람의 몸에 들어오면 인간이 가진 본래의 의식과 상호 반응을 일으켜 온갖 환상을 일으키기도 하고, 그 에너지의 작용으로 몸에 맺힌 것을 풀어 병이 낫게도 한다.

그것은 마치 무당이 귀신을 불러 사람의 병이 낫게 하는 것과 근본적으로 같은 원리다. 즉, 무당의 치병굿은 칼과 창 같은 위험한 물건으로 사람의 몸에 들어와 있는 의식적 존재인 귀신에게 겁을 주거나 더 큰 귀신을 불러 몸속에 있는 작은 귀신을 쫓아내는 방식을 취한다. 소위 성령의 치유 은사란 것도 바로 이처럼 큰 신의 기운으로 몸 안에 있는 작은 신기를 몰아내는 이치로 이루어지는 것이다.

다시 말해, 각종 종교에서 나타나는 심령현상은 독으로 독을 제어하는 이독치독(以毒治毒)의 원리와 같다. 큰 한과 집착으로 강하게 엉켜 떠돌던 기운을 이용하여, 몸에 붙어 병을 일으키고 있던 작은 탁기를 쫓아냄으로써 병을 고치는 원리이다. 그러나 떠도는 신이란 존재는 워낙 변덕스럽기 때문에 이러한 변화는 일시적이다. 잡신이 겁을 먹고 도망갔다가 다시 들어올 수도 있고, 큰 신 또한 헤매는 영혼이니 들락날락하기도 하며, 그러한 큰 신과 인연이 끊어져도 다른 신이 들어와 대신 그 자리를 차지할 수도 있기 때문이다.

이처럼 다른 영적 의식체가 사람의 몸에 들어오면, 영이 사람의 의식을 가로막기 때문에 의식 상실 현상이 나타나며 심한 경우 그 의식을 지배하여 종으로 부리게 된다. 그러면 그 사람은 자기의식을 상실하니 그동안 고통스럽게 짊어지고 있던 몸과 마음의 모든 고통을 내려놓은 느낌에 평안함을 느끼며 황홀경에 빠진다. 마치 마약을 맞으면 모든 것을 잊고 마음이 평안해지고 황홀해지는 증상과 같다. 그래서 영적 체험으로 빛을 보고 환희에 빠지는 경우, 그것은 떠도는 신의 영향으로 인한 일시적인 심리 현상일 뿐 진짜 치유를 받거나 구원을 받은 것이 아니어서 완전한 해결책이 되지 못하며 현실의 문제는 그대로 남는다.

그래서 현실로 돌아오면 현실의 무거운 짐이 다시 그대로 느껴지게 되고, 이를 피해 다시 황홀경과 평안을 찾으러 종교단체로 가는 악순환을 되풀이하게 되는 것이다. 마치 마약에 빠지면 마약에 의존하여 비현실적인 인간이 되듯이, 신에 씌어 신에 의존하게 되면 정상적인 사고를 상실하여 현실과 삶에 소홀하게 된다. 그리하여 이러한 악순환이 커지면 마침내 생활도 가정도 자기도 버리고, 오직 신에게만 의존하는 광신자가 되고 마는 것이다.

인간은 자기의식으로 살아가는 것이 올바른 삶이다. 그런데 외부의 신기(神氣)가 들어오면 그 사람의 정신은 기생충에 감염된 식물처럼 정상 상태를 상실하고 비실비실하게 되며 자기 의사로 올바르게 사고하지 못하고 모든 일상의 활동에서 다른 의식의 간섭을 받게 된다. 그래서 판단력이 흐려지고 마음속에서 일어나는 나 아닌 또 하나의 의식 작용 때문에 갑자기 이상한 행동을 하게 되며, 작은 심리적 충격도 견디지 못하고 안절부절못하며, 심하면 조현병까지 일으키게 된다.

오늘날 종교를 믿다가 미치는 경우가 많이 생겨나는 것도 이 세상에 떠도는 많은 유혼들이 무속은 물론이고, 온갖 종교들 속으로 들어가 하느님, 예수, 부처, 보살, 빛, 신선, 도사와 같이 여러 형태의 고상한 신의 모습으로 나타나 사람들을 속이고 사람들의 몸속으로 침입하여 인간의 정신을 지배하기 때문이다.

사람은 자기 정신을 가지고 살면서 깨우침을 얻어 자신의 영혼을 성장시킨다. 그런데 이렇게 다른 의식체가 인간의 몸으로 들어오면 그것이 자신의 욕망과 한을 풀고자 인간의 의식을 지배하고 조종하려 하므로 그 사람은 자기 자신의 영혼을 성장시키는데 큰 방해를 받는다.

지금 종교인들은 자기들이 구원받았는지 아닌지 확인하지도 않은 채, 얻어들은 이야기와 자기 생각으로 "성령이 임했다." "구원을 받았다."라는 증명되지 않은 말을 함부로 말하고 있다. 그리고 이같이 증거도 없고 확인되지도 않은 이야기를 믿은 신자들은 자기의 전 재산을 바치고 자신도 구원을 받겠다는 거짓된 환상과 믿음 속에 도취해 살아간다. 그들은 자신이 속한 종교 집단에 가면 모든 문제가 해결되고 구원받은 것처럼 느껴지지만, 다시 현실로 돌아오면 말썽 많은 문제들은 해결되지 않고 그대로 남아 있음을 알게 된다. 그래서 현실에 남아 있는 괴로움을 잊고자 더욱더 종교에 깊이 빠지게 되고, 결국 마약에 중독된 사람처럼 현실을 잃어버리고 자기의 삶을 종교단체에 얽매게 하는 결과에 이르고 만다.

이것이 바로 세상을 떠도는 신들이 인간의 무지와 나약함을 이용하여 인간세상을 지배하는 비밀이니, 이러한 진실을 알지 못하고 작은 영적 현상을 하늘의 계시라도 되는 줄 알고 좋아하다가는 한순간에 자신의 몸을 다른 유혼에게 내어주는 크나큰 어리석음을 범하게 된다. 이렇게 어둠의 세계가 인간세상을 지배하기 위해 쳐놓은 작은 미끼에 걸리는 경우를 보면, 의식이 흐리고 나약해 노력하지 않고 일확천금을 노리며 기적을 쉽게 믿는 비이성적인 사람이 많다. 그들은 치병(治病)뿐만 아니라 자신의 가정이나 사업의 성공마저 영적 환상이나 신에게 맡기는 우를 범하며 결국 신의 노예가 되는 불행한 운명에 빠지고 만다.

　그렇다면 하느님의 영이 아니면서 기독교 속으로 스며들어 잡스러운 심령현상과 수많은 이단 사태를 불러일으키고 있는 영들의 정체는 무엇인가? 이들은 주로 기독교와 인연을 맺고 있는 옛 유대의 민족신, 기독교를 믿다 억울하게 죽은 영혼, 욕심과 잘못된 방법으로 구원을 얻으려고 하다가 한과 집착을 품은 채 죽은 신자들의 영혼이 세상을 떠돌고 있는 것이다. 이들은 "성령 천국, 예수 천국!"을 외치며 온 세상을 기독교화하겠다는 강한 욕망과 구원에 대한 강한 집착을 품고 있다가, 죽어서도 그 욕망과 집착이 너무 크기 때문에 눈을 감지 못하고 자신과 인연이 있는 교회 근방에 머물며 계속 영으로 나타나고 현실에 관여하고 있는 것이다.

　이러한 현상에는 『성경』에 대한 잘못된 이해도 큰 원인으로 작용하고 있다. 예를 들어, "이를 놀랍게 여기지 말라. 무덤 속에 있는 자가 다 그의 음성을 들을 때가 오나니, 선한 일을 행한 자는 생명의 부활로, 악한 일을 행한 자는 심판의 부활로 나오리라."는 구절이 있는데, 기독교인들은 상징적으로 되어 있는 이 교리를 잘못 이해하여 구원과 심판의 의미를 죽은 육체가 무덤에서 산 몸으로 부활하는 것으로 생각하여 죽어서도 그 영이 교회와 무덤을 떠나지 않고 계속 머물고 있는 것이다. 『파이돈』에 보면, 소크라테스가 육체의 욕망과 쾌락에 집착하는 자는 죽어도 그 육신과 무덤을 떠나지 못하고 계속 현실을 맴돈다고 하는 구절이 있는데 이 구절은 사후 영혼의 원리를 잘 설명한 것으로 무심코 넘기기엔 그 시사하는 바가 매우 큰 것이다.

　죽은 자의 썩은 육신이 다시 살아나는 일은 이 세상 어디에도 없으며 역사 속에서도 그러한 일이 벌어진 적은 없었다. 『성경』에 나오는 죽은 자가 살아난 이야기는 영혼이 몸을 떠나 완전히 썩어버린 육체가 되살아난 것이 아니라 잠시 정신을 놓아 버린 환자의 영혼을 예수가 다시 되돌려 놓음으로써 생명을 구하신 일이 와전된 것이다.

여기서 말하고자 하는 진정한 뜻은 진리의 엄격함이다. 세상의 모든 존재는 인과응보의 보편 원리에 적용받으며 살아 있는 자는 물론, 죽어 영혼이 된(무덤 속에 있는) 자까지도 스스로 지은 원인에 따라 심판의 때에 잘 지은 영혼은 구원을 얻으며 잘못 지은 영혼은 지옥의 과보를 받는다는 진리를 밝혀 놓은 것이다.

그리고 여기서 말한 구원의 의미는 죽은 자에게 현세에서의 영원한 삶과 지상천국을 약속한 것이 아니라 내세에서의 영혼의 구원과 영원한 생명을 밝힌 것이다. 몸이 썩어 죽어버린 자가 다시 살아나는 일은 생명의 이치에 벗어나는 일로 이 세상에는 있을 수 없는 일이다. 그런데 후대의 제자들이 이를 잘못 이해하여 구세주가 재림하는 그날에 죽은 인간의 몸이 다시 육신 채로 살아난다고 가르치다 보니, 후대의 신자들이 그 말을 믿고서 죽어서도 예수님이 오실 미지의 그날을 기다리며 유혼이 되어 마냥 기다리고 있는 것이다. 즉, 구원을 위해 만들어진 기독교가 오히려 죽어 세상을 떠도는 유혼을 양산해 내는 부작용을 일으키고 있는 것이다.

이처럼 잘못된 삶으로 세상을 떠돌게 된 유혼들은 자기들끼리 몰려다니며 어둠의 세력을 형성하고 상대의 마음을 들여다보며 그 지식을 서로 배우게 된다. 그래서 성령을 간절히 바라는 이들과 인연이 닿아 신자들의 몸에 들어가면, 자신이 살아 있을 때 배운 지식이나 죽어서 다른 유혼을 통해 알게 되었던 비밀을 빙의된 자에게 전하기도 한다. 그래서 성령이 든 사람들이 갑자기 자신이 전혀 알지 못하거나 없었던 영적 능력을 행하게 되는 것이다. 과거 유대신들의 언어인 방언이 한국에서 나타나고 있는 것도 이러한 신들 사이의 영적 소통을 통하여 전해진 것이다.

성령을 강조하며 교세를 자랑하는 한국의 신흥종교 교주들 사이에는 일종의 맥이 있는데 유명화, 이용도, 정득은, 김백문, 박태선, 정명석, 조희성으로 이어지는 계보가 있다. 이들의 원조는 유명화란 여인인데, 1927년 그녀는 함경도 원산에서 예수가 자기 몸에 들어왔다고 주장하며 여러 교회에서 부흥 집회를 인도했다. 부흥회의 하이라이트는 예수의 영이 몸에 내린다는 '강신극'으로 전통 무속 신앙의 신내림굿과 유사했다. 그때 우리나라 사이비의 대부인 이용도, 김백문 등이 그녀와 인연을 맺어 구세주론과 혼음을 특징으로 하는 사이비 종파가 본격적으로 나타나게 되었다.

이들의 교리에는 '영체 교환'(일명 '피가름')이 있는데, 신령한 존재의 성혈(聖血)을 나눠 가짐으로써 죄와 타락에서 벗어날 수 있다는 것이다. 그들은 『구약성경』에 나와 있는 에덴동산의 설화를 왜곡하여, 사탄의 상징인 뱀이 하와를 범함으로 사탄의 피를 전했고, 이 피가 이어져 인류가 더러운 원죄를 지닌 악의 혈통을 이어가고 있다고 주장한다. 그래서 인간의 더러운 피를 깨끗이 하는 데는 피가름이 필요한데 예수가 이 세상에 와서 인간의 영혼만 구원했기에 육신을 구원할 새로운 구세주가 다시 오게 되는데 그와 관계를 가져야만 비로소 사람의 몸으로 흘러들어온 더러운 사탄의 피가 사라지고 구세주의 피를 받은 자손이 생겨나 원죄가 사라진 선의 혈통이 바로 선다는 것이다.

이러한 교리가 나타난 이유는 그곳에 나타난 신이 구세주가 되고픈 집착과 재물과 색에 대한 욕망이 가득한 유혼이기 때문이다. 그래서 한국 사회에 성행하는 토속신들이 신들 간의 접촉을 통해 기독교 교리를 섭취하여 접신굿으로 한국 특유의 성령 현상을 나타내며 지속적인 감염 현상과 구세주 소동을 벌이고 있는 것이다. 그래서 지금 한국 사회는 세계에서 찾아볼 수 없는 특이한 성령의 불세례가 펼쳐지고 있으며 많은 사이비 문제를 불러일으키고 있는 것이다.

이러한 집단에서 영적 감염을 일으키는 방법으로는 광신적인 부흥회와 주문, 특별한 수행법, 교주와의 영적 접촉 등으로 교주가 신자들에게 자신이 받은 영을 감염시키고 있음을 볼 수 있다. 이러한 집단에서 성행하고 있는 영들은 의식적 존재이기 때문에 의식을 통해 상대방에게로 옮겨가며 작용하는 특성을 지닌다. 그래서 큰 신이 든 교주가 직접 신자에게 넣어주기도 하고, 한 신자가 생기면 그 신자의 의식을 통해 그 신자가 알고 있는 주변 사람의 의식에 작용하게 하여 좋지 않은 일이나 병이 생기게 한다. 그래서 신자가 문제가 발생한 지인에게 가서 용한 곳이 있으니 가보자 하면 그 지인은 혹 자기 문제가 해결될까 싶어 찾아갈 마음이 생기고 그곳에 함께 가는 순간 문제를 일으킨 영이 떠나줌으로써 문제가 사라지고 용하다는 소문이 번져 급속히 신자 수가 증가하는 것이다. 이것이 바로 영을 섬기는 종교들이 영적 감염을 통해 신자들을 확보하는 수법이며 오늘날 우리 사회에 영적 종교가 범람하는 이유인 것이다.

이렇게 얘기하면 신흥종교에 대해 너무 부정적으로 말한다고 하겠지만, 여기에는 그럴 만한 이유가 하나 더 있다. 그것은 사이비 교주들마저도 자신의 행동을 똑바로 인식하지 못하고 있다는 사실이다. 그들은 잘못된 생각과 욕심으로 신을 받았기 때문에, 들어온 신도 그와 똑같이 구세주가 되어 큰소리치고 세상의 쾌락을 누리려는 욕망에 가득 찬 신이 들어오는 것이다. 그래서 신을 받는 자와 들어오는 신이 같은 부류이기 때문에 그들은 자신들이 하는 행동이 옳은지 그른지도 모른 채 하나가 되어 움직이는 것이다. 그래서 하늘의 뜻을 전한다고 하지만, 실상은 영의 조종을 받아 영의 소리를 전하며, 영의 세속적 욕망을 충족시키는 데 몰두하는 것이다.

그리하여 영의 조종을 받는 교주들처럼 영에 감염된 신자들의 의식도 영으로부터 조정을 받기 때문에 올바른 판단을 잃어버리고 자꾸만 사이비 교주에게 빠져들게 된다. 즉, 영적 환상으로 신자를 유혹한 신(유혼)들은 신자가 자기 집단에 찾아오지 않으면 마음을 충동질하거나 나쁜 일을 일으켜 스스로 찾아오게 만든다. 그리하여 신자들은 영이 시키는 대로 기도처에 나가면 마음이 편해지나, 나가지 않으면 몸이 아프고 마음이 불안해지는데 그것은 자신도 모르게 영이 내면에서 그렇게 조종하기 때문이다. 이렇게 다른 의식체에 감염되면 제정신이 아니기 때문에 매일 밤샘기도를 해도 피로하지 않고 이상한 영적 현상을 보이며 자기를 상실한 채 영이 시키는 대로 전도를 한다며 장소를 가리지 않고 큰소리를 치는 등 광신적 행동을 보이는 것이다.

그러나 이들은 자신이 영에 감염되었다는 사실을 거의 의식하지 못한다. 본인은 변화를 거의 느끼지 못하지만 주위 사람들이 보면 그 사람의 행동거지가 달라진 것을 확연히 느낄 수 있다. 영에 감염되면 얼굴에 화색이 사라지고 하얗게 뜨거나 검어지며 몸이 무기력해지고 여기저기 원인도 없이 아픈 곳이 나타난다. 왜냐하면, 인간의 생기와 반대인 죽은 영의 기운인 사기(死氣)가 몸을 지배하기 때문이다. 사기는 생기를 해치므로 살아 있는 사람에 붙으면 원인 모를 통증이나 정신 질환의 원인이 된다. 오늘날 병명도 없이 아픈 경우가 많고 CT 촬

영을 해도 이상 여부가 나타나지 않은 경우가 많은데, 이는 주로 사기가 붙었을 때 나타나는 현상들이다.

　인간이 자기 정신으로 살 때는 말이나 행동에 일관성이 있다. 그동안 길러 온 자기의 정신이 모든 것을 하나로 통일성 있게 판단하고 행동하기 때문이다. 그러나 다른 영이 들어와 인간의 몸을 지배하게 되면, 그의 몸에는 두 개의 의식이 작용하기 때문에 말이 왔다 갔다 하거나 행동에 일관성이 없어지며 심지어 말투와 행동거지가 달라지기도 한다. 신이 든 무당의 말투가 변하는 것도 다른 영의 의식이 작용하기 때문이다. 이처럼 몸에 외부의 영이 하나 들어오면 두 개의 의식체를 가지게 되니 이중인격이 되는 것이고, 여러 개의 영이 들어오면 다중인격이 된다. 이것이 심해지면 정신 분열로 발전해 정신병 환자가 된다.

싫든 좋든 사람은 자기 영혼으로 살아야 한다. 만약 다른 영혼이 들어와 산다면 자신의 삶은 사라지고 다른 유혼의 삶이 되고 마는 것이다. 그러면 인간은 이 세상에 태어난 의미와 가치를 상실한다. 사람은 자기가 주인이 되어 자신의 영혼을 농사짓게 되어 있는데, 다른 영이 들어오면 자기의 영혼은 영에 지배되어 뒤로 밀려 쭈그러짐으로써 정신적 성장이 멈출 수밖에 없기 때문이다. 그렇게 되면 성장이 멈춘 자신의 영혼은 결국 쭉정이가 되고, 죽어서도 구원을 받지 못하고 자기를 지배한 영과 함께 유혼이 되어 세상을 떠돌며 지옥으로 떨어지는 과보를 받게 된다.

그렇다면 왜 헤매는 신(유혼)들은 사람의 몸속으로 들어오려고 하고 인간세계를 지배하려고 하는가? 그것은 몸이 없이 떠도는 유혼들은 매순간 지옥을 헤매는 듯 고통이 찾아오는데, 이것이 괴롭고 두려워 영혼의 보호막인 인간의 육신을 원하기 때문이다.

생명체를 벗어난 영혼은 몸이라는 보호막이 사라진 상태이기 때문에 그 의식이 무한한 환경의 변화에 노출된다. 이때 유혼에게는 악몽과도 같은 엄청난 환상과 고통이 다가오게 되는데, 살아 있을 때 인간의 생각은 현실을 살아가는 데 필요한 의식의 흐름에 불과하지만, 죽은 영혼의 의식의 흐름은 유혼의 삶 전부로서 유혼이 하는 일이란 의식작용을 일으키는 것밖에 없으므로 환경의 변화에 따라 무한대의 환상을 일으키게 되는 것이다.

그런데 유계(幽界: 유혼들이 머무는 세계, 즉 지옥)에는 고유의 존재 양식이 있어서 유혼들이 느끼는 갖가지 불안과 공포는 그 나름대로 형상화되어 갖가지 괴물과 지옥도를 만나게 된다. 그리하여 기압의 변화에 의한 환상은 온몸이 갈가리 찢기는 철산지옥에 빠진 것 같고, 여름의 뜨거운 열기는 화염지옥에 온 것 같으며, 겨울의 추위는 한랭지옥에 떨어진 것과 같은 고통을 받게 된다.

이러한 고통 속에서 유혼으로 떠돌던 영혼은 피폐하고 정기가 고갈되어 다시는 사람으로 나지 못하는 운명에 처한다. 이것을 바로 지옥도(地獄道)라 하는데, 지옥이란 이승과 별개로 있는 것이 아니라 현실을 떠나지 못하고 맴도는 영혼들이 현실의 환경 변화 속에서 겪게 되는 영적 환상을 말한다. 그래서 인간 몸속으로 지옥의 고통을 겪는 신들이 들어오고 싶어 안달하는 것이며, 이러한 현상은 인간세상이 어지럽고 한이 많을 때 더욱 성행하게 된다. 이 같은 이유로 어둠의 신들은 세상을 떠도는 자신들의 신세가 한스럽고 고통스러워 살아 있는 생명의 세계를 간절히 원하며 그 섬김을 받으려 혈안이 되어 있다. 그래야 살아생전 자신의 욕망과 집착을 충족하여 지옥에 빠진 자신의 고통을 위안을 받을 수 있기 때문이다. 그래서 무지했던 대부분의 고대 민족은 이러한 신계(神界)의 덫에 걸려 수많은 신전을 지으며 신을 섬기며 살았던 것이다.

더군다나 유혼은 몸이 없는 채로 세상을 떠돌면 무한한 환상과 고통에 노출되므로 자신을 보호해 줄 수 있는 인간의 몸속으로 들어와 편히 지내고 싶어 하며, 사이비 종교에서는 그들에게 와 있는 잡다한 신들을 편히 지내도록 하기 위해 영을 받아들이라고 강요하고 있는 것이다. 이것이 인간의 몸을 귀신의 밥으로 만들려는 신(유혼)계의 무서운 음모이다. 특히, 큰 신들이 들어가 있는 사이비 교주들은 이런저런 유치한 이적을 보이면서 신자들을 유혹하고 주변에 있는 어둠의 영들이 집단으로 인간의 몸에 들어갈 수 있게 하려고 집단적인 영접 행사까지 벌이고 있다. 이른바 '부흥회'라는 행사를 통해 굿판과 같은 광적인 모습을 연출하면서, 성령이 임하라고 외치며 스스로 몸을 열고 영이 들어오기를 집단적으로 갈망하고 있다. 이것은 인간세상을 지배하기 위한 신계의 거대한 음모에 말려들어 헤매는 영들을 집단으로 받아들이고 있는 위험한 말세 현상이다. 그래서 어두운 우리 사회에 영적 현상이 폭발적으로 증가하고 있는 것이다.

떠도는 신들은 인간의 몸을 차지하여 편히 지내려는 속셈을 숨기고서, 구원을 미끼로 찬란한 성령의 모습으로 나타나 인간 스스로가 몸을 내어주고 자신의 노예가 되도록 술수를 쓰고 있다. 물론 이것이 진정한 창조주 하느님의 영이라면 신의 노예가 되는 것도 그리 나쁘지 않을 수도 있다. 성스러운 창조주 하느님이 인간을 나쁘게 하지 않을 것이 확실하기 때문이다. 그러나 그것이 성스러운 신이 아니라 유대의 지역신이거나 잡령이 변한 것이라면 참으로 비극적인 일이 아닐 수 없다. 사탄의 술수에 속아 스스로 자신의 몸을 귀신에게 내어주는 불행한 일을 자초한 것이기 때문이다.

물론 이와 같은 사태는 기독교만의 문제가 아니다. 지금까지 기독교의 영적 현상을 거론한 것은 우리 주위에 기독교 관련 사이비종교가 워낙 많이 출현해 그러한 예를 든 것일 뿐, 여타 종교나 수행 단체에서도 이런 일은 만연해 있다. 기독교와 마찬가지로 불교에서도 많은 왜곡 과정과 영적 감염이 일어나고 있다. 너도나도 깨닫겠다는 욕심만으로 수행에 뛰어들어 거짓된 깨달음이 많이 생겨나고, 보살신앙과 주문으로 많은 영적 감염이 나타나고 있다. 그로 인해 사찰과 선원에 가면 부처님과 보살의 가피(加被)를 받았다며 영적 체험을 자랑하는 이들이 줄을 잇고 있다.

그 외에도 신의 힘을 이용하여 남의 마음을 훔쳐보고 인기를 끄는 점집들, 제사로 떠도는 신을 모시고 받아들이는 행사를 공공연히 자행하는 종파, 기 수행으로 신선이 된다고 환상을 좇다가 음신(陰神)을 받아 사회적 문제가 된 집단 등 거론하기 어려울 만큼 많은 이들이 영적 감염에 의해 자신과 세상을 망치고 있다.

이처럼 심령현상이 많이 일어나는 사회는, 세상이 어둡고 고통이 많아 욕망과 한에 매여 떠도는 유혼들이 많다는 것을 의미한다. 따라서 한국에 영적 현상이 많이 일어나는 것은 우리나라가 신성하다거나 하느님께 선택을 받아서가 아니라, 사회가 어둡고 불행하여 나타나는 부끄러운 현상인 것이다. 그래서 예로부터 나라가 망할 때 이러한 이상한 현상들이 많이 나타났던 것이다. 따라서 이러한 심령현상의 위험성을 널리 깨우쳐 자신의 영혼을 지키고 사회가 건강성을 회복할 수 있도록 해야 할 것이다.

변화기

    태초에 세상이 열릴 때는 사람들이 순수하고 정신이 맑아서 자연과의 조화 속에서 평화롭게 살았다. 그래서 인류 역사에 전해져 내려오는 최초의 설화들을 살펴보면 에덴동산의 설화, 아틀란티스의 고대 문명, 요순시대, 단군설화 등이 전부 다 지상낙원의 전설들로 전해지고 있다. 이야기 중에 일부분은 과장된 면도 있겠지만, 이러한 전설들이 이유 없이 생겨난 것이 아니라, 과거에 있었던 일들이 수천 년을 내려오면서 인간들의 입을 타고 각색되어서 전설로 전해지고 있는 것이다.

    그러나 이 세상에 영원한 것은 없으며, 인간의 의식도 세월이 갈수록 자꾸 타락하게 된다. 여기에 '무명(無明)'이라는 것이 나타난다. 무명이 무엇인가 하면, 말 그대로 밝지 못한 것으로 인간의 마음을 흐리게 하는 어둠을 말한다. 인간이 완성의 경지인 해탈에 이르게 되면 마음을 흐리게 하는 모든 업이 사라졌으므로 무명이 없다. 그러나 태초에 세상에 나타난 사람들은 맑은 의식을 지녔기는 하지만 완전히 맑게 갠 상태가 아니기 때문에 아직 마음속에 어둠이 남아 있다. 그래서 시간이 지나면 무명이 문제를 불러일으키면서 어둠이 자꾸 눈덩이처럼 커져 큰 사회문제를 만들기 시작한다. 그래서 세월이 흐를수록 무명이 점점 커져가고 세상의 어둠과 욕망이 짙어지면서 인간세상은 더욱 어둡고 불행해진다.

태초의 인간들은 자연과의 조화 속에서 큰 욕심 없이 평안하게 살았다. 그러나 무명과 욕망이 커지면서 사람들은 더 많은 쾌락과 소유를 원하게 되고 그것을 해결하는 과정에서 인간들은 지혜를 내어 문명을 만들기 시작한다. 그런 의미에서 문명의 발전은 인간의 습과 욕망의 산물로서 그만큼 세상이 더 어두워지고 인간성이 타락한다는 것을 뜻한다.

현 인류 문명의 기간을 대략 6,000년에서 8,000년 정도로 보는데 평화로운 시간은 초기 수천 년 정도이며, 문명이 본격적으로 시작되는 3,000~4,000년 전부터 어둡고 불행한 세상이 나타나게 된다. 이때부터 사람들이 순수함을 잃고 거짓과 욕망에 물들게 되며 그 결과 원한과 집착을 가진 사람들이 많아져 세상을 헤매는 유혼들이 생겨나게 된다.

그리하여 글이 생기고 온갖 사치스런 물건이 만들어지는 등 문명이 크게 발전한 기원 전후에는 인간의 죄와 타락은 극에 도달했으니, 그때 인간세상은 인격을 갖춘 사람이 사는 곳이 아니라 약육강식의 동물세계와 같았다. 부족 간 전쟁이 밥 먹듯이 일상화되어 다른 종족을 지배하고 몰살하고 노예로 삼는, 인간으로서 차마 할 수 없는 악마의 행동을 서슴없이 하는 아수라장이 벌어진 것이다.

그 시대에 성자들이 많이 나타난 이유도 그 시절은 인간이 도저히 살 수 없는 오탁악세(五濁惡世)가 되었기에 그 처절한 어둠과 부딪쳐 자신을 불살라 마음을 완성할 수 있었기 때문이다. 이것이 깨달음 속에 숨어 있는 비밀이기도 하다. 가장 큰 어려움을 극복한 자만이 가장 위대해질 수 있는 것이니 악의 불구덩이 속에서도 자신을 지킬 수 있는 자만이 자신을 완성할 수 있는 것이다.

이후 인간세상은 악이 일반화되었으니 그 증표로 역사 속에는 서로가 서로를 죽이고 정복하는 참혹한 전쟁이 훈장처럼 자리 잡게 되었다. 현대는 이러한 인간의 죄와 욕망에 기초한 문명이 정점에 도달한 상태이기 때문에 인간성이 거의 망한 상태라고 보면 된다. 그래서 현대인들 중에는 순수한 마음으로 양심과 진리를 찾는 사람은 거의 없고 욕망과 이기심으로 가득 차 있다. 이렇게 세상이 악해지고 이 세상의 주인인 인간의 정신이 망하게 되면 이 세상은 수명이 다하게 된다. 그래서 한 세상이 죽어가는 현상을 '종말' 또는 '변화기'라고 한다.

모든 존재는 생명이 다하면 죽음을 맞고 새로운 씨를 남겨 자신의 후대를 이어간다. 이러한 순환은 모든 존재가 자신을 유지해 나가는 공통적인 원리로 예외는 없다. 물도 비와 강과 바다를 돌면서 순환을 통해 자연을 살리고, 태양도 핵분열과 융합을 반복하며 영원히 자신의 빛을 비춘다. 인간도 모든 생명체와 마찬가지로 순환을 통해 자신을 이어가고 있다. 따라서 인류 문명도 생명력이 다하면 변화기를 통해 자신을 버리고 새로운 자신을 만들어 가게 된다.

이것이 바로 하늘이 만들어 놓은 완전한 뜻과 질서이니 인간세상도 영원히 존재하지 못하고 변화기를 맞아야 하는 것은 어쩔 수 없는 자연의 질서이며 이치인 것이다. 만약 이때 영원히 살겠다고 끝까지 버티면 자신의 생명을 이어갈 마지막 진기마저 다 소모하게 되어 다시는 태어나지 못하고 영원히 소멸하게 된다.

과거에 아틀란티스(Atlantis)의 전설과 같이 고대 문명이 존재했다는 이야기는 많이 전해지고 있다. 앞으로 시간이 가면 밝혀지겠지만 생명의 이치상 이것은 어김이 없는 원리이다. 불교의 교리 중에 일곱 분의 부처님이 공통적으로 가르쳤다는 칠불통계, 즉 "모든 선은 받들어 행하고, 모든 악은 절대 짓지 마라."는 말씀이 있다. 그 속에 있는 비밀은 현 세상의 석가모니 부처를 포함해서 과거에 여섯 세상이 있었다는 것을 의미한다. 한 세상에 한 분의 부처가 난다고 하니, 칠불이 가르쳤다는 이야기는 곧 과거에 여섯 번의 세상이 있었다는 뜻을 내포하고 있는 것이다.

그렇다면 어떤 원리에 의해 변화기가 나타나는 것일까?

이 세상은 완전한 뜻과 질서가 나타나 있는 완벽한 조화체로 예로부터 '법계'라 했다. 과거의 세상이 사라지고 새 세상이 열리면, 지구상에는 거대한 화산과 지진, 해일이 일어나 온통 뜨거운 열기와 강력한 기운이 가득 차게 된다. 그러면 그 열기와 압력에 의해 그 속에 있던 탁해진 모든 생명체와 한으로 떠돌며 생명의 세계를 감염시키던 모든 유혼들이 사라지게 된다. 이처럼 오염된 기운들이 모두 사라지게 되면 태초의 싱싱한 원초적 기운들이 다시 나타나서 새 활동을 시작하게 된다. 그러면 그 기운들이 끝없이 부딪히고 스쳐 그 속에 생명력을 띤 진기가 나타나기 시작한다.

이러한 생명의 기운이 가득 차 서로 교류하며 인연을 만들기 시작하면, 이 세상에는 생명체가 나타나게 되며, 이러한 생명력의 활발한 교류와 순환은 끈끈한 인력대(引力帶)를 형성하기 시작한다. 전기가 흐르면 전자장이 만들어지듯이, 생명과 의식의 기운이 흐르면 끈끈한 생명의 인력대(引力帶)가 만들어지는 것이다. 이것이 지구 중력의 한 요소를 담당하여 이것이 점점 커져 지구 내부에서 분출하려는 압력을 누르게 되면 지구가 안정을 찾아 새로운 세상이 시작된다. 그래서 생명이 사는 별이 생명이 살지 않는 별보다 중력이 더 큰 것이니, 이것은 현대과학이 알지 못하는 중력의 비밀이다.

이렇게 지구환경이 안정을 찾아 사람이 살 만한 환경이 만들어지면 그곳에 다양한 생명체와 인간이 나타나게 된다. 이 시대의 자연은 완전한 평온을 되찾아 인간이 살 수 있는 최적의 환경이 만들어지는데 전설 속에 전해지는 에덴동산과 같이 평화롭고 아름다운 환경이 펼쳐지게 된다. 그리고 이 시대 사람들은 높은 차원에 올랐던 영혼들의 환생으로, 이런 지상낙원 위에서 초기 수천 년간 자연과의 조화 속에서 평화롭게 살게 된다. 이러한 오묘한 현상은 현상계와 내세와의 관계성 속에서 이 세상이 영원히 이어지도록 뜻을 지어놓은 하늘의 완전한 뜻과 질서에 의해 나타난다.

그러면 모든 생명체와 떠돌던 유혼이 다 사라진 이 세상에 어떻게 생명체와 인간이 갑자기 나타날 수 있는가? 그 속에는 문명의 비밀이 숨어 있으니 한 세상의 문명이 변화기를 맞을 때쯤 되면 과학문명은 최고도로 발전하게 되고, 변화기에 대처해 지구상에 존재하는 인간과 생명체의 보존 방법을 갖추게 된다. 그래서 변화기의 압력과 열기에 대처할 수 있는 보존 용기를 만들어 보존하거나, 지구 생명체의 정자와 난자를 모아 인공위성에 실어서 변화의 파장이 미치지 못하는 곳에 보냈다가 변화기가 끝나 지구환경이 안정되면 다시 내려오도록 하는 방안들을 강구하게 된다. 지금 전설 속에 나타나는 노아의 방주

이야기나 우주선의 모습이 고대 벽화에 그려진 것들이 바로 그러한 과거 변화기의 문명의 흔적들인 것이다. 그래서 변화기가 끝나면 다시 이로부터 본격적인 생명의 세계가 시작되는 것이다.

이렇게 변화기를 거쳐 새로 나타난 인간들의 의식은 매우 맑다. 왜냐하면 변화기 때 탁해진 모든 영혼과 유혼이 사라진 지구상에는 천상으로부터 순수한 의식을 지닌 높은 근기의 영혼들이 내려와 보존된 인간의 몸 속으로 들어오기 때문이다. 이러한 완벽한 순환의 질서는 태초부터 지어져 있는 하늘의 약속인 것이다.

그래서 새로 나타난 인간들은 타고난 맑음과 지혜가 있어서 세상을 보면 스스로 그 이치를 깨달아 자연과의 조화 속에서 평안과 행복을 누리며 아무 문제가 없는 삶을 살아가게 된다. 이러한 조화와 질서는 세상의 주인인 인간이 자연의 이치와 조화되어 사는 한 영원히 계속된다. 그러나 이 세상에 존재하는 모든 것은 영원한 것이 없으니 시간이 흐르게 되면 순수하던 인간도 타락하여 욕망과 문명이 일어나게 되고, 지구의 생명력도 다하여 망하게 된다. 이것이 끝없이 순환하고 있는 인류 역사의 비밀이다.

이렇게 또다시 세상에 악과 어둠이 번지게 되고 사람들의 욕망과 집착이 강해지면 대부분의 사람들이 죽어서 그 영혼이 세상을 떠나지 못하고 유계에 머물기 때문에 생명력의 순환에 장애가 생긴다. 생명의 인력대는 자연의 이치에 따라 인간들이 자연스럽게 나고 죽기를 반복하면 생명의 순환 고리가 정상적으로 작동해 인력대가 제대로 작용하면서 지구를 안정화시킨다. 그런데 사람들이 죽어서 윤회(輪廻)하지 못하고 한이 되어 세상에 머무는 일이 많아지면 생명의 흐름에 장애가 생기므로 인력대가 제대로 작용하지 않게 된다. 그러면 예민하게 균형을 유지하던 현상계가 이상 현상을 나타내며 변화기를 맞게 된다. 즉, 지구 내부의 압력과 외부 중력 사이의 균형이 붕괴되면서 지구는 안정을 잃어버리고 지하의 뜨거운 열기와 압력이 밖으로 분출되어 거대한 화산 폭발과 대지진, 대해일이 나타나 변화기를 맞게 된다.

이처럼 '변화기'는 지구의 주인인 인간세상의 변화에 따라 중력 이상이 생겨 나타나는 지구의 자율적인 생명 활동의 변화인 것이지, 외부의 초월적인 신이 나타나 세상을 벌하는 것이 아니다. 따라서 종말의 시간에 신이 나타나 악한 세상을 벌하고 선한 자들을 하늘나라로 들어 올리는 '휴거(携擧)'와 같은 현상은 나타나지 않는다. 이러한 주장은 관념적인 교리와 인간의 상상이 지어낸 소설에 지나지 않는다.

따라서 지금 세상에 나타나고 있는 심상치 않은 수많은 지각 활동과 기상이변들은 바로 이와 같이 인류의 삶이 비정상화됨으로써 중력대의 변화가 나타나 야기되는 증상 중의 하나다. 즉, 수천 년간 안정된 균형을 유지하던 인력대가 불안정해지자 대기는 균형을 잃고 작은 변화에도 쉽게 울렁거려 갑자기 큰 기상이변과 지진이 나타나고 있는 것이다.

사람들은 지금 지구가 온난화되는 것이 산업화로 인한 이산화탄소 배출 증가 때문이라고 말하지만, 그것은 세상의 전체적인 흐름을 보지 못한 학자들의 근시안적 시각이다. 자연의 이치에서 보면, 그것은 지구라는 생명체가 큰 병에 걸려 열이 나는 것과 같다. 인체도 병이 나서 기운이 돌지 않으면 여기저기 열이 나듯이, 지구도 지금 병이 나 전체적으로 열이 오르고 있으며, 이것이 지구환경에 영향을 주어 엘니뇨 현상과 빙하 감소, 해수면 상승 등과 같은 여러 이상 현상이 나타나고 있는 것이다. 이러한 변화기 동안 지구상에는 엄청난 열기와 압력이 가득 차면서 이 세상에 있던 생명체와 한과 욕망에 얽매여 떠돌던 유혼들은 대부분 사라지게 된다. 지구의 주인으로 태어나 지구를 잘못 사용하고 자신의 영혼을 망쳤으니 그 책임으로 세상과 운명을 함께하는 것이다.

그러나 모든 생명이 다 사라지는 것이 아니라 그 마음이 맑게 정화되어 자유와 평안을 얻은 영혼들은 가볍고 힘이 강하기 때문에 혼탁한 이 세상의 인력대에서 벗어나 높은 차원으로 올라간다. 이러한 영혼들은 변화기에서 자신을 보존할 수 있기에 이들을 일러 '구원을 얻었다', '영생을 얻었다'고 말한다. 이처럼 좋은 삶으로 맑은 영혼을 이룬 이들은 보존되는 것이며, 끈끈한 생명대의 인력에 끌려 도는 탁해진 영혼들은 걸러지게 되는 것이니, 예수는 이를 두고 "추수를 함에 알곡은 곳간에 보관하고 쭉정이는 불에 태우시리라."고 은유적으로 표현한 것이다. 그래서 더러워진 모든 것이 깨끗이 청소되면, 다시 신선한 진기가 새 세상을 가득 채우고 맑은 의식을 지닌 새 인류가 다시 나타나 새 문명을 시작하게 되는 것이다. 이것은 태초부터 이 지구에 지어져 있는 하늘의 완전한 뜻이며 질서로 이 세상은 그렇게 영원히 계속 돌고 있는 것이다.

그러면 사람들은 하나하나 귀한 영혼과 인격을 가진 인류가 한꺼번에 종말의 시간을 맞는 것에 대해 조물주가 너무 잔인한 게 아니냐고 항변할 수 있다. 그러나 세상의 질서는 완전한 뜻과 이치에 따라 정해진 대로 이루어지는 것이지 인간의 감정과 이해에 따라 움직이지 않는다. 가을 서리가 내리면 푸르던 잎들이 하루아침에 시드는 것을 두고 하늘이 야속하다고 말할 수 없는 것이다.

이처럼 자연의 이치는 한 치의 어김이 없으니, 자연의 흐름에 따라

내실 있게 산 것은 완성에 이르고 자연의 이치에 어긋나 부실하게 산 것은 쭉정이가 되어 소멸하게 된다. 인류가 저지른 나쁜 짓이 세상을 덮을 만큼 쌓이고 인간의 의식이 죄와 욕망으로 온통 더럽혀져 있는 데 이 세상이 영원히 계속 유지되기를 바랄 수는 없는 것이다.

따라서 영원한 존재를 위해 생장성쇠의 한 과정으로 변화기를 만든 조물주를 원망할 것이 아니라 이 세상이 이렇게 된 원인과 이치를 살펴 지혜롭게 대처하는 것이 중요하다. 어차피 인간에게 있어 병과 죽음은 본질적인 것으로, 태어나면서부터 늘 곁에 있다. 노인들에게는 변화기를 맞는 거나 내일 병이 들어 죽는 거나 똑같을 뿐이다. 죽음의 순간에 숨이 막히는 게 힘들고 고통스럽겠지만, 삶과 죽음은 하나로 이어져 있기에 지혜롭게 죽음을 맞이할 필요가 있다. 인간의 삶이 완전한 뜻과 질서 속에서 도는 것이라면, 인간은 그 뜻과 이치에 조화된 삶을 삶으로써 자신에게 주어진 좋은 결과를 만나도록 해야 하는 것이다.

이렇게 변화기를 얘기하면, 평안하게 잘사는 인류에게 불안감을 조성하고 혹세무민하는 게 아니냐는 말을 하는 사람도 있다. 그러나 종말에 대한 이야기는 이미 2,000년 전에 예수가 한 말이며 다른 성자들도 했던 말이다. 열린 눈을 지닌 성자들은 이 세상이 영원하지 않으며 순환하면서 존재한다는 사실을 본 것이다. 그래서 예수는 최후의 날은 도둑처럼 다가오니, 신부가 신랑을 기다리듯이 깨어 있는 마음으로 준비하며 기다리라고 한 것이다. 그러므로 종말을 이용해서 양치기 소년처럼 세상을 속이고 남을 이용하는 것이 나쁜 것이지, 사실을 직시하고 그 속에 있는 이치를 깨쳐 인간의 영혼을 아름답게 가꾸고 인류를 삶을 올바른 길로 인도해서 인류의 미래를 구하는 일은 참으로 필요한 일이며 누구나 솔선해서 해야 할 일이다.

한 인류 문명이 사라지고 새로운 문명이 시작되는 변화기에 인간으로 태어난 이 삶은 너무나 중요하고 가치 있는 순간이다. 따라서 이러한 위험한 시기를 맞아 변화기의 이치를 무시하고 현실의 물결에 휩쓸려 그냥 흘러가는 대로 사는 게 좋은 일인지, 아니면 생명의 길과 종말의 이치를 깨치고 올바르게 준비하는 것이 좋은 일인지는 각자가 선택할 문제이다.

그러면 변화의 시기는 언제인가? 분명히 말할 수 있는 것은 이제 인류 문명이 그 수명을 다하여 마지막 단계인 변화기에 도달했다는 사실이다. 변화기가 도달했다는 것은 이 세상이 '말세'라는 뜻이며 대부분의 사람들이 나쁜 습과 욕망에 젖어서 그 영혼을 망친 상황이라고 볼 수 있다. 지금 세상은 성자들이 밝힌 완전한 사후 질서와 영혼의 존재를 믿는 사람을 찾기 힘들며 하늘의 뜻을 두려워하며 양심을 지키려는 사람이 드물다. 신의 속성인 의식을 지닌 인간이 그 가치와 가능성을 잃어버리고 짐승보다 못한 존재가 되어버린 것이다.

세상의 이치는 엄정하여 악이 성하면 스스로 망하게 되고 세상의 주인인 인간이 망한 세상은 변화기를 맞을 수밖에 없다. 그러나 이 세상의 미래는 아직 정해진 것이 없으니 과거의 원인에 앞으로 지을 인간의 업이 더해져 결정될 것이다. 만약 인류가 세상을 바꾸고 영혼을 구하는 진리를 깨달아 생명의 길을 회복한다면, 과거 성자들의 출현 이후 최후의 날이 미루어졌듯이 현 인류는 지금의 문명 세계를 계속 유지할 수도 있을 것이다. 따라서 변화기의 구체적인 시기는 인류 스스로가 정하게 될 것이다.

그러나 안타깝게도 그 가능성은 매우 희박해지고 있다. 요즘 사람들은 자기의 욕망과 이익을 위해 살아가지, 참된 진리와 세상과 자아의 완성을 위해 살아가고자 하는 이는 매우 드물기 때문이다. 더구나 매스컴의 발달로 인간의 욕망과 위선이 급속도로 번져 이제 양심을 지키고 밝은 세상을 위해 자신을 바치려는 사람은 거의 없다. 따라서 그동안 인류가 지어 놓은 수많은 공업(共業: 사회 전체가 지은 업)으로 인해 다가오는 변화기를 피하기 어려워지고 있다.

결국 세상 모든 일은 인연이 닿아야 이루어지며, 인연이 없으면 부모와 자식 간에도 어찌할 수가 없다. 참된 생명의 이치를 깨달아 맑고 가벼운 영혼을 얻어 변화기의 인력대에서 벗어나 영생을 얻을 것인지, 아니면 말세의 어둠과 욕망에 빠져 세상을 떠돌다 변화기의 뜨거운 열기와 압력으로 고통 속에 소멸할 것인지는 각자의 인연과 노력에 의해 결정될 것이다. 이것이 주기적인 변화기를 통해 인간세상을 영원히 존재하게 한 하늘의 완전한 뜻과 질서이니, 가능한 많은 이들이 진리와의 인연을 소중히 여기고 자신의 양심을 키워나가 변화기의 환란에서 벗어나기를 간절히 소망해 본다.

PART 4

완성에
이르는 길

깨달아야 하는 이유

우리가 삶의 실상과 이치를 깨달아야 하는 이유는
자신에게 주어진 귀한 삶을
거짓과 무의미 속에서 헛되이 보내지 않고
참되고 보람 있게 살아가기 위해서다.

깨달음을 얻는다는 것은 진실을 보게 된다는 말로서
세상을 보는 눈을 뜬다는 말이다.

인간과 세상은 본래 하나이기 때문에
마음이 진실해져 티 하나 없는 맑은 마음을 얻으면
세상과 하나 되어 그 속에 깃든 뜻과 이치를 알게 된다.

진실에 눈을 뜨면 세상 살기가 편해진다.
잡념이 없으니 항상 마음이 맑고
맑은 마음에 세상이 비쳐 옳고 그름을 밝히며
세상을 축복하는 자비와 사랑을 행하게 된다.

이것이 깨달아야 하는 이유이며 인간의 궁극적인 목적지이다.

구원의 의미

인간이 삶을 살아간다는 것은 단순히 먹고 사는 생존을 위해서가 아니라, 자기 삶의 결실인 좋은 영혼을 얻기 위해서다. 영혼이란 인간을 인간답게 하는 가장 소중한 보물로, 이 우주의 근원인 절대자로부터 물려받은 신성의 일종이다. 인간은 이러한 절대자의 의식을 그대로 물려받았기에 만물의 영장으로서 삶을 영위하며, 살아 있는 동안 정신 활동을 통해 역사와 문명을 창조하고, 그 의식을 완성하여 인간 완성의 경지인 깨달음에 이르게 된다. 그러므로 세상의 주인이 되고 최종적으로 우주의 열매인 깨달음에 이를 수 있는 고귀한 존재인 인간이 자신의 존재 이유와 삶의 길을 모른 채 동물처럼 살다가 무의미하게 떠날 수는 없는 일이다.

모든 존재는 삶을 통해 자신이 살아온 흔적들을 자신의 열매에 담는다. 마찬가지로 사람 또한 자신이 살아가면서 체험한 모든 경험과 깨우침을 자신의 영혼 속에 담게 된다. 따라서 삶의 깨우침을 통해 무지를 극복하고 지혜와 용기와 사랑을 담은 영혼은 그 열매가 잘 영글어 풍성하고 아름답겠지만, 무지와 게으름과 미움을 담은 영혼은 그 열매가 쭉정이가 되어 어둡고 불행한 후생을 받게 된다.

세상은 한 치의 어김없는 인과법의 작용 속에 있다. 따라서 인간의 삶도 지은 대로 결과가 나타나기 때문에 좋은 영혼을 얻기 위해서는 삶을 통해 부지런히 진리를 깨치고 실천하여 의식을 맑게 닦고 탁함을 제거해야 한다. 그래서 의식이 맑고 진실해지면 그 맑은 의식에 세상이 있는 그대로 비쳐 세상을 바로 보게 되고 지혜가 생겨 좋은 원인을 지을 수가 있게 된다. 그러면 근기가 좋아져 좋은 자신과 좋은 운명과 좋은 세상을 보게 되는 것이다. 이것이 영원한 세상의 법칙이며 인간의 길이다.

따라서 의식을 정화하여 맑은 영혼의 열매를 이루는 일은 이미지 트레이닝이나 마음수련과 같이 단순한 생각이나 명상 기술로 해결할 수 있는 문제가 아니다. 즉, 자기 앞에 놓여 있는 문제와 업과 욕망을 그대로 놔둔 채 생각만으로 마음의 어둠을 지운다 해서 자신 속에 덕지덕지 붙은 업과 욕망의 충동에서 벗어날 순 없다. 본질적인 원인을 그냥 두고 방편적인 요령만 부린다면 자기 앞에 있는 문제와 내면의 업은 더욱 진행되어 더 큰 문제와 불행을 초래하게 된다. 이것이 요즘 각종 처세술이 마음을 다스리는 기술로 인기를 끌지만, 결국 근본 문제 해결이 안 되어 한때 유행으로 끝나는 이유이다.

결국 삶의 근본 문제를 해결하고 좋은 영혼을 얻기 위해서는 세상을 바로 보는 눈을 얻어 생명의 실상에 대해 올바른 이해를 한 후 근본적인 해결책을 강구해야 한다. 세상의 실상과 이치를 깨쳐 문제를 바로 보아야 하며, 세상을 좋고 나쁘게 하는 이치를 살펴 좋은 원인을

지어야 하는 것이다.

그러나 안타깝게도, 오탁악세의 탁류 속을 떠밀려 가는 현대인들이 진리의 인연을 만나 세상을 바로 보는 눈을 얻기란 매우 어렵다. 대부분 사람들이 현실의 욕망에 빠져 있거나 인간의 생각으로 지어놓은 잘못된 가르침과 환상에 젖어 있기 때문이다. 그래서 요즘 사람들은 자신에게 진정 필요한 좋은 원인은 짓지 않으면서 행복과 완성을 바라고, 나와 내 가족만 봐달라고 신에게 기도하며 요행을 바라고 있다. 이들은 자신들이 믿는 신에 따라 사후세계의 모습도 다르며 구원의 길도 다르다고 생각한다. 그래서 인간이 가야 할 생명의 길이 어지러워져 버린 것이다.

기독교의 경우, 천국에는 하나님과 예수님의 보좌로부터 생명수 강이 흐르고 있으며 부활을 얻은 자는 이곳에서 천사와 같이 지내며 장가가고 시집가는 일이 없이 영생을 얻게 된다고 한다. 그리고 이곳에 가려면 예수의 부활과 구세주임을 믿고 신의 계시에 따라 살기만 하면 된다고 주장한다.

이슬람교의 경우, 모든 죽은 자들은 마지막 심판의 날에 부활하여 신에 의한 심판을 받게 되는데 알라를 위해 순교한 자들이 천국에 간다고 한다. 이들은 시원한 물이 흐르며 향기로운 과일이 가득한 천국에서 아름답고 순수한 배우자와 영원히 함께 살며 불신자들은 사막의 한가운데 불꽃이 타오르는 지옥에서 오장육부가 타들어가는 끔찍한 벌을 영원히 받는다고 한다.

힌두교와 같이 세상의 실체를 부정하는 이들은 "이 세상은 본래 존재하지 않은 것인데 환상에 의해 존재하는 것으로 착각하고 있다."고 주장한다. 그들은 현실에 대한 욕망과 집착은 허무한 것이니 모든 것이 존재한다는 착각에서 완전히 깨어날 때 비로소 본래부터 신성과 하나 되어 구원을 얻을 수 있다고 말한다. 오늘날 동양에서 유행하는 대부분의 수행법들은 이러한 환 사상과 공사상의 영향 아래 나타난 것들이다.

그렇다면 천국과 구원의 진실은 무엇인가? 이 우주는 완전한 법계로 만법귀일이니 하나의 이치에 의해 나타나고 있다. 즉, 자연의 이치상 가볍고 맑은 것은 활기차게 높이 떠오르고, 무겁고 탁한 것은 밑으로 가라앉는다. 따라서 인간이 선하고 진실한 삶으로 자신의 의식을 맑고 깨끗하게 만들면 그 영혼이 가벼워져 높은 차원에 오르게 되나, 한과 욕망으로 의식을 어둡고 탁하게 만들면 그 영혼은 무거워져 낮은 곳으로 떨어져 헤매게 된다. 이러한 자연의 법칙은 이 세상이 생겨날 때부터 하늘이 지어놓은 보편적인 법칙이니 하늘조차도 그것을 어길 수 없다. 따라서 아무리 기도를 하거나 절대적 존재에게 매달린다고 하더라도 초월적인 존재가 엉덩이를 떠밀어 천국으로 올려보내 주는 일은 없다.

따라서 구원을 얻고자 하는 자는 삶 속에서 진리를 깨치고 좋은 원인을 지어 그 영혼을 맑게 가꾸어야 한다. 예수가 "나로 말미암지 않고는 아버지께로 올 자가 없느니라."고 한 말은 예수가 직접 나서서 구해 준다는 얘기가 아니라, 자기 스스로 예수의 가르침을 성실히 받들어 지키고 행한 자만이 자기가 지은 원인으로 말미암아 영혼이 가벼워져 구원받게 된다는 뜻이다. 따라서 인간은 자신의 영혼을 잘 농사지어야 한다. 모든 존재는 그 열매로 심판받듯이 인간은 자신이 지은 영혼으로 심판받게 되는 것이다. 그래서 성경에도 좋은 열매를 맺지 아니하는 나무마다 찍혀 불 속에 던져진다고 했던 것이다.

그런데 기독교에서는 예수의 고귀한 죽음으로 인류의 죄를 대속(代贖)했기 때문에, 자신들의 종교를 믿어야만 그 은혜로 말미암아 구원받을 수 있다고 주장한다. 그러나 그분은 세상에 대한 사랑과 진리에 대한 확신이 있었기에 신의 우상에 사로잡힌 유대교인들에게 잡혀 죽을 줄 알면서도 그들을 깨우쳐주기 위해 예루살렘으로 들어가신 것이지, 유대인들의 죄를 대신 사해 주기 위해 자신을 희생한 것이 아니다. 그 증거는 세상에 진리를 전한 죄밖에 없는 예수를 죽인 대가로, 유대인들이 2,000년간 유랑 민족으로 세상을 떠도는 가혹한 과보를 받은 것에 잘 드러난다. 세상 이치가 이렇게 엄연하고 지은 대로 돌아가는 것이니, 예수의 죽음으로 인류의 죄를 대속했으므로 예수를 믿으면 구원받는다는 주장은 타당성이 없으며 교인을 끌어들이기 위해 후대에 만든 허구이며 환상일 뿐이다.

이처럼 세상을 진리와 신성으로 이끈다고 하는 종교는 사실적 근거와 이치에 닿지 않는 환상과 미신을 마구 퍼뜨려 세상을 무지와 어둠으로 물들이고 있다. 예수는 신의 우상과 무지를 깨고 하늘의 뜻인 진리를 행하라고 가르쳤건만, 지금의 기독교는 세상을 이루고 있는 자연의 진리를 따르지 않고 엉뚱하게도 예수를 우상으로 만들어 맹목적인 신앙으로 섬기고 있다. 동양에서도 부처가 나타나 신의 우상과 미신에 빠져 있던 힌두교의 무지를 깨고 사실과 진리를 중시한 실상법과 인과법을 가르쳤지만, 오늘날엔 다시 부처를 우상으로 섬기고 주문으로 복을 비는 기복신앙으로 전락하고 있다.

그리고 지금 우리나라에는 전통을 잇는다고 자처하는 새로운 신흥 종교들이, 조상을 섬겨야 한다는 논리로 제사를 지내면서 많은 신들을 불러 모아 인간의 정신을 병들이고 있다. 생명의 세계와 죽음의 세계는 분리되도록 지어졌으니, 죽은 영혼들이 인간세상에 머물면 생명의 질서가 흐트러져 인간세상은 혼란에 빠지게 된다. 그래서 예로부터 죽은 영혼은 저세상으로 떠나야 한다고 했으니 죽은 영혼이 인간세상을 도와줄 수 없으며 간섭해서도 안 되기 때문이다. 그러나 불행하게도 지금 우리 사회에는 모든 분야에서 영적 그림자가 가득 차 많은 문제를 일으키고 있다.

그리고 더욱 안타까운 것은 나라의 미래를 책임지는 학교에서도 인간의 영혼을 가꾸는 덕목과 밝은 삶의 길에 대해서는 거의 가르치지 않고 출세와 욕망과 상대를 이기는 기술을 주로 가르친다는 사실이다. 그래서 현대 교육은 양심이 밝고 세상을 축복하는 인격적인 인간을 만드는 것이 아니라 배우면 배울수록 사악한 심성을 지닌 이기적인 인간들을 양산하고 있는 것이다.

따라서 이처럼 잘못된 가르침으로 인간이 가야 할 참된 삶의 길이 사라진 지금, 우리들은 아무도 부정할 수 없는 태초부터 있어 왔던 실상의 진리를 회복해야 한다. 실상의 진리란, 우리가 존재하고 있는 현실을 있게 한, 자연 그대로의 이치를 말한다. 우리가 발을 딛고 살고 있는 현실 속의 일체의 일들은 우리의 삶을 존재하게 하고 있는 부정할 수 없는 진실이니, 이에 근거해서 살 때 우리는 세상의 흐름과 일치된 참된 삶을 산다고 할 것이며 진정한 인간의 의미와 가치를 찾게 될 것이다.

신과 세상의 실체, 생명의 질서와 구원의 이르는 길과 같은 실상의 진리들은 태초부터 있어 온 정해진 일로 완전한 지혜의 눈을 얻은 성자들이 이미 수천 년 전에 분명히 밝혀 놓았다. 이러한 진리는 누구나 사실 속에서 보고 확인할 수 있는 진실이기에 우리들은 그러한 가르침을 영원한 진리라 한다. 모든 것이 흐려진 지금, 눈을 뜬 성자들이 이 세상을 꿰뚫어보고 밝힌 실상의 진리만이 세상의 어둠을 밝히고 세상을 구원으로 이끌 수 있는 유일한 희망이다. 따라서 지금은 비록 희미하지만, 아직도 존재하는 성자들의 가르침을 오늘에 되살려 세상의 어둠을 밝히고 인류의 영혼을 구하는 구원의 빛으로 삼아야 할 것이다.

명상 속에 감춰진 진실

인간은 누구나 자신의 부족함을 극복하여 더 나은 자기를 이루려 하고 최종적으로는 완전해지려고 한다. 그 이유는 인간에게 신성을 닮은 의식이 있어서 조금의 흠이나 부족함도 용납하지 않기 때문이다. 그래서 인간은 인격적으로 성숙하기를 바라며, 궁극적으로는 인간 완성의 경지인 깨달음에 이르려고 한다. 생로병사의 한계와 번뇌의 질곡에서 벗어나 완전한 자유와 지혜를 얻는 것! 이것은 인간이면 누구나 갈망하는 꿈이며 생각만 해도 감격스러운 일이다. 그러나 이는 매우 희귀하며 결코 도달하기 쉽지 않은 경지다. 왜냐하면 깨달음이란 수천 년 만에 한 번 정도 나타나는 매우 드문 현상으로, 이 우주에 태어난 모든 존재 중에서 가장 좋은 근본과 큰 공덕을 지닌 존재가 최종적으로 우주의 열매를 맺는 현상이기 때문이다.

인류가 나타난 이후 사람들은 완성에 이르기 위한 수많은 방법을 고안해 냈는데, 그러한 방법으로는 인도의 요가, 도교의 기(氣) 수행,

기독교의 기도, 동양의 참선과 같은 명상법들이 있다. 그러나 분명한 것은 인류의 빛이 된 성자들은 명상이나 수행과 같은 기술적인 방법이 아니라, 삶을 통해 진리를 밝히고 사랑의 실천을 통해 좋은 원인을 지음으로써 완성에 이르렀다는 사실이다. 따라서 사실적인 시각을 갖고 삶의 소중함을 아는 사람이라면 이 둘 중 어느 것이 참된 방법인지는 쉽게 판단할 수 있다.

그러나 성자들의 참된 가르침 또한 다른 세상일과 마찬가지로 있는 그대로 보존되지 못하고 세월이 흐름에 따라 그 실체가 흐려지고 말았으니, 오늘날에는 깨달음에 이르는 분명한 길을 찾아보기 어렵다. 이처럼 성자들의 가르침은 희미해지고, 요즘 유행하고 있는 명상 기법에서는 깨달음을 얻었다는 분명한 증거를 찾을 수가 없으니, 오히려 세상에 나타나 있는 여러 가지 수행법들이 깨닫고자 하는 인간의 욕망을 타고 세상을 혼란시키는 원인으로 작용하고 있다. 따라서 여기서는 혼선을 빚고 있는 수행의 진실을 바로 밝힘으로써 진리의 길을 걸어가고자 하는 이들의 방황을 막고 깨달음에 대한 분명한 이정표를 세우고자 한다.

오늘날 깨달음의 길을 가는 사람의 유형에는 크게 두 부류가 있는 듯하다. 하나는 어두운 세상에서 불행한 이웃의 아픔을 견딜 수 없어 이를 구하고자 뜻을 세운 밝은 양심을 지닌 사람이며, 또 한 부류는 어릴 적부터 이상한 영적 현상을 체험하거나 욕심이 커서 깨달음의 기적을 탐내는 사람이다. 그런데 진리의 빛이 흐려진 오늘날에는 후자의 흐름이 더 강하게 나타나고 있어 영적 현상을 보이는 사람들이 깨달음의 자질이 있는 듯 생각하는 경향이 있다. 하지만 이것은 거꾸로 보는 것이다. 정신이 강하고 맑은 사람에게는 영적 현상이 잘 나타나지 않는다. 왜냐하면, 정신이 건강한 사람은 강한 주체성을 가지고 자신의 정신을 잘 지키므로 헤매는 영적 존재가 들어오기 어렵기 때문이다. 반면에 몸이 허약하고 정신이 흐린 사람에게는, 의식의 보호막이 깨어져 다른 영적 존재가 침입하기 쉬워진다. 그래서 영적 현상은 대개 심신이 병약하거나 현실에 부적응하거나 세상에서 유리된 자들에게서 일반적으로 나타나고 있다.

또한, 현재 우리나라에는 깨달음과 명상에 대한 환상이 번져 수많은 젊은이들과 구도자들이 일상의 노력을 통한 착실한 성장보다는 명상으로 '한소식(수행 중에 겪는 깨달음의 한 과정)'하여 남보다 뛰어난 능력을 갖추려고 애쓰고 있다. 오늘날 이러한 경향이 나타난 이유는 현대 물질문명이 지나친 욕망과 인간소외의 위기 속에 한계를 노출하자 동양의 철학과 명상법이 대안으로 제시되어, 수행을 하면 평범한 일상에서 벗어나 깨달음과 같이 인간의 한계를 극복하는 아주 특별한 능력을 얻는 것처럼 묘사되고 있기 때문이다.

그러나 대안으로 제시된 각종 철학과 명상 기법들은 그 실체가 명확히 드러난 것이 없으며 그 진리성이 증명된 것도 없다. 더군다나 그러한 수행들은 인간의 의식을 다루고 생명현상과 직접 부딪히기 때문에 많은 부작용과 위험한 일들이 도사리고 있다. 그런데도 동양철학이 지니고 있는 방대한 사고와 신비성에 끌려 젊은 구도자들은 그 속에 엄청난 보물이 있으리라 생각하여 무작정 자신의 인생을 그곳에 투자하고 있다. 그런데 문제는 이러한 유행으로 말미암아 젊은 시절을 삶의 기반을 닦는 데 보내야 할 청년들이 현실을 멀리하고 평생을 좌우할 삶의 원인을 짓는 데 소홀히 하여, 자기 인생을 벗어나기 힘든 불행 속에 빠뜨리고 있다는 사실이다. 따라서 여기서는 명상 속에 있는 비밀을 밝혀 더 이상 어둠과 무지에 빠지는 일이 없도록 경계하고 자 한다.

요즘 유행하는 기 수행에 대해 살펴보자. 기 수행을 하게 되면 여러 가지 기운과 접하게 된다. 이러한 기운에는 하늘의 기(天氣)와 땅의 기(地氣), 해와 달, 산과 강, 수목 같은 자연의 기운, 그리고 순수한 무기와 생명의 원기, 죽은 자의 영기(靈氣) 등 수많은 기운이 있다. 일반인들의 경우 주로 호흡과 음식을 통하여 생명의 원기를 흡수하며 살고 있는데, 이러한 기운들은 느껴지지 않고 순수하여 '무기(無氣)'라 한다. 인간은 바로 이런 무기를 흡수하며 살아가게 되어 있는데 이를 위해서는 잘 먹고 열심히 운동하고 숨을 잘 쉬는 것만으로 충분하다. 따라서 이러한 평범한 일상이 가장 건강하고 표준적인 인간의 삶이라 할 수 있다.

그런데 '단전호흡'은 이와 같이 순수하고 정상적인 호흡이 아니라, 보다 인위적이고 전문적인 기법을 사용함으로써 우리 주위에 있는 여러 기운을 적극적으로 이용하려고 한다. 그러나 여기에는 일반인이 생각하지 못한 깊은 비밀이 숨겨져 있다. 수행을 통해 인위적으로 접하는 기운에는 단순한 에너지로서의 기운만 있는 것이 아니라, 육체와 의식 그리고 영적으로 여러 가지 복잡한 현상을 나타나게 하는 죽은 자의 의식과 결부된 기운들도 있다는 것이다. 따라서 어둠을 가까이하면 어둠이 묻듯이, 자연 속에 있는 순수한 기운을 많이 섭취하면 몸이 좋아지지만 나쁜 기운과 접하게 되면 그만큼 나쁜 현상이 생기게 된다.

그런데 지금처럼 혼탁하고 어두운 세상에는 떠도는 기운들이 대부분 순수한 '무기'가 아니라 한과 욕망을 띤 '사기(死氣)'라는 점이다. 이러한 사기는 죽은 자의 기운을 가리키는데 단순히 기운만 있는 게 아니라 죽은 자의 의식도 함께 가지고 있기 때문에 살아 있는 사람의 몸속에 들어오면 영적 환상을 불러일으키는 등 심신에 좋지 않은 영향을 끼친다.

오늘날 각종 수행처에서 호흡을 시작한 지 얼마 되지 않아서부터 강한 효과를 보는 이유는, 그곳의 수행법들이 바로 의식을 띤 사기를 이용하고 있기 때문이다. 요즘 여러 단체에서 고유의 특성을 띤 '기운줄'이 있다고 이야기하는데, 기운에 고유한 특징을 가진 성질이 있다는 것은 그 기운이 단순한 에너지가 아니라 일정한 의식적 특성을 띠고 있다는 의미이다.

이처럼 기 수행은 일반적인 운동법이 아니라 매우 전문적이고 특수한 수행법이기 때문에 일반인이 단순한 취미와 건강을 목적으로 하기에는 적합하지 않다. 더구나 기 수행 속으로 깊이 들어가게 되면 단체마다 주문과 특이한 수행 비법들을 요구하고 있어서 더욱 상황을 위험하게 만든다. 그러므로 이와 같은 기 수행 분야는 자신의 전부를 걸고 기와 생명, 의식과 영혼, 진리와 초월의 세계를 다뤄 보고 싶을 때만 도전해야 하지 아마추어가 건강상의 이유로 함부로 접근할 분야가 아니다.

그렇다고 해서 기 수행이 깨달음을 얻는 정법(正法)이라거나 진리가 그 속에 있다는 것을 보장해 주는 것도 아니다. 아직 기 수행법은 결론이 나지 않은 수행법으로 이를 통해 깨달음에 이른 증거가 나타나지 않았으며 화려한 말만 무성한 상태이다. 선도의 최종 경지인 양신출태(陽神出胎)의 경지도 단과 자기의식을 결합하여 포태한 후 외부로 양신을 출현시켜 옥황상제가 있는 천계로 올라간다고만 되어 있지 그 이후에 어떤 과보를 받는지 어떤 일을 하는지에 대해 전혀 밝혀진 바가 없다. 그야말로 전설 같은 꿈 이야기가 선도수행의 결론인 것이다. 따라서 아직 안개 속에 있는 불확실한 수행 속에 자신을 전부 바쳐 자신의 소중한 삶을 낭비하거나 위험에 빠뜨리지 말아야 한다.

삶은 자신을 가꾸는 소중한 기회이며 원인과 결과가 쉬지 않고 이어지고 있는 엄중한 사실 세계이므로, 한순간의 잘못된 판단으로 젊은 시절을 헛되이 보내면 회복할 기회가 많지 않다. 전력을 다해도 살아남기 어려운 세상에서 명확하지 않고 검증되지도 않은 수행에 인생을 던진다는 것은 매우 어리석고 위험한 일이다. 따라서 기 수행이나 명상의 실상을 정확히 이해한 후 행동해야 하며 그 선택에 후회가 없도록 해야 한다.

더구나 요즘 명상과 수행을 가르치는 단체들은 자신들의 수련 방식이 성자들의 가르침에 근거한다고 말하지만, 실제 그들의 주장은 성자들의 가르침과 반대이며 세상의 실상과도 맞지 않는다. 만약 그들의 방식이 성자들의 가르침이나 세상의 진실과 일치한다면 그들이 짓는다고 하는 많은 원인들이 세상에 좋은 결과로 나타나야 한다. 그러나 오늘날 현실에선 그러한 좋은 증거가 나타난 일은 없고 어둡고 불미스러운 일들이 대부분이다. 이러한 현상은 그러한 수련법들이 사실과 이치에 맞지 않는다는 사실을 증명해주고 있다.

이 세상에는 태초부터 정해진 일과 이를 이루는 이치가 있다. 이렇게 불변하는 사실을 '진실'이라 하고, 변하지 않는 이치를 '진리'라 한다. 풍년이 들기 위해서는 때를 맞춰 씨를 뿌리고 거름을 주며 잡초를 뽑아주어야 하듯이 사람의 일도 이와 마찬가지로 자연이 정해 놓은 인간의 길(근면, 검소, 정직, 덕의 실천)을 지키고 가꿀 때 좋은 자기를 이루고 좋은 세상을 볼 수 있는 것이다. 그러므로 자신을 좋게 하는 원인을 짓지 않고 가만히 앉아 기와 생각만으로 깨달음을 이루려고 하는 것은 이치에 맞지 않는 일이다.

태초부터 지어진 완전한 뜻에 따라 모든 생명체는 순환을 통해 자신을 되풀이한다. 그래서 좋은 삶으로 좋은 열매를 맺은 종자는 후생에도 풍성하고 기름진 열매를 맺지만, 잘못된 삶으로 쭉정이가 된 열매의 종자는 후생에서도 메마르고 쪼그라진 열매를 맺는다. 이것은 모든 생명체에 공통으로 나타나는 현상으로, 인간도 이생에서 진리를 깨쳐 세상을 보는 지혜를 얻고 좋은 삶으로 좋은 자기를 지어야만 이를 기반으로 세세생생 더 좋은 자기를 볼 수가 있다. 이것이 태초부터 정해진 불변의 진실이며 진리이다. 따라서 이러한 생명의 이치와 다른 엉뚱한 소리를 한다면 그것은 모두 거짓된 말법에 불과하다.

그런데 오늘날 인류의 정신을 이끈다는 종교나 여러 단체의 수행비법들은 이러한 세상의 이치를 제대로 알지 못한 채 인간농사 짓는 법을 거꾸로 가르치고 있으며 게다가 영적 감염과 미신을 퍼뜨리고 있다. 이러한 현상에 대해서는 거짓과 환상을 퍼뜨린 단체들이 일차적으로 책임을 져야 하지만, 손뼉도 마주쳐야 소리가 나는 것처럼 자신 속에 환상을 좋아하고 일확천금을 노리는 무지한 '습(習)'이 있어서 증명되지 않은 불합리한 주장을 함부로 받아들인 사람에게도 큰 책임이 있다. 사람은 자신 속에 내재된 업에 따라 자신의 운명을 결정짓게 되는데, 자신 속에 있는 어리석고 무지한 업으로 인해 이치에 맞지 않는 잘못된 일을 함부로 받아들였으니 그 책임의 일부는 자신이 져야 하는 것이다.

그렇다면 명상은 무엇이며 어떤 효과가 있는가? 결론부터 말하면,

지금 시중에 나와 있는 명상기법들은 자신의 마음을 살펴보는 기술에 불과할 뿐, 그것 자체로는 마음을 닦을 수 없다. 즉, 명상이란 가만히 앉아 자신의 마음이 무엇인지, 얼마나 번뇌가 사라졌는지, 업의 충동이 일어나지 않는지, 맺혀 있는 것이 무엇인지 마음을 살펴보는 기술일 뿐이다. 따라서 아무것도 짓지 않고 가만히 앉아 있으므로 인과의 이치상 새로운 변화를 가져올 순 없다. 눈이 먼 봉사라도 길을 나서면 돌부리에 채이고 넘어지면서 어디에 돌이 있고 개울이 있는지 조금이나마 깨침을 얻게 되지만, 가만히 앉아 생각만 굴린다면 결코 어떠한 깨우침도 얻을 수 없는 것이다. 이처럼 명상 기법은 원인이 있어야 결과가 생기는 인과의 이치상 새로운 변화가 나타날 수 없는 근본적인 한계를 가지고 있다.

사람의 마음은 깨우침으로 인해 밝아지며 완전한 깨달음을 얻어 모든 의문이 사라졌을 때, 비로소 완전한 지혜와 열린 눈을 얻어 인간 완성의 경지에 이르게 된다. 따라서 명상을 한다고 자기 혼자 가만히 앉아 마음만 살피고 있으면, 이미 주어진 고정된 시각으로는 어떠한 새로운 인연을 만나거나 새로운 깨우침도 생겨날 수 없으므로 완성에 이르는 일은 불가능한 것이다.

이처럼 명상을 통한 마음 관찰은 그동안 자신이 지은 마음을 살피는 소극적 수행법에 불과하므로 자신의 영글지 않은 마음을 좋게 만들기 위해서는 반드시 현상을 변화시킬 수 있는 새로운 원인을 지어야만 한다. 따라서 이를 위해서는 현재의 자아를 변화시킬 수 있는 새로운 원인을 지어야 하니 이것이 바로 진리에 대한 깨우침과 공덕행이다.

그리고 인간 완성의 경지인 해탈은 단순히 자기를 좋게 만드는 것에서 한 발 더 나아가 자신을 완전하게 만드는 것이니 끝없는 인고의 세월과 무한한 공덕을 요구한다. 만약 누군가 돌연 '한소식'을 덜컥 하여 깨달음을 얻으려는 꿈을 가지고 있다면, 그런 일은 인과의 이치 속에 없는 일이니 애당초 꿈을 깨는 것이 좋다. 그래서 부처님도 수많은 생을 돌면서 세상을 위해 흘린 피가 강을 이루고 바친 몸이 산을 이루었으며 그 공덕이 이 세상을 덮을 만하여 비로소 이생에서 해탈을 이루었다고 밝힌 것이다. 따라서 공덕행으로 세상을 위해 자신의 모든 것을 다 바치고 진리와 세상에 대한 사랑으로 자신의 사사로운 모든 업을 남김없이 불사른다면, 해탈은 명상의 유무와 관계없이 저절로 찾아오게 되는 것이다.

만약 이것이 의심이 든다면 오랫동안 산속에 들어가 열심히 명상이나 기 수행을 한 후 세상에 나가 현실 문제를 해결해 보라! 세상의 진리인 인과법과 옳고 그름에 대한 분별심을 버리고 관념적인 공과 정체모를 기를 받아들였으니 머리는 아득하고 눈은 흐려 세상일과 흘러가는 이치가 하나도 보이지 않을 것이며, 세상의 인연에서 멀어져 아무것도 할 수 없는 자신을 발견하게 될 것이다. 세상에서 가장 본질적인 것이 발을 딛고 사는 현실이며 세상이 흘러가는 이치이니, 사실과 이치를 멀리하면 삶이 허황하게 되며 지은 것이 없어 불행해진다.

모든 존재하는 것은 움직여야 한다. 움직임만이 삶의 증거이며, 살아가는 이유다. 우리는 움직이기 위해 태어난 것이다. 따라서 움직이지 않는 모든 것은 정체되어 죽음을 맞게 된다. 이것은 자연의 이치이니 흐르는 물은 정화되어 생명력이 살아나지만 고여 있는 물은 생기를 잃고 썩게 된다. 이것은 명상이나 참선 등의 수행에도 똑같은 이치로 적용된다. 그래서 수행을 한다고 오랫동안 가만히 앉아 있는 사람

의 경우 대부분이 기운이 허약해져 몸에 병이 들고 정신에 많은 문제
를 일으키는 것이다.

그중에서도 가장 큰 문제는 수행하다 탈진하여 몸의 보호막이 사라
짐으로써 신(유혼, 음기)에 접하게 되는 경우다. 이것이 신비한 명상비
법 속에 감춰진 엄청난 음모이다. 정상적인 사람은 자기의 정신을 보
호하기 위해 외부의 신이 침입하는 것을 막게끔 보호막이 처져 있다.
그러나 사람의 기운이 쇠약해지거나 큰 충격을 받아 정신을 잃게 되
면, 그 보호막이 깨져 외부의 기운이나 음기가 들어오기 쉽게 된다.
그래서 극단적인 수행과 명상으로 정신이 혼미한 상태에서 한소식하
거나 성령을 받았다는 사람들의 경우, 그것이 온전히 자신의 정신으
로 이룬 것인지 아니면 외부의 신이 들어온 것인지를 크게 의심해 보
아야 한다. 오늘날 성령을 받았다거나 깨달음을 얻었다고 하는 자들

이 많은 문제를 일으키고 이치에 닿지 않은 환상적인 말과 영적 행위를 하는 것은 바로 이와 같이 외부의 신기가 침입했기 때문이다.

이처럼 오늘날 명상에 있어서 가장 큰 위험은 영적 감염이다. 명상 속에 이러한 위험이 깃든 이유는 깨달음이란 경지가 인간의 내면과 영혼과 맞닥뜨리며 영적 세계와 이어지기 때문이다. 세상을 헤매는 신들은 몸을 잃어버린 결과체로서 세상을 떠도는 운명이 매우 고통스럽기 때문에 생명이 있는 인간의 몸속에 들어와 평안을 누리고 자신의 욕망을 채우려 한다. 그래서 신(ghost)들의 세계는 인간의 몸을 얻고 자신들의 세력을 퍼뜨리기 위해 신을 갈구하는 명상가들의 몸을 차지하려고 기묘한 음모를 꾸미고 있는 것이다.

그러한 대표적인 음모가 동양의 고전적인 명상기법인 '무아(無我)'와 '공(空)'의 논리 속에 숨어 있다. 동양에서는 이 세상이 환이며 우주의 근본에는 '나'라는 실체가 존재하지 않으므로 나를 버려야만 본래부터 오롯하게 있던 진여(眞如)와 합일하는 깨달음을 얻게 된다는 우주관을 가지고 있다. 이러한 논리는 오늘날 인도와 동양 명상법의 공통된 주장으로 나를 버리고 우주의식과 합일한다는 말은 매우 고차원적이고 아름답게 보인다.

그러나 그 속에는 인간의 정신을 오염시키고 생명의 세계를 망치려는 매우 위험한 음모가 들어 있다. 왜냐하면, 나를 버리라는 말은 곧 다른 것을 받아들이라는 말과 같기 때문이다. 내가 사라지면 나 아닌 그 무언가에 의지하여 살아야 하는데, 나를 놓아 버리면 주인 없는 몸뚱이에 외부의 유혼이 들어와 주인 행세를 하기 쉬워진다. 기독교나 힌두교에서는 나를 버리면 그 몸에 주님이나 브라만이 자리 잡는다고 하나, 전지전능하고 청정무구한 절대자가 어디 있을 곳이 없어서 죄 많고 혼탁한 인간의 몸에 들어와 거주하겠는가?

그래서 요즘 우리 사회에서 인기 있는 명상법들을 살펴보면, 그 속에는 하느님을 만났다거나 하늘의 계시를 받았다는 명상법들이 많다. 그러나 그런 명상을 통해 깨달았다고 하는 자들을 살펴보면, 세상을 있는 그대로 정확하게 보고 사실적인 이치를 밝히는 이는 볼 수 없고, 이른바 '신통(神通)'이라 하여 사람들의 정신을 흐리는 영적 술수를 부리는 자들이 대부분이다. 이러한 자들의 행태를 보았을 때 결국 그들이 들었다고 하는 '하늘의 계시'나 '성령의 소리'란 참된 조물주나 성자들의 영이 아니라 떠도는 영의 소리를 들었다는 증거가 되는 것이다.

따라서 진리를 깨달아 세상을 구하고 인간 완성에 이르고자 하는 사람은 이런 위험을 자각하여 자기 자신을 소중히 여기고 자기가 주체가 되어 좋은 원인을 지어야 한다. 깨달음은 자신의 근본을 완성하는 것이지 외부의 신이 와서 자기를 구해주는 것이 아니기 때문이다. 자기 자신의 소중함은 예수도 잘 표현한 바 있으니, "나로 말미암지 않고서는 천국에 이를 수 없다."고 한 말이 바로 그것이다. 기독교에서는 이 말을 예수를 믿어야만 구원을 받을 수 있다고 해석하지만 이러한 해석은 잘못된 것이다. 아무리 진리가 있어도 스스로 실천하여 자신 속에 쌓지 않는 자는 자연이 정해 놓은 법칙에 의해 구원을 받을 수 없는 것이다. 아무리 기도를 많이 하더라도 가꾸지 않은 황량한 땅에서 좋은 열매가 맺히는 일은 없다. 만약 예수가, 인간이 자신을 스스로 가꾸지 않고 당신을 통해서만 구원을 받을 수 있다고 말했다면 그는 성자일 수 없다. 왜냐하면, 그러한 일은 자연의 이치에 없고 세상 속에도 존재하지 않기 때문이다. 즉, 진리를 받아들이고 실천하여 자신의 삶을 기름지게 가꾸지 않은 자는 결코 그 열매가 풍성하게 영글 수 없으니, 아무리 성자라고 하더라도 부실한 열매를 잘 익은 열매로 둔갑시켜 상을 줄 수는 없는 것이다.

그런데 요즘 유행하고 있는 수행법들은 교묘한 논리로 이러한 기본적인 인과의 원리와 현실을 외면한 채 삶 속에서 좋은 원인을 짓지 않고서도 일거에 깨달음을 얻는 수행 비법을 강조하고 있다. 그들이 이같은 논리를 내세우는 이유는 이 세상 자체가 죄스럽고 헛되며 깨달음의 길을 삶과 별개라고 보고 있기 때문이다. 그래서 수행을 현실에서 벗어나 별도의 청정한 도를 구하는 것으로 보는 경향이 짙어진 것이다.

이런 수행법을 따르는 수많은 수행자들이 현실을 버리고 홀로 앉아 마음을 관(觀)하여 아무것도 없는 텅 빈 마음을 깨치려고 애를 써왔다. 그러나 이런 명상법으로는 업을 가라앉힐 수는 있지만 지울 수는 없다. 모든 접촉을 끊고 고요히 명상에 들어가면 욕망과 집착이 가라앉아 맑은 마음이 나타나지만, 이것은 흙탕물을 가만히 두면 흙은 가라앉고 그 위에 맑은 물이 괴어 얼굴이 비치는 것과 같다. 그래서 어느 순간 모든 것이 비쳐 한소식했다고 기뻐하지만, 다시 세상 인연이 흔들어 버리면 가라앉았던 업이 일어나 거울을 흐려 버림으로써 아무것도 보이지 않게 된다. 이것이 오늘날 명상법에서 하고 있는 '마음공부'의 근본적 한계이다. 진정한 수행은 업을 가라앉히는 것이 아니라 완전히 지우는 데 있다. 일어날 먼지마저 완전히 사라져야 어떠한 흔들림에도 마음거울이 흐려지지 않으며 행주좌와어묵동정(行住坐臥語默動靜: 걷고, 머물고, 앉아 있거나 누워 있을 때, 말하고, 침묵하고, 움직이거나 가만히 있을 때, 즉 일상생활의 모든 순간순간) 간에 여일하게 삼매에 들어 세상을 비추고 법을 설할 수 있게 되는 것이다.

완전한 영혼을 이루어 세상을 보신 성자들은 별도의 명상 기법으로 수행하지 않아도 완전한 영혼을 얻었으니 그분들에겐 공통점이 있었다. 그들은 어두운 세상에 태어나 오탁악세의 처절한 고통 속에서도 맑고 순수한 양심을 꺾지 않고 불굴의 용기와 끝없는 사랑으로 세상을 위해 자신의 모든 것을 바쳤다는 사실이다. 그러한 생생한 삶의 시련을 거쳐 자신의 마음을 흐리고 있는 업과 어둠을 모두 불살라 마침내 그 정신을 완성하신 것이다. 이처럼 참된 수행은 인간이 살아가는 삶 속에 있으며 그 속에 인간 완성의 길이 있다.

그러므로 이제는 사실과 이치에서 멀어진 관념적인 명상과 환상적인 논리에서 벗어나야 한다. 어찌 조물주와 같은 신성한 의식을 지니고 만물의 영장으로 태어난 이 생생한 삶을 거짓이라고 부정하며, 발을 딛고 있는 이 세상을 존재하지 않는 환상이라고 부정할 것인가? 이제, 그대는 이 세상의 소중한 삶을 받아들일 것인지 아니면 덧없는 것으로 부정할 것인지 이 둘 중에서 하나를 선택해야 한다. 만약 그대의 마음속에 진실과 이치를 좋아하는 맑은 마음이 있다면 사실을 중시하고 좋은 원인을 짓는 실천하는 삶을 택하겠지만, 그 마음속에 환상과 요행을 좋아하는 업과 어둠이 강하다면 조용히 앉아 한꺼번에 깨친다는 명상을 택하게 될 것이다.

따라서 신비한 명상에 심취해 현실을 소홀히 한 채 한소식해서 깨달음에 이르려고 하는 사람들은 지금이라도 근본적인 자기 성찰과 삶에 대한 진지한 문제의식이 필요하다. 깨달음의 길은 버리는 것이 아니라 선근을 쌓아 이루는 길이며, 가만히 앉아서 비우는 것이 아니라 부처님이 밝힌 팔정도와 같이 사실을 바로 알고 이치를 깨친 후 지속적인 실천을 통해 의식을 갈고 닦아 완전히 정화하는 것이다.

그렇다면 기존 명상가들이 참선의 견성(見性)이나 단전호흡의 대주천(大周天), 요가의 사하스라라 차크라(Sahasrara Chakra)의 개화(開化) 등을 통하여 우주의 신성한 기운과 이어져야만 완성에 이를 수 있다고 하는 주장은 무엇이란 말인가? 그러나 이것은 증거가 없는 말로 관념 속의 일이며 사실 속에 존재하는 완성의 길이 아니다. 그러한 경지는 말로만 존재할 뿐 실재 그것을 통해 해탈에 이르고 세상을 밝히는 정법을 펼친 이가 없다. 지금 명상계에는 아름다운 꽃노래가 있을 뿐 실제 그러한 증거나 세상을 밝혀주는 사실적인 가르침이 나타난 적이 없는 것이다.

해탈이란 자신의 의식 속에 들어온 모든 업이 완전히 사라져 세상을 있는 그대로 밝게 비추는 경지를 말한다. 따라서 수행의 요체는 업을 어떻게 지울 것인가에 있다. 그렇다면 업이란 무엇인가? 업이란 숙생의 삶을 통해서 자신 속에 들어온 것이니 가만히 앉아 마음만 바라보는 무위적 명상을 통해서는 의식이 정화되지 않으며 근원적인 업과 번뇌가 떨어지지 않는다. 인과의 이치상 땅에서 넘어진 자는 땅을 짚고 일어서야 하듯이, 과거의 삶을 통해 자신 안에 쌓인 업은 반드시 이생의 삶을 통해 정화해야 한다.

정기신(精氣神)이라는 말에서도 알 수 있듯이, 의식(神)은 정(精)이나 기(氣)보다 고차원적인 것으로, 종이 주인을 바꿀 수 없는 것처럼 거친 기로써 미세하고 고차원적인 의식(神)을 정화할 수 없다. 싯다르타가 끝없는 요가 수행을 거쳐 '비상비비상처(非想非非想處)'에 이르렀지만 깨달음을 얻지 못하고 탈진한 채로 부다가야(Buddha Gayā)의 보리수 아래로 내려온 고사는 이러한 실상을 잘 말해주고 있다. 아마 그는 요가행의 최고 단계인 비상비비상처에 이를 때까지 안개가 끼고 온몸

이 열리며 천둥이 치고 빛이 비치는 요가의 모든 경지를 체험했을 것이다. 그러나 자기를 버리고, 버리려는 의식마저 버리는 비상비비상처라는 최고 단계에 이르렀지만 들려오는 고향 소식에 흔들리는 자신의 마음을 느끼고 그곳에는 길이 없다는 것을 자각한 것이다.

그리하여 고행과 명상을 버리고 산에서 내려온 싯다르타는 시골 처녀에게서 우유 한 잔을 얻어 마신 후, 부다가야의 보리수 밑에서 과거 생에서부터 쌓아온 공덕의 결과로 자연스럽게 자신의 깊은 내면으로 들어갔다. 그러자 모든 것이 주마등처럼 지나갔고 수많은 생을 거쳐 중생들의 고통을 내 몸처럼 생각하며 지은 공덕에 의해 모든 업이 타버린 맑고 고요한 완전히 정화된 마음을 보게 된 것이다. 그리하여 인류 최초의 정각(正覺)을 이루고 부처가 된 것이다.

깨달음을 얻고 나서 부처님은 자신의 깨달음이 고행이나 명상에 의해 온 것이 아니라, 수많은 생에 걸쳐 쌓아온 공덕이 비로소 이생에서 열매 맺어 깨달음을 이룬 것임을 알고 팔정도로 바로 보고 바로 듣고 바로 행하여 바른 이치에 따라 공덕을 쌓으라고 선언한 것이다.

이처럼 명상을 통해서는 깨달음을 얻을 수 없다는 것을 이미 2,500년 전에 부처님이 몸으로 명확히 보여주신 바가 있는데도, 아직까지 사람들이 이를 외면하고 명상에 집착하고 있는 것은 세상이 어둡고 수행자들의 마음속에 습이 두텁기 때문이다. 그래서 거짓된 자들은 자신이 갔던 길이 없는 수행법을 버리지 못하고 감언이설로 이를 치장하여 사람들을 유혹하고, 중생들은 일확천금의 욕심에 젖어 단번에 깨달음을 얻겠다고 이에 매달리고 있는 것이다.

따라서 기와 명상은 마음을 농사지어 깨달음에 이르게 하는 수행의 정법이 아니며 단지 그동안 삶을 통해 닦은 자신의 마음을 찾아보는 요령이나 기법에 불과하다. 따라서 자신 속에 깊숙이 숨어 꿈틀대는 탁한 업을 닦기 위해서는 오직 생생한 현실에 부딪혀 자신의 무지를 깨닫고 진심으로 뉘우치면서 사랑으로 자신을 불사름으로써 아상과 탐심을 극복하는 길 이외에는 다른 방법이 없다. 욕망을 이겨야 욕망에서 벗어나고, 유혹을 뿌리쳐야 유혹을 벗어날 수 있는 것이 인과의 진리이며 마음의 성장 원리인 것이다.

조선 중기 당대의 생불(生佛)이라 불리며 명성이 높았던 지족선사(知足禪師)가 평생 동안 닦은 도의 경지를 한순간 황진이의 치마폭에 빠뜨리고 만 것은, 그의 깨달음이 생각 속에만 있었지 진정한 자신의 것이 아니었기 때문이다.

완전한 인과의 법은 공짜가 없다. 부딪쳐서 이겨내지 못하는 탐심은 극복한 것이 아니며, 곧 자신 속에서 다시 일어나게 되어 있다. 숙생의 삶을 통해 가슴속 깊이 엉켜 있는 업의 덩어리는 절대 생각이나 명상만으로는 지워지지 않으며, 과거에 삶을 통해 지었듯이 이생의 실천을 통해 지워야 한다. 그동안 말법이 득세하여 이러한 진실을 외면하고 어떻게든 빨리 깨닫겠다는 얕은 생각으로 각종 수행 비법으로 요령을 부리고 생각만으로 업을 지우려 했기 때문에 삶을 경시하는 헛되고 어리석은 깨달음의 길이 계속 이어져 왔던 것이다.

그러나 이처럼 평생 도를 닦으며 수행하고 있는 사람들에게, 자신이 집착하고 있는 명상법이 정법이 아니며 마음을 보는 기술에 불과하니, 관념의 허울을 벗어버리고 일상의 삶 속으로 돌아오라고 하면 그들은 매우 당황해하며 거부 반응을 보인다. 왜냐하면, 이 말을 받아들이면, 그동안 자신이 배워 온 화려한 환상적인 이론과 단번에 도통할 수 있는 일확천금의 기회를 모두 포기해야 하기 때문이다. 하지만 그가 진정 세상을 위해 자신을 바친, 진리를 구하는 구도자라면 진리의 빛 앞에 언제라도 자신의 모든 것을 던져 버릴 수 있어야 한다. 항상 진리 앞에서 벌거벗을 수 있는 자만이 그 순수함으로 인해 자신을 온전히 진리화하여 자기를 극복할 수 있게 되기 때문이다.

수행은 삶 속에 있어야 한다. 삶과 유리된 것은 형식적인 삶일 뿐 참된 인생이 아니다. 우리는 좋은 원인을 지으며 가치 있는 삶을 살기 위해 태어났지 기나 명상과 같은 관념적인 삶을 살기 위해 태어난 것이 아니다. 수행자들은 이제 삶과 수행을 따로 보는 잘못된 관념에서 깨어나 현실로 돌아와 적극적으로 삶을 지어야 한다. 삶을 통해 자신이 지은 것이 삶의 결과가 되고 그것이 내면 속에 들어가 자신의 의식을 정화하게 되는 것이니 좋은 원인이 쌓여 자신의 의식이 완성되면 깨달음은 자연스레 찾아오게 되는 것이다. 이처럼 삶과 수행은 별개가 아니며 생활을 벗어난 도와 수행은 있을 수 없다. 삶과 수행이 둘이 아니란 것을 알면, 인생이 곧 수행이며 살아가는 이치가 곧 도가 된다.

이러한 진실을 모르는 사람은 이 책에서 무언가 진기하고 기막힌 비결이 있을까 싶어서 찾다가, 현실을 중시하고 바르게 사는 것이 가장 올바른 삶이라는 단순명료한 결론을 보고 너무 평범하다고 실망해 이 책을 덮을지도 모른다. 그러나 진실은 멀리 있는 것이 아니며, 진리는 어려운 것이 아니다. 우리 주변의 모든 사실이 진실이며, 그 속에 흐르고 있는 모든 이치가 진리이다. 따라서 현실에서 올바르게 사는 것보다 더 좋은 수행법은 없으며, 자신의 삶과 영혼에 변화를 가져오는 데에 이보다 더 좋은 방법은 없는 것이다. 세상에서 인기 있는 각종 명상법들은 모양은 화려하지만, 인과의 이치에 맞지 않는 방법을 사용하므로 실질적인 인격완성의 효과가 없으며 비정상적이고 위험한 문제를 일으킨다. 오직 생생하게 살아 움직이는 현실 속에서 이치에 맞게 세상을 축복하는 원인을 지을 때만이 좋은 자기와 밝은 세상을 가져올 수 있으니, 수행과 생활은 반드시 하나의 이치 속에 이루어지는 것이다.

그렇다면 그동안 수천 년간 내려온 전통에 따라 진리를 찾고 수행해 온 사람들은 "종교에 관심을 갖지 않고 인간적 도리를 지키며 착하게 사는 일반인의 삶과 수행자의 삶이 무엇이 다른가?" 하고 의문을 품을 것이다. 그렇다! 다르지 않다. 수행자나 일반인이나 모두 다 좋은 삶을 살고 좋은 영혼을 이루고자 살아가는 것일진대 그 길이 다를 수가 없는 것이다. 다만, 얼마나 더 사실을 바로 보고 진리를 깨우쳐 자신의 영혼을 닦는 데 효과적으로 정진하느냐에 차이가 있을 뿐이다.

따라서 현실에서 참된 진리를 찾아 자신의 삶과 영혼을 잘 가꾸며 사는 것이 가장 올바른 삶이며 진리에 맞는 삶이며 최고의 수행법이다. 서양은 이와 같이 평범하지만 보편적인 사실과 이치에 충실했기에 현실의 문제와 장애를 극복하여 고도의 문명사회를 이루었지만, 동양은 현실을 무시하고 관념적 학문과 환상적인 이상세계를 추구했기에 사실에 맞는 좋은 원인을 짓지 못하고 인과법에 따라 현실에서 도태되는 과보를 받았던 것이다.

삶보다 더 소중한 것은 없다. 인간이 세상을 살아가는 이유는 삶 속에 자신을 더 좋게 만드는 길이 있으며 과거와 미래, 그리고 천국이나 지옥 모두 현세를 중심으로 존재하기 때문이다. 모든 존재는 삶을 통해 자신을 가꾸며, 그 결실로 자신을 심판받는다. 이처럼 삶 속에는 자기를 망치는 길과 성공시키는 길이 모두 존재하니 삶이야말로 인간에게 주어진 가장 소중한 기회이다.

그러므로 수행자들은 이제 기존 관념과 환상에서 깨어나 현실로 돌아와야 한다. 모든 열매는 무르익기까지 현실과 부딪치며 수많은 비바람과 뜨거운 태양과 추운 겨울을 이겨내야 한다. 인간도 세상에 태어나 수많은 깨우침과 실천을 통해 성장하는 것이니, 인간 완성의 열매를 맺는 깨달음의 과정 또한 이러한 생명의 공통된 길에서 벗어나지 않는다.

따라서 깨달음에 너무 집착할 것이 아니라 매일 실천하는 일상의 삶 속에서 자신이 지니고 온 근본을 조금씩 키워 나가는 성실한 자세가 필요하다. 깨달음이란 수많은 생이 걸리는 인고의 과정이며 하늘의 뜻이 닿아야만 나타날 수 있는 우주의 정화이기 때문이다. 따라서 소망을 품되 인내를 가지고 차근차근 나아가는 자세가 필요하다. 인간이 태어나 살아가는 이유는 좋은 삶으로 더 좋은 자기를 이루기 위한 것으로, 깨닫기 전에도 좋은 삶을 살아야 하고, 깨닫고 나서도 해야 할 일은 좋은 삶이다. 따라서 인간 완성이라는 이정표를 향해 좋은 원인을 지으며 살아감으로써 인간으로 태어난 보람과 가치를 다하고, 그러다 깨달음의 열매가 맺히게 되면 그때 깨달은 자로서의 사명을 다하면 된다. 이처럼 깨달음을 최종 목적지로 삼고, 자신이 처한 현실에서 최선을 다해 살아가는 것이 인간에게 가장 좋은 삶이다.

따라서 아침에 일어나 하루 일을 생각하고, 낮에는 주어진 일을 살펴 사실과 이치에 맞게 문제를 풀고, 저녁에는 지친 몸을 가족의 사랑과 위로로 풀고, 다음 날 아침에는 생기를 충전하여 다시 새로운 일에 도전하는 규칙적이고 평범한 일상이 가장 바람직한 인간의 삶이다. 이렇게 살면 점차 사실에 밝아지고 그 영혼이 맑게 영글어, 시간이 흐르면 자연히 반야로 젖어들게 된다. 때가 되고 인연이 무르익으면 찾지 않아도 저절로 열매가 맺히는 것이니 과거의 부처들이 주로 연각(緣覺: 가르침을 배우지 않고 스스로 깨달은 성자, 벽지불(辟支佛) 또는 독각(獨覺)이라고도 함)을 통해 깨달음에 이른 이유도 바로 여기에 있는 것이다.

수행의 정법

처음 완전한 뜻과 이치에 의해 나타나 이 우주를 가득 채운 기운은 서로 스치고 부딪히는 가운데 정화가 일어나 생명과 의식의 원천인 진기로 발전하게 된다. 그리고 이것이 청탁에 따라 물질과 생명과 의식체로 진화를 거듭하여 자기를 느끼고 세상을 인식하며 뜻과 이치를 이해할 정도로 정화된 진기는 인간의 몸을 받아 인간의 의식으로 작용하게 된다.

이처럼 우주 속에는 작은 물질에서부터 인간에 이르기까지 생명의 고리가 나타나고 이 중에서 가장 높은 차원인 인간이 삶을 통해 그 의식을 완성하여 다시 우주의 근원과 같은 완전한 의식의 열매를 맺음으로써 이 우주는 완전성의 순환을 이루고 있다. 그러므로 세상에서 흔히 말하듯이 인간이란 죄가 많아 이 세상에 태어난 것이 아니라, 우주의 근원인 조물주(창조주, 하느님, 신성, 불성)의 속성을 지니고 태어난 고귀한 존재로서 다시 완전성에 도달하기 위해 살아가고 있는 것이다.

그러나 똑같이 인간의 몸을 받아 태어난 의식 간에도 과거에 자신이 지은 결과에 따라 맑고 흐림이 있어서, 그 정화된 정도에 따라 동물과 같은 무지한 인간에서부터 성자와 같은 완전한 의식을 지닌 인간에 이르기까지 천차만별의 형태로 나타난다.

이러한 차이는 바로 업에 의해 결정된다. 업이란 의식을 가리는 흐림과 같은 것으로 과거의 삶을 통해 의식 속으로 들어온 것이다. 따라서 업이 많으면 의식이 흐려 세상을 바로 보지 못하고 거짓과 욕망의 함정에 빠지게 되어 불행한 운명을 지니게 되며, 업이 없으면 맑은 의식 속에 세상을 있는 그대로 바로 비춰 사실에 맞는 행동을 함으로써 좋은 운명과 좋은 자기를 얻게 된다. 그리하여 그 좋은 의식으로 계속 좋은 원인을 지으면 마침내 그 마음이 완성되어 모든 업이 사라진 완전한 순수의식 상태인 해탈에 이르게 된다.

따라서 의식의 완성(해탈, 깨달음)을 이루기 위해서는 업에 의해 탁해진 자신의 의식을 갈고 닦고 두드려 어떠한 업에 의해서도 얼룩지지 않은 순수의식을 만들어 내야 한다. 여기서 '업'이란 본래 카르마(karma)라고 하여 행위라는 뜻을 가지고 있는데, 이 용어가 불교에 차용되어 인간의 행위가 의식 속에 보이지 않는 흔적을 남겨 삶에 영향력을 갖게 된다는 뜻으로 사용되고 있다.

업을 이해하기 위해서는 깨달음을 이해하면 더 쉽게 알 수 있다. 깨달음은 사람이 타고난 업의 영향력에서 벗어나 완전히 맑은 마음으로 모든 세상일을 있는 그대로 바르게 보게 되는 순원무잡(純圓無雜)한 경지를 말한다. 그래서 어떠한 충동이나 욕망도 맑은 마음을 가리지 않아 완전한 실상과 이치를 보게 되고 세상을 내 몸처럼 생각하며 자신의 모든 것을 다 바쳐 축복하는 마음을 갖게 된다.

따라서 깨달음을 얻고자 하는 자는 모든 업을 지워야 한다. 『반야심경(般若心經)』에도 모든 부처는 반야(般若)로 말미암아 태어난다고 했듯이 깨달음에 이르기 위해서는 근원의 세계인 반야를 보아야 한다. 그 이유는 이 반야의 세계는 모든 것이 사라지고 다시 태어나는 유와 무의 경계 자리이기 때문에 그 영혼에 조금의 때가 있어도 들어갈 수 없기 때문이다. 따라서 깨달음에 이르는 길이 곧 업을 지우는 과정인 것이다.

그렇다면 업을 지우기 위해 어떻게 해야 하는가? 먼저, 진리의 인연을 만나야 한다. 지금 사람들은 진리의 빛이 사라진 말세의 어둠 속에서 온갖 거짓과 환상에 오염되어 있다. 더구나 현대의 지식은 대부분 세상을 보지 못하는 눈뜬장님이 만든 것들이기 때문에 실상과 다른 생각 속의 일들이 대부분이다. 따라서 지식이 많을수록 환상과 업이 많아져 사실을 제대로 보지 못하게 된다. 그러므로 깨달음을 얻기 위해서는 지금까지 말법의 환상 속에서 배웠던 모든 알음알이를 버리고 진리의 인연을 만나 참된 실상과 이치를 배워야 한다.

성자가 출현한 뒤로 수많은 구도자들이 생겨났지만, 그 후 수천 년간 부처님과 같이 정각을 이룬 깨달음이 나타나지 않은 것은 중생 스스로의 힘으로는 진리에 눈을 떠 공덕을 쌓기가 매우 어렵기 때문이다. 인과의 이치상 완전함을 만나야만 완전함을 얻게 된다. 그래서 부처님의 재세 시에 그 곁에서 시봉한 제자들은 그분의 완전한 시각과 언행을 그대로 보고 따라 행하니 그 마음이 밝아지고 공덕이 쌓여 다음 생에는 부처가 된다는 수기를 받을 수 있었던 것이다. 그러나 진리와 인연이 멀어진 상법시대(像法時代) 이후로는 수천 년간 그 많은 수행자가 뜻을 세우고 진리를 찾아 헤매었어도, 깨달음의 빛을 얻지 못한 채 안타까움과 회한을 안고 산야에서 스러지고 말았으니 그 이유는 바로 진리의 인연을 만나지 못했기 때문이다.

따라서 깨달음의 길을 가려는 자는 반드시 진리의 인연을 만나야 한다. 빛 한 점 없는 칠흑 같은 어둠 속에서는 혼자서 아무리 더듬거려도 길을 찾기 어렵다. 그러나 길을 아는 사람이 있어 그의 손을 잡고 개울을 건너고 언덕을 넘다 보면 나중에는 손을 놓고 혼자서도 어둠 속을 걸어갈 수 있게 된다. 진리를 깨닫고 선근(善根)을 키우는 과정도 바로 이와 같다. 따라서 진리의 인연을 소중하게 생각하고 놓치지 않아야 한다.

그러나 어두운 세상에서 진리의 인연을 만나는 것은 매우 희귀한 일이다. 인연이 없는 자는 혼자서 제아무리 애를 써도 어둠 속에서 헤맬 수밖에 없고, 마음속에 진실이 없는 자는 진실을 보아도 그 진실을 알아보지 못한다. 그래서 불경에서도 진리의 인연을 만나는 것은 하늘에서 떨어진 바늘이 겨자씨에 꽂히는 것보다 어렵다고 했으며, 인연 없는 중생은 부처도 어쩔 수 없다는 말이 있는 것이다.

이처럼 진리와의 인연은 진리의 길을 가는 모든 이에게 중요한 문제이니 좀 더 자세히 알아보자. 전해져 오기를, 깨달음에 이르기 위해서는 공덕을 쌓아야 한다고 말한다. 그러나 이 시대에 많은 사람들 중에 어떤 것이 공덕인지 어떻게 해야 공덕을 지을 수 있는지를 아는 사람은 거의 없다. 공덕이 무엇인지 정확히 모른다면, 공덕을 짓기 어려우며 인간 완성을 이루기는 불가능하다. 불교에서는 공덕을 지으려면 팔정도를 행하라 한다. 그러나 오늘날 팔정도는 이름만 남아 있을 뿐 그 내용이 없다. "바로 보고, 바로 생각하고, 바로 행동하라."고는 하는데, 무엇이 바로 보고 바로 생각하고 바로 행동하는 것인지 알 길이 없다. 바르게 보는 것이 실상을 보라는 것인지 이 세상의 실체가 공임을 알라는 것인지도 헷갈리고, 깨달음이 인간 완성의 경지인지 아니면 영원히 소멸하는 것인지도 분명하지 않다. 이처럼 진리의 빛이 사라져 세상을 바로 볼 수 없으니 바로 깨달아 바른 공덕을 지을 길이 없는 것이다.

사실 부처님은 자신을 닦는 가르침으로 여러 가지 방법들을 상황에 따라 수시로 말했을 뿐, 팔정도란 개념을 직접적으로 말한 적이 없다. 팔정도는 후대의 부파불교에서 부처님의 가르침을 정리하는 과정에서 체계를 갖추기 위해 여덟 가지 중요한 수행법을 정리하여 만든 말이다. 그래서 용어는 있으나 그 뜻이 명확하지가 않다. 진정 중요한 것은 바로 보고 바로 생각하고 바로 행동하라는 듣기 좋은 꽃노래가 아니라, 무엇이 바른 법인지를 밝히는 것이다. 그래야만 팔정도가 진정한 생명력을 지니는 것이다.

진리가 흐려져 올바른 길을 갈 수 없는 오늘날의 상황을 더 잘 이해하기 위해서는 요즘 흔히 말하는 '사랑'이란 말을 생각해 볼 필요가 있다. '사랑'이 무어냐고 물으면 사람들은 「고린도전서」 13장을 근거로, "사랑은 오래 참고 온유하며 시기하지 않고 자랑하지 않으며 자기의 유익을 구하지 아니하고 무례하지 않으며 성내지 않고 악한 것을 생각지 않으며 불의를 좋아하지 않으며 진리와 함께 기뻐하는 것"이라고 말한다. 그러나 이 구절 속에는 좋은 말은 다 들어 있지만, 구체적으로 사랑이 무엇인지 알 수가 없다. 그래서 생각 많은 사람들은 사랑이란 한마디로 정의할 수 없는 것이라고 말한다.

그래서 사람들은 자기 나름대로의 판단으로 사랑을 베푼다며 고아

원이나 양로원의 불우한 이웃을 돕고, 신자들은 자기가 믿는 종교단체에 평생 모은 돈을 쾌척하며, 국가는 빈민의 복지를 위해 거금의 재정을 투자하고 있다. 그런데 세상이 좋아지지 않는 이유는 무엇일까? 그것은 참된 사랑의 의미를 몰라 올바른 공덕을 짓지 못하고 있기 때문이다. 정확히 알지 못하는 일은 올바로 행할 수가 없다. 사랑 또한 사랑이 무엇인지 분명히 알아야만 올바르게 실천할 수 있는 것이다.

따라서 공덕을 쌓고 사랑을 실천하기 위해서는 공덕과 사랑이 무엇인지 먼저 정확히 알아야 하며, 그 이치를 깨달은 후 실천해야 한다. 그렇다면 사랑이란 무엇인가? 사랑이란 한마디로 축복하는 일을 말한다. 축복이란 나의 말과 행동으로 상대방이 좋은 결과를 얻을 수 있게 도와주는 것을 뜻하며, 축복이 되었는지는 현실 속의 결과로 판단할 수 있다. 따라서 진정한 사랑이란 무조건 도와주는 것이 아니라, 상대가 현실에서 제구실을 하고 태어난 보람과 가치를 얻을 수 있도록 깨우쳐 주는 것이 되어야 한다. 이것이 진정한 사랑이며 상대를 위한 올바른 축복이기에 진정한 공덕이 된다.

그러므로 무조건적인 사랑이라는 말보다 무지한 건 없다. 사실과 이치를 바로 알고 상황에 맞는 올바른 원인을 지을 때 진정한 사랑과 공덕을 실천할 수 있는 것이다. 아무것도 모르는 초보 농사꾼에게 풍년을 기대할 수 없는 것처럼, 세상을 볼 줄 모르는 이는 사랑과 공덕을 행하기가 어려운 것이다.

이 시대는 진리의 빛이 흐려졌기에 좋은 의도로 세상을 위해 좋은 일을 하려는 행동들이 오히려 잘못된 결과를 불러오고 사회를 불행하게 만드는 결과를 만들고 있다. 그래서 부처님은 무지가 악과 불행의 원인이라고 하였고, 소크라테스는 알고 있다고 착각하고 있는 사람들의 무지를 깨우치기 위해 "너 자신을 알라." 하며 소리친 것이다. 그러나 이러한 성자들의 가르침이 제대로 전해져오고 있지 않기에 세상은 더욱 어두워지고 있는 것이다.

따라서 좋은 자기를 얻고 밝은 세상을 보고자 한다면, 반드시 참된 진리의 인연을 만나 삶의 실상과 이치를 알아야 한다. 삶의 실상과 이치를 알면 모든 어둠과 불행에서 벗어날 수 있고 자신이 원하는 소망을 이룰 수 있다. 그래서 성자들은 참된 세상의 일과 인간의 길을 가르친 것이다.

그렇다면 세상을 밝히고 인간을 올바르게 이끄는 참된 진리와 생명의 길은 무엇인가? 그것은 태초부터 정해진 자연의 길이다. 자연 속에는 태초부터 지어진 완전한 뜻과 진리가 있으며 한치의 어김없는 인과의 일들이 나타나 있다. 따라서 세상을 바로 보게 되면 옳고 그름이 보이고 인간이 가야 할 길이 나타나는 것이다. 이러한 진리는 성자들이 나기 이전에도 오롯했으니 성자들이 나타남으로써 비로소 세상에 그 흔적을 드러낸 것이다. 그러므로 자연은 그 자체로 가장 완전한 경전이며 성자들은 그 속에 있는 영원한 약속과 이치를 인간들에게 밝혔기에 그분들의 가르침은 바로 '자연의 가르침'인 것이다.

따라서 무엇보다도 자연의 실상과 이치를 보는 것이 중요하다. 사람들의 마음이 어두운 이유는 그 속에 사실이 아닌 거짓과 환상으로부터 비롯된 업이 가득하기 때문이다. 그런데 이 같은 어두운 마음이라도 자꾸 사실적인 이치와 진실을 들으면, 거짓과 어둠이 계속 씻겨나가 의식이 밝아지고 지혜가 생기며 운명이 좋아지게 된다. 인간의 몸과 마음은 자연의 일부이기 때문에 자연과 하나가 되어 진실하게 살면 그 기운과 의식이 밝아진다.

즉, 사람이 실상과 이치에 따라 마음에 걸림이 없이 부지런하고 정직하게 살면, 마음의 탁함이 점차 사라지고 맑게 갠 의식이 나타나며 몸에는 힘찬 생명력이 흐르게 된다. 이런 삶을 지속하여 선근공덕이 무르익게 되면, 때가 되어 열매가 열리듯 자기가 원하지 않아도 저절로 해탈에 이르게 된다. 이것이 태초부터 정해져 있던 인간의 길이니 성자들이 깨달음을 얻으신 것도 이와 다르지 않다. 그러니 깨닫지 못한 것을 한탄할 것이 아니라 자신의 선근과 공덕이 모자람을 탓하고 노력해야 하는 것이다.

더구나 사람은 근본적으로 이성을 가진 현명한 존재이기 때문에 완전하고 신성한 진리와 생명의 길이 분명히 존재한다는 것을 알게 되면 세상의 욕망이 아무리 원하더라도 자신에게 손해되는 일을 하지 않으며, 그것이 진리에 부합되어 자기에게 진정 이로운 것이면 아무리 힘들더라도 받들어 행하게 되어 있다. 이것이 진리의 힘이다. 그저 착하게 살아야 한다는 말은 별 소용이 없다. 독약이 몸에 나쁘다는 것을 알면 말리지 않아도 먹지 않듯이, 선하고 이치에 맞게 사는 것이 자기에게 이롭다는 것을 알면 굳이 권하지 않아도 스스로 진리를 실천하게 되는 것이다.

세상에는 이러한 완전한 이치와 길이 있기에 이를 바로 알고 살면 밝고 희망찬 세상이 되며 모르고 함부로 살면 그 일이 자기를 괴롭히게 된다. 따라서 길을 보지 못하면 아무리 산속에 들어가 도를 닦아도 깨달음을 얻지 못하는 것이며 길을 알게 되면 집에 머물며 세상살이를 하면서도 깨달음을 얻을 수 있게 되는 것이다. 이렇듯 진리와의 인연은 자신을 완성으로 이끄는 첫 단추로 굉장히 중요하다.

그리고 어두운 세상에서 진리를 만나더라도 좋은 마음을 지키며 진리를 따르기는 쉽지 않다. 도도히 흘러가는 오탁악세의 탁류 속에서 혼자만이 더러움을 묻히지 않고 깨끗하게 살아가기 힘들기 때문이다. 여기에 성자와 중생의 근기의 차이가 드러난다. 성자들은 맑고 강한 근본이 있어 오탁악세의 시련과 고통 속에서 자신을 꺾지 않고 그 좋은 마음을 꽃피워 완전한 열매를 맺는 것이다.

따라서 자신을 완성시키고자 하는 자는 어둠을 헤치고 진실을 지켜나갈 수 있는 좋은 근본이 있어야 한다. 인간의 마음은 조금이라도 흠이 있거나 문제가 생기면 모든 것을 이치대로 해놓아야 마음이 편해지는데 이처럼 완전함을 지향하는 맑고 좋은 마음을 '선근'이라고 한다. 인간에게는 이러한 좋은 근본이 있어 인간을 인간답게 하고 완성에 이르게 하는데 이러한 선근에는 진실과 사랑, 양심과 용기, 지혜와 인내 등이 있다. 인간은 선근이 커야 업을 태우는 마음의 불을 크게 일으킬 수 있으며 모든 업을 완전히 불사르고 깨달음을 얻을 수 있다. 따라서 이생에서 완전한 깨달음을 얻고자 하는 자는 한 점의 어둠이 없는 진실과 세상을 모두 품을 수 있는 사랑과 하늘이 무너져도 꺾이지 않는 용기와 땅이 꺼져도 흔들리지 않는 양심이 있어야 한다.

그러한 사랑과 용기와 양심이 없다면 그러한 근기를 얻을 때까지 더 많은 생을 돌면서 공덕을 쌓아야 한다. 그리하여 그 공덕이 완성되는 생에서 인간 완성의 열매인 해탈을 얻게 되는 것이다. 부처님이 수많은 생을 통해 공덕을 쌓은 것은 바로 이러한 선근을 쌓아나가는 과정이었던 것이다. 그래서 이생에 태어나 그동안 쌓인 큰 근본으로 마지막 남은 업을 불살라버리고 마침내 완전한 해탈을 이룬 것이다. 그러므로 인간의 삶은 달리 표현하면 자신의 선근을 키우는 과정이다.

칠불통게에서 모든 부처님이 공통적으로 말했듯이 모든 좋은 일을 받들어 행하고 모든 나쁜 일을 경계하여 멀리하면 그 근본이 무르익어 언젠가는 완성에 이르게 되는 것이다. 따라서 근본이 무르익으면 누가 뭐라 하지 않아도 저절로 열매가 맺히는 법이니 깨달음은 절대 욕심으로 얻을 수 있는 것이 아니다.

이 세상에 태어난 모든 존재는 가만히 두면 계속 같은 자기를 반복하게 되어 있다. 그러므로 아무 원인을 짓지 않고서 저절로 마음이 좋아지거나 맑아지는 일은 없다. 따라서 좋은 마음을 얻기 위해서는 반드시 좋은 원인을 지어야 하며 완전한 마음을 얻기 위해서는 그 원인이 무르익어야 한다.

그러면 인간을 좋게 하고 나쁘게 하는 원인은 무엇인가? 인간을 좋게 하는 원인은 진실이다. 진실은 그 정신을 맑고 강하게 만든다. 정신이 맑으면 무지에서 벗어나 세상을 바로 보게 되고 문제를 만들지 않으며 지혜롭고 용기 있게 판단하여 좋은 운명과 좋은 자기를 만들게 된다. 그래서 한 번 좋은 근본을 지니면, 이를 근본으로 다음 생에도 계속 좋은 자기를 갖게 되므로, 좋은 운명과 완성의 길로 계속 나가게 된다. 이러한 길을 성도(聖道), 즉 성스러운 완성의 길이라 한다. 이처럼 깨달음에 이르기 위해서는 먼저 좋은 근본을 기르고 이 근본을 잘 키워 완성하는 것이니, 좋은 근본 없이 누구나 깨달음에 이를 수 있다는 말은 세력을 모으기 위한 허황된 주장일 뿐이다.

그러면 나빠지는 원인은 무엇인가? 그것은 거짓이다. 거짓은 정신을 어둡고 무겁게 만든다. 사실이 아닌 거짓과 환상에 빠지니 세상이 보이지 않고 길이 아닌 길을 가게 되어 화가 닥치게 된다. 그래서 어둡고 나쁜 원인을 자꾸 짓게 됨으로써 그 영혼이 무거워져 자신을 망치고 만다. 이러한 길을 가게 되면 정신이 어두워져 어리석은 행동으로 한을 맺게 되어 불행한 운명과 사후(死後)를 만나게 된다. 그리하여 불행한 자기를 돌다 나중에는 미물로 변해 최종적으로 생명의 종자조차 건지지 못하게 되는데, 이것이 괴로움의 바다(苦海)로 떨어지는 악도다. 그래서 부처님은 이처럼 '도를 이루는 성스런 길[聖道]'과 '고통에 드는 길[惡道]'을 밝히면서, 이 세상에 인간으로 태어난 것은 매우 희귀한 인연이니 어렵게 태어난 이생에서 진리의 인연을 만나 부지런히 정도를 깨우치고 닦아 영원한 자유와 평안을 얻으라 한 것이다.

따라서 더 좋은 자기를 이루겠다는 소망을 품고 선업을 지어야 한다. 아는 것은 지식일 뿐 자기 것이 아니다. 자기 것이 되기 위해서는 행동으로 옮겨야 한다. 선업을 이루는 것은 멀리 있지 않다. 거짓말을 하지 않고 남에게 피해를 주지 않는 하루하루의 삶 속에 있다. 물건을 보고 갖고 싶다는 마음이 일어나도 훔치지 않는다면, 정직하고자 하는 마음이 훔치고자 하는 나쁜 마음을 이긴 것이다. 그렇다면 그는 이후에도 남의 물건을 훔치지 않는다. 같은 이치로 여자를 보고 욕망을 품었다 해도 그의 마음속에 있는 도덕성이 그러한 욕망을 억제해 정상적인 행동을 유지했다면 그의 마음속에는 욕망을 통제할 수 있는 선한 마음과 의지가 자리 잡은 것이다. 이처럼 실천으로 나타날 때 지식은 진정한 자기 것이 된다.

가장 위대한 미덕인 사랑 또한 실천으로 완성된다. 그동안 진실과 이치를 깨우친 것은 자기의 마음을 정화하기 위한 주춧돌을 놓는 과정이었다. 따라서 실질적으로 자신을 정화하기 위해서는 구체적인 공덕행(사랑의 실천)이 있어야 한다. 세상과 부딪혀 진심으로 자신의 거짓과 사심과 욕망을 이겨내고 자신을 모두 불살라 버릴 때 비로소 한 점 흐림 없는 맑은 영혼의 자유와 평안을 얻을 수가 있으니, 이것이 참된 수행이다. 그래서 부처님도 깨달음을 얻고 난 후, 당신의 깨달음은 수많은 전생을 통해 당신이 세상을 위해 흘린 피가 강을 이루고 뼈가 산을 이루어 그 공덕이 세상을 덮을 만하였기에 비로소 이생에 태어나 깨달음에 이르게 되었다고 밝힌 것이다.

그러나 초기 불교가 정립되는 과정에서 힌두 신앙의 영향으로 그 가르침이 왜곡되어 공덕행이 경시되고 명상이 강조되어 불교의 생명력이 약화되었다. 그리하여 오늘날 불교는 이 세상을 덧없고 고통스러운 것으로 부정함으로써 삶의 실천성이 약해지고 말았다. 그리하여 옳고 그름의 분별을 버리고 현실마저 모두 벗어던짐으로써, 결국 양심과 용기와 실천마저 버린 것이 오늘날 불교가 앓고 있는 근본적인 병폐이다.

따라서 자신을 완성하려는 자는 어두운 세상과 부딪혀 장애를 극복하고 자신이 알게 된 진리를 실천해야 한다. 여기에 수행의 요체가 있다. 외부에서 다가오는 많은 유혹과 장애 그리고 내 속에서 일어나는 강렬한 업의 충동을 이겨내고, 세상에 대한 사랑으로 사실과 이치를 밝히는 좋은 원인을 지을 때 비로소 나 자신이 진리화되고 공덕이 쌓이는 것이다.

그러나 어두운 세상에는 잘못된 생각과 탐욕을 가진 자들이 많아서 진리를 말하고 양심과 정의를 말하면 오히려 이를 싫어하고 해치려 한다. 이는 대부분의 성자가 박해를 받았다는 역사적 사실에서도 잘 알 수 있다. 현시대에도 진리로 세상을 축복하다보면 여러 가지 사회악이나 어둠과 부딪히게 된다. 이때 공덕을 실천하는 사람의 마음은 그 난관을 극복하는 과정에서 애가 타고 진리와 사랑의 불이 타올라 사사로운 업이 사라지고 더욱 맑게 정화된 자기를 보게 된다. 그리하여 세상과 진리를 위해 완전히 자신을 바칠 때 그 마음속에는 오직 사랑과 진리만이 남게 되고 모든 사사로운 업이 사라지게 된다. 그래서 진리로 세상을 축복하는 공덕행이 가장 훌륭한 수행법인 것이다.

깨달음의 길은 명확하다. 자신에게 주어진 삶을 통하여 진리를 깨치고 행하여, 자신이 타고난 여리고 탁한 근기를 맑고 강하게 만들어야 한다. 따라서 삶을 멀리하고 가만히 앉아 아무것도 지은 것이 없으면 결코 좋은 자기와 맑은 마음을 얻을 수 없다. 현재의 업과 운명은 과거의 삶을 통해 자신 속에 실제로 지어진 것이니, 이를 변화시키기 위해서는 또다시 삶 속에서 그에 걸맞은 새로운 원인을 지어야 한다. 도벽과 물욕이 있는 자는 현실 속에서 그러한 유혹을 뿌리쳤을 때 비로소 극복하는 것이며, 나약한 자는 의지와 용기를 내어 난관을 극복했을 때 비로소 당당한 자기를 얻게 되는 것이다.

인간의 마음이 우주의 근원과 같은 완전한 순수의식에 도달하기 위해서는 자신의 마음속에 있는 모든 업과 어둠을 한점 티끌 없이 깨끗이 지워내야 한다. 그러나 과거의 삶을 통해 자신 속으로 들어온 보이지 않는 업은 절대 생각만으로 지워지지 않으니, 그 방법은 오로지 자신 속에 있는 참된 마음의 불을 피워 업을 태우는 수밖에 없다.

하늘은 인간에게 오묘하고 완전한 은혜를 베풀어 세상을 있는 그대로 보는 맑은 마음과 세상을 사랑하고 자비하는 마음을 주었으니, 삶을 통해 그 마음을 밝히면 마음에 불이 일어나 모든 때와 어둠을 불사르고 완전한 마음의 열매를 맺게 된다. 즉, 인간이 진리를 깨쳐 맑고 좋은 마음으로 세상을 축복하다 보면 이를 실천하는 과정에서 그 마음이 빛나고 열이 나서 자신 속에 있던 모든 애욕과 집착과 악업을 태우고 맑고 순수한 완전한 나를 이루게 되는 것이다. 그리하여 모든 어둠과 탁함이 사라진 순수의식을 이루는 것! 이것이 바로 해탈의 경지이며 이것을 구하는 깨우침과 실천의 길이 바로 수행의 정법인 것이다.

그리고 해탈에 이르기 위해서는 마지막 관문인 갈애(渴愛)를 극복해야 한다. 갈애란 자기에 대한 근본적인 애착으로 이것이 있어 생명의 원인을 만나 인간으로 태어나게 된다. 따라서 우주의 근원인 순수의식에 이르기 위해서는 최종적으로 자기를 존재하게 한 근본적인 갈애마저 벗어나야 한다. 비록 자기를 존재하게 하고 완성시키기 위해 갈애를 붙잡았지만 오랜 연단의 과정을 통해 완성의 단계에 이르렀으면, 우주의 근원적인 순수의식 상태에 이르기 위해 갈애마저 벗어버려야하는 것이다. 강을 건넜으면 뗏목은 버려야 하는 것이다.

따라서 가장 완전한 깨달음은 최초의 근원적인 순수의식 상태로 되돌아가는 것을 뜻한다. 즉, 해탈이란 자기를 존재하게 한 모든 걸림과 붙잡힘에서조차 벗어나 완전한 맑음과 자유를 얻는 것이니, 자기에 대한 근본적인 갈애에서마저 벗어나야 하는 것이다. 즉, 생로병사의 고통에 얽매이는 중생의 한계를 벗어나 완전한 의식의 자유인 해탈을 얻는 것이다. 이러한 경지에 도달하면, 삶과 죽음마저 초월한 불사의 의식을 지니게 된다.

그러나 자신 속에 있는 모든 업과 갈애를 극복하여 완전한 순수의식의 경지에 오른다는 것은 결코 간단한 일이 아니다. 자기를 넘어선다 함은 인간의 몸을 지닌 이상 거의 불가능에 가깝다. 자기란 이 세상에서의 나를 존속케 하는 근거이며, 생명 그 자체이기 때문이다. 그렇다면 어떻게 갈애를 극복하여 자기를 넘어설 것인가? 이를 넘어서기 위해서는 자기보다 더 크고 더 소중한 세상에 대한 사랑과 진리에 대한 열망이 있어야만 한다. 그 이유는 자기를 향한 갈애는 자기 자신과도 같아서 인간인 이상 넘어설 수 없는 철옹성과 같기 때문이다.

이 철옹성을 넘어서려면 이 성을 무너뜨릴 더 큰 힘과 용기가 필요하다. 자신 속 깊숙이 켜켜이 쌓여 있는 지독한 아상의 업을 지우기 위해서는 이보다 훨씬 크고 가치 있는 세상과 진리에 대한 자각과 사랑과 열정이 있어야 하는 것이다. 다시 말해, 해탈에 이르기 위해서는 모든 욕망과 집착과 생명의 갈애를 뛰어넘을 수 있는, 세상을 모두 담는 큰 사랑과 하늘이 무너져도 흔들리지 않을 양심과 땅이 꺼져도 꺾이지 않을 용기가 있어야 하는 것이다. 그래서 진정으로 세상과 인류와 진리를 위해 자신을 남김없이 바칠 수 있다면, 사사로운 욕망과 집착이 더 이상 남아 있을 수 없는 것이다. 그러나 과연 세상에 대한 사랑과 진리에 대한 열정으로 자신을 모두 불사를 수 있는 큰 근기를 갖춘 이가 과연 인류 역사에 몇이나 될까? 그만큼 우주의 열매인 해탈에 이르는 것은 어려운 일이다.

깨달음이란 인간이 인간의 한계를 뛰어넘어서 완전한 우주적 존재로 거듭나는 일로서, 이를 이루기가 더욱 어려운 이유는 개인의 공덕과 더불어 하늘의 뜻이 함께해야 하기 때문이다. 즉, 아무리 좋은 근본을 얻어도 하늘이 오탁악세의 시련을 주어 깨달음의 인연을 마련하지 않으면 깨달음을 얻기 어렵다. 이렇게 완전한 근기를 이루고 하늘의 뜻이 닿은 자만이 최종적으로 갈애를 극복하고 인간의 한계를 넘어서 모든 업이 사라진 완전한 해탈을 이루며, 삼계의 스승이 되어 세상을 밝게 되는 것이다.

이처럼 해탈이란 자기를 극복하는 것이며 인간의 차원마저 초월하는 것이니, 자기를 넘어서 해탈해 버린 성자는 인간이되 이미 인간이 아니며 생사를 초월한 우주적 존재가 된다. 그는 인간의 생각으로 사유하지 않으며 완전히 정화된 순수의식에 비쳐 모든 것을 있는 그대로 보게 된다. 생각이 없으니 눈을 감으면 모든 것이 사라지고, 눈을 뜨면 현실이 있는 그대로 진실하게 비칠 뿐이다. 해탈의 여정이 이와 같으니 자기를 극복하는 일이야말로 가장 어렵고 위대한 일이다. 그래서 부처님은 세상을 정복하는 것보다 더욱 위대한 일이 바로 자기를 정복하는 일이라 했던 것이다.

이렇게 각자가 완성으로 나아가는 과정에서 누가 해탈에 가까워졌는지, 누가 그러한 선택된 운명을 띠고 있는지는 아무도 모른다. 다만, 그날이 올 때까지 우리는 모두 자신에게 주어진 삶 속에서 사실과 이치를 하나씩 깨달으며 진실하고 자비로운 삶을 힘차게 살아가야 한다. 모든 것은 원인이 쌓이고 시간이 흘러야 익는 것이니, 뜸 들이지 않고 한 번에 맛있는 밥을 먹을 수는 없다. 이처럼 인간 농사도 때가되어 공덕이 무르익으면 자연히 마음의 꽃이 피고 해탈의 열매가 맺히는 것이니 너무 조급하게 인위적으로 구해서는 안 된다.

더구나 자신을 극복하지 못하고 아직 세상에 대한 욕망과 집착을 버리지 못하는 사람들은 굳이 깨달음을 구할 필요가 없다. 왜냐하면, 깨달음의 자리는 세상과 하나 되는 자리이며 자신의 모든 것을 주는 자리로서 깨닫기 이전이나 깨닫고 나서나 여전히 세상을 위해 자신을 바치는 일 이외에는 다른 일이 없기 때문이다. 그 자리는 무욕의 자리이며 무지한 세상으로부터 버림받는 자리이니 욕심 많은 중생이 굳이 어려움을 겪으며 얻으려고 할 필요가 없다. 따라서 깨달음을 목적지로 삼고 노력하는 것에 인간의 길이 있으며, 노력하면 노력한 만큼 더 나은 자신과 행복을 얻게 되는 것이니 이를 기쁨으로 삼고 살아가는 것이 보람있고 가치있는 삶이다.

깨달음의 근본

깨달음이란 태초에 만물이 생겨나 그 가운데 가장 수승(殊勝)한 존재인 인간이 나타나고, 인간이 그 정수인 의식을 완성하여 우주의 열매를 맺는 현상이다. 이처럼 해탈이란 우주 자체가 열매를 맺는 일이니 수천 년에 한 번 일어날 정도로 매우 희귀한 일이다. 그래서 과거 불교에서는 한 인간 세상에 한 분의 부처님이 나타난다고 하는 말이 있었다. 이처럼 깨달음은 근원(하느님, 조물주, 신성, 불성)으로부터 물려받는 완전한 속성인 의식을, 삶을 통해 완성하여 다시 근원과 같은 완전한 신성을 이루는 현상이기 때문에 깨달음을 이룬 이의 근본은 세상에서 가장 선하고 완전하다.

우주의 근원은 사랑과 진실을 그 속성으로 하며 이 세상을 완전한 법계와 질서로 지어놓고 인간들이 진실하고 축복하는 삶을 살아가면 다시 자신과 같은 완전함에 이르도록 해놓았다. 따라서 인간이 좋은 삶을 통하여 자신의 근본을 키워나가면 좋은 정신과 좋은 운명을 얻게 되고 최종적으로 깨달음에 이르게 된다. 따라서 깨달음은 가장 올바르고 좋은 삶을 산 사람에게서 나타나는 인간 완성의 열매이므로 심신이 건강하고 세상을 사랑하는 선한 사람만이 이룰 수 있다.

잘 여물고 건강한 씨앗은 어느 곳에서도 뿌리를 잘 내리고 잘 자라듯이, 근본이 좋은 자는 세상 어디서나 뿌리를 잘 정착하고 크게 성장한다. 따라서 깨달음을 얻게 될 자는 태어나면서부터 그 기운이 강하고 삶이 남다르다. 그 마음이 맑고 선하여 악에 물들지 아니하고, 선과 진리를 지키며 세상을 사랑하고, 밝은 마음과 강한 용기가 있어 어떠한 시련과 장애에도 굴하지 아니하고, 항상 밝고 당당하여 세상을 이끄는 힘과 지혜가 있다.

부처님이 수많은 생을 통해 공덕을 쌓은 것도 바로 이와 같이 선근을 쌓아나가는 과정이었다. 그리하여 이생에서 인연이 무르익었기에 그동안 쌓인 큰 근본을 바탕으로 마지막 남은 업을 불살라버리고 마침내 완전한 해탈을 이룬 것이다. 부처님이 자신의 깨달음에 대해 회고하며 과거 생에 진리의 인연을 만나 무지를 깨치기 위해 자신의 목숨을 바치는 것을 아까워하지 않았으며 수없는 생을 돌며 쌓은 공덕이 세상을 뒤덮을 만했기에 전생에 아라한으로 천상에 머물렀다가 이생에 나서 깨달음에 이르렀다고 밝혔다. 그래서 좋은 근본을 지니고 있었기에 세상일을 하면 온 세상을 다스리는 전륜성왕이 될 수 있었지만, 진리의 길로 나아갔기에 해탈을 이룬 정각자가 되었다고 한 것이다. 부처님이 그런 말을 할 수 있는 이유는 좋은 근본은 어디에서도 좋은 결과를 가져오는 보편적인 원리가 있기 때문이다. 즉, 좋은 씨앗은 어떤 곳에 심어도 자신을 건강하게 뿌리박고 풍성하게 잘 자라지만, 쭉정이들은 아무리 좋은 곳에 심어도 비실비실하게 성장하는 이치가 이 세상 속에 공통적으로 흐르고 있는 것이다.

그러면 우주의 정화이며 인간세상의 열매인 깨달음을 얻기 위해서 인간에게 있어야 할 소중한 근본이 무엇인지 살펴보자. 인간은 우주의 근원으로부터 비롯된 신성한 의식을 지니고 있는데, 이 의식은 우주의 근원과 같은 완전성을 띠고 있어서 조금이라도 흠이 있거나 문제가 생기면 이를 절대 참지 못하며 모든 것을 부족함이 없이 완전하게 해 놓으려고 한다. 인간에게는 이러한 좋은 근본이 있어 인간을 인간답게 하고 완성에 이르게 하는데 이를 선근이라 한다. 이러한 선근에는 세상을 있는 그대로 밝히고 거짓을 범하지 않는 진실과 세상을 올바르게 살아가는 양심과 이를 실천하는 용기와 세상을 축복하는 사랑이 있다.

세상을 축복하기 위해서는 먼저, 거짓을 버리고 진실해져야 한다. 진실해야 하는 이유는 마음에 모든 가식과 거짓과 어둠이 사라져 실상과 하나가 되어야만 모든 업이 사라지기 때문이다. 세상은 현실을 구성하는 사실들, 즉 진실로 이루어져 있다. 사실 속에 존재하지 않는 일은 환상과 거짓이며, 환상과 거짓을 따를 때 마음이 점차 어두워지게 되어, 있는 일을 있는 그대로 보지 못하고 업이 쌓이게 된다. 깨달음에 있어서 업이란 가장 중요한 요소이다. 모든 업이 사라진 맑은 마음을 얻어야 세상을 바로 볼 수 있기 때문이다. 따라서 기존 업도 지워야 하는 상황인데 거짓으로 새로운 업을 짓는다면 더 이상 깨달음으로 나아갈 수가 없는 것이다.

따라서 진실해지기 위해서는 거짓과 환상을 버리고 사실을 중시해 이치에 따라 살아야 한다. 그러므로 항상 사실을 중시하고 그 속에 있는 좋고 나쁜 원인을 올바르게 밝혀 나쁜 일은 멀리하고 좋은 원인을 짓는다면 지상천국도 불가능한 일은 아니다. 따라서 인간의 미래는 진실성 회복에 달려 있다. 즉, 인간들이 얼마나 진실해지는가에 따라 자신과 인류의 미래가 낙원이 되느냐 파멸하느냐가 결정되는 것이다.

　진실은 세상을 밝게 하고 복되게 하는 길이기 때문에 진실을 소중히 하면 그 기운이 맑고 깨끗해지며 자신과 세상의 모든 어둠과 불행을 해결하고 축복할 수가 있다. 사실을 사실대로 보고 바르게 살면 몸과 마음이 맑아지고 생명력이 강해져 질병에 걸리지 않으며 밝은 세상을 이루게 되지만, 거짓을 듣고 행하면 기운이 나빠지고 정신이 흐려져 생명력이 약해지고 불행한 세상을 보게 된다. 그리고 인간의 진실이 커지면 마음이 맑아 세상을 바로 보고 모든 문제를 해결할 지혜를 얻게 되며, 강한 원력과 의지가 생겨 자기가 원하는 것을 얻을 힘과 용기를 지니게 된다. 이처럼 완전한 깨달음은 완전한 진실을 얻는 것이니, 이 시대 소중한 구원의 소식은 바로 진실이다.

　따라서 가장 좋은 가르침이란 사실을 사실대로 밝히는 진실함에 있다. 왜냐하면, 아무리 듣기 좋고 보기 좋은 것이라도 사실과 일치하지 않는다면 그것은 환상이며, 결국엔 삶을 거짓으로 망치게 된다. 그래서 여래(如來)를 일러 '있는 대로 말하고, 두말하지 않고, 거짓을 말하지 않으며, 진실만을 말하는 분'이라고 하고, 깨달은 이를 가리켜 최고로 '진실한 분'이라 하는 것이다.

　그리고 깨달은 이가 조물주의 영역으로 들어설 수 있는 이유도 바로 그 진실성 때문이다. 인간의 마음은 자연의 일부이기 때문에 거짓과 환상 없이 자연과 같이 진실하게 살아가면 참됨의 순도가 점점 더 높아지게 된다. 그리하여 완전히 진실해지면 100% 순수체가 되어 근원적 존재와 같은 경지에 오르게 되며 우주에서 가장 신비한 원력의 힘이 나타나게 된다. 모든 존재는 순수해지면 그 자체의 신비한 힘이 생겨나는데, 인간의 마음도 한 점 흐림 없이 진실해지면 그 순수한 의식에 세상이 비치고 원력이 나타나, 최종적으로는 세상의 모든 것을 존재케 하는 조물주의 영역에까지 들어서게 되는 것이다.

그러므로 진실이 바로 인간 가치의 척도이니, 인간이 잘살았느냐 못살았느냐의 차이도 바로 이 진실의 순도에 의해 결정된다. 마음이 진실해져 그 순도가 높아지면, 살아서는 마음이 밝아지고 기운과 생활이 좋아져 마침내 인간 완성을 이루고, 죽어서는 좋은 후생을 얻어 영생과 천상을 얻게 된다. 따라서 이 시대에 나타난 진정한 구원과 깨달음의 길은 진실 회복에 있으며, 진실해지는 것이야말로 최고의 공부요 인생의 궁극적인 목적지이다. 이치가 이와 같으니, 성자의 곁에 있거나 진리의 말씀을 많이 들었다 해서 구원을 얻을 수 있는 것이 아니며, 오직 참된 삶을 통해 자신의 진실이 얼마나 높아졌느냐에 의해 구원이 결정되는 것이다.

하지만 오늘날 세상 사람들은 있는 일을 말하지 않고 자기 생각과 환상을 함부로 말함으로써 세상을 더욱 어둠과 거짓으로 물들이고 있다. 사람들이 있는 것을 있는 그대로 이야기하고 자기가 분명히 아는 것만 아는 대로 솔직히 이야기한다면 그 말을 듣고 잘못될 사람이 없고 문제가 생길 일도 없다. 잘한 일은 잘한 대로 잘못된 일은 잘못한 대로 사실을 사실대로 정확히 알면 속일 사람도 속을 사람도 없고 모든 것이 이치대로 이루어지는 밝고 공정한 세상이 되는 것이다. 그래서 마음이 맑았던 도산 안창호 선생은 조선이 망한 이유가 타락한 조선 사회 속에 깊게 뿌리박힌 거짓과 불신 때문임을 통찰하고, "거짓이여! 너는 내 나라를 죽인 원수로구나. 내 평생에 죽어도 다시는 거

짓말을 아니 하리니 농담이나 꿈에서도 거짓말을 하지 않으리라."고 했던 것이다.

사람이 진실을 깨우치고 거짓 없는 진실한 삶을 살게 되면, 그 마음에는 양심이 피어난다. 그렇다면 양심이란 무엇인가? 양심이란 말 그대로 좋은 마음을 말한다. 그러면 또다시 좋은 마음이란 무엇인지를 대답해야 한다. 그런데 이렇게 계속 꼬리를 물고 질문하고 답을 하게 되면 끝이 없게 된다. 그래서 부처님은 이런 질문에 대해서는 직접적으로 설명하지 아니하고, 부정문으로 답하고 있다. 『잡아함 사정경(雜阿含 邪正經)』에는 정(正)과 사(邪)의 차이를 이렇게 묘사하고 있다. "삿됨과 바름이 있으니, 삿된 길은 살생, 도둑질, 사음, 거짓말, 탐욕, 성냄이며 바른길은 살생과 도둑질과 사음과 거짓말을 하지 않고, 탐욕과 성냄이 없는 것이다." 이와 같이 부정문으로 진리를 설명하는 방법은 『성경』에서도 흔히 사용되고 있으니, 십계명 중 일곱 가지 계명이 모두 살인, 간음, 도둑질, 거짓말하지 말라는 식의 부정적 표현을 쓰고 있는 것이다. 왜냐하면, 나쁘지 않은 것이 좋은 것이며, 나쁘지 않은 마음이 좋은 마음이며, 진리가 아닌 것을 버리면 진리만 남기 때문이다.

따라서 양심이란 인간으로서 해서는 안 될 나쁜 일을 하지 않는 맑고 좋은 마음을 말함이니, 거짓 없고 남에게 해를 끼치지 않으며 부지런히 일해 스스로의 삶을 책임질 줄 알며 바른 이치에 따라 올바르게 생활하고 약속을 지키며 잘못을 바로잡고 은혜를 갚을 줄 아는 마음이다. 거짓이 없으면 마음에 어둠이 없고 세상에 믿음이 넘치며, 부지런하면 부족함이 없고 세상이 풍성해지며, 세상을 바로 보고 이치에 따라 산다면 사실과 어긋남이 없는 참되고 보람된 삶을 살 수 있다. 그리고 도리를 지키고 잘못된 일을 바로잡으면 세상이 밝아지고, 은혜를 갚을 줄 알면 세상이 아름다워지며 신뢰가 넘치게 된다. 이렇게 맑고 좋은 마음이 곧 하늘의 뜻이며 불성(신성)이니, 이러한 좋은 마음(양심)이 완전해지면 우주의 근원과 같은 해탈심을 얻게 되는 것이다.

다음으로 용기와 실천이 있어야 한다. 아무리 진리를 알고 사랑과 양심이 있어도 용기가 없어 이를 실천하지 못하면 공덕을 쌓거나 업을 태울 수 없다. 어둡고 험한 세상에서 좋은 근본이 있어 남을 축복하다 보면 여러 가지 한계와 장애에 부딪히게 되는데 용기가 없고 의지가 약한 사람은 이를 극복하지 못하고 체념하게 된다. 그러면 업을 태울 수가 없어 좋은 자기를 이룰 수 없다. 삶이란 실천을 통해 자신의 근본을 완성해 나가는 과정이니 용기가 있어 자신을 이겨내는 실천을 할 때 그것이 마음속에 스며들어 업을 극복하게 되는 것이다. 대부분의 사람은 그 2%가 부족하여 자신을 완전히 진리화하지 못하고 있다.

따라서 완성에 이를 자는 반드시 하늘도 꺾지 못하는 커다란 용기를 지녀야 한다. 어떠한 역경과 좌절에도 불구하고 세상을 위한 사랑으로 끝없이 자신을 불사를 수 있을 때 비로소 그 마음을 완전히 정화할 수 있는 것이다. 즉, 진리가 눈앞에 있을 때 항상 발가벗을 수 있고 자신의 모든 것을 바칠 수 있다면, 진리와 사랑을 내 것으로 만들지 못할 이유가 없으며 깨달음과 일체화되지 못할 이유가 없다. 그러니 '양심'과 '용기'는 깨달음에 이르려는 수행자가 가져야 할 가장 중요한 덕목이며, 인간세상에서 가장 고귀한 보물인 것이다.

그러나 용기를 낸다고 벽창호같이 무조건 들이밀어서는 안 된다. 도적 소굴에서 죽을 것을 뻔히 알면서도 "강도야!" 하고 소리쳐서는 안 되는 것이다. 모든 일은 좋은 결과가 있어야 한다. 좋은 결과가 없다면 그것은 사실을 정확히 보지 못하는 어리석은 짓이며 결실 없는 짝사랑이다. 진정한 용기는 주어진 상황에서 사랑과 지혜로 최선의 결과를 거두는 것이다. 따라서 세상일을 잘하기 위해서는 진리의 인연을 만나 세상을 바로 보는 시각과 이치를 깨우치는 것이 가장 먼저 행해져야 한다. 성자들이 일을 잘하며 끝없는 공덕을 지을 수 있는 이유가 그 마음이 맑아 세상을 정확히 보며 사물의 인과관계 속에서 분명한 확신과 자신감을 가지고 쉬지 않고 좋은 원인을 짓기 때문이다. 따라서 사실을 정확히 파악하고 철저히 준비하여 성공할 확신이 서게 되면, 하늘도 두려워하지 않는 용기로 과감히 도전하면 반드시 성공을 거두게 되어 있다.

인간 완성의 열매인 해탈은 인간이란 존재의 완성일 뿐만 아니라 우주 전체의 결정체로서, 수많은 생을 거쳐 진실하고 훌륭한 삶으로 세상에서 가장 큰 사랑과 진실, 양심과 용기를 얻은 이가 마지막으로 모든 업과 장애를 극복하고 완전한 마음의 정화를 이루는 것이다. 따라서 자신이 세상에서 가장 큰 용기와 사랑이 없다고 생각한다면 깨달음을 얻겠다고 욕심을 부려서는 안 된다. 인간의 미덕이 완성된 것이 바로 깨달음이기 때문이다.

그러므로 해탈을 이루려는 자는 세상을 축복하는 사랑이 있어야 한다. 요즘 세상 사람들은 사랑이란 말을 많이 하면서도 사실 그 뜻을 잘 알지 못한다. 무조건 주는 것을 사랑이라 하기도 하고 남녀 간에 서로 좋아하는 것을 사랑이라고 하며 에로스적 사랑과 아가페적 사랑을 구분해서 말하기도 한다. 철학자나 종교인들은 그 실체를 정확히 알지 못하니 정의할 수 없는 것이라고도 한다. 그러나 그렇게 말해서는 안 된다. 정확히 알지 못하면 바르게 실천하지 못하는 법이다.

그러면 사랑의 진정한 뜻은 무엇인가? 그것은 바른 이치로 상대가 더 나은 자기를 얻도록 축복해 주는 것이다. 더 나은 자기를 얻게 한다는 것은 더 많이 소유하고 더 많이 욕심내도록 돕는 것이 아니라 밝고 정의로운 세상을 만드는 데 기여하는 맑고 선한 영혼을 기르도록 돕는 것이다.

그렇다면 사랑은 왜 중요한가? 우리가 땅에 거름을 주는 것은 땅을 축복하여 많은 결실을 보게 하기 위해서다. 세상을 축복한다는 것 또한 모든 일이 사실과 이치대로 돌아가도록 함으로써 그 결실이 결국 우리에게 다가오기 때문이다. 세상과 인간은 불성(조물주)이란 한 뿌리에서 난 동일체이기 때문에, 세상을 위해 짓는 것은 나에게 돌아오며 나에게 짓는 것은 세상으로 돌아가게 된다. 그래서 삶을 통하여 사랑을 행하면 세상이 좋아지고, 좋아진 세상은 좋은 결과를 인간에게 돌려줘 그 마음에 열매를 맺게 한다. 이처럼 모든 존재를 축복하는 것은 조물주(창조주, 불성, 신성)의 속성이며 생명의 본질이며 세상을 움직이는 근본적인 힘이다.

그런데 사랑에는 남에게 베푸는 속성만 있는 것이 아니라 자기를 완성하는 오묘한 힘이 있으니, 이것이 '사랑의 불'이다. 인간에게는 있는 것을 있는 그대로 바로 보고 모든 것을 이치대로 이루어지도록 하는 맑고 좋은 마음이 있다. 그래서 순리를 거슬러 어둠 속으로 걸어가는 불행한 처지에 놓인 사람들을 보면, 이를 안타까워하며 잘되도록 도와주려고 한다. 그런데 업에 따라 살아가는 대부분의 사람들은 세상의 이치와 옳고 그름을 밝혀 참된 행복을 얻는 길을 권하면 그것을 받아들이지 않고 오히려 비웃거나 해치려 한다. 사람들이 그렇게 하는 이유는 어두운 세상이라 사람들이 말법의 환상과 욕망에 물들어 참된 길을 좋아하지 않기 때문이다.

그래도 세상을 밝히고 상대를 축복하려는 좋은 마음이 있어 그들을 바른길로 안내하려고 계속 애를 쓰다 보면, 가슴속에 안타깝고 답답한 일들이 쌓이게 되고 점점 그 마음이 달아올라 마침내 마음에서 불이 일어나게 된다. 이 불이 바로 사랑의 불이요, 참된 마음의 불이니, 이 불이 자기의 마음속에 깊이 짓눌러 떨어지지 않는 숙업을 태우게 된다. 이처럼 사실 속에 있는 좋고 나쁜 일을 밝히고 그 이치를 세상에 알리게 되면, 사람에 따라서 차이는 있겠지만, 누구든지 점점 더 밝아져 마침내 깨달음과 해탈에 이르게 된다.

그동안 도(道)를 이루기 위해 세상과의 모든 인연을 끊어야 한다고 해서 불쌍한 가족과 중생들에 대한 자비심마저 버린 수행자들이 많았는데 이러한 사람들은 공부할 자격조차 없는 사람들이다. 그 근본에 큰 사랑이 있다면 결코 세상과 중생에 대한 자비를 버리지 못하며, 세상과 인연을 끊을 수 없다. 진리의 길을 가는 자에게 있어서 세상은 반드시 있어야 할 복밭인 것이다.

그러므로 세상을 섬기고 사랑해야 한다. 그 대상이 누구여도 관계가 없다. 상대가 더 좋은 삶을 살도록 깨우쳐만 준다면 그 대상이 누구일지라도 공덕을 지을 수 있다. 가족을 먹여 살리기 위해 매일 일터로 나가는 가장의 노력도 사랑이며, 가족의 생계를 알뜰히 꾸려가는 주부의 삶도 사랑이며, 아이들이 바른 인간이 되도록 애를 태우는 선생의 보살핌도 사랑이다. 남을 위해, 나라를 위해, 세상의 모든 존재를 위해 속을 태워도 결과는 같다. 그 대상이 크고 좋은 결과가 많을수록 그만큼 공덕이 커지는 것이다. 이것이 모든 수행의 으뜸인 공덕행으로 아직까지 세상에 분명히 알려지지 않은 수행의 요체이다. 불교는 이 가르침이 흐려짐으로써 세상을 밝히는 진리로서의 생명력이 약화되고 깨달음의 빛도 흐려지고 말았던 것이다.

그런데 '해탈에 이르기 위해서는 모든 업에서 벗어나야 할 텐데, 세상일로 애태우는 것은 오히려 업이 되고 집착이 되는 게 아닌가?' 하고 의문을 가질 수 있다. 그러나 애욕과 집착으로 자신의 애를 끓이는 것은 자신의 업장을 무겁게 하지만, 진정 세상을 밝히는 참된 진리로 상대를 축복하고자 애태우는 사랑 속에는 자신의 업장을 태워 그 영혼을 맑게 하는 비밀이 있다. 애욕과 집착으로 자신을 불태울 땐 가슴에 한이 맺혀 미어터질 듯 아프지만, 진정 사랑하고 축복하는 마음으로 애가 탈 땐 가슴에 맺힌 업장이 타버려 재가 스러지듯 마음이 아련해지며 맑고 고요한 지복을 느끼게 된다. 이처럼 사랑은 인간의 생명과 삶 속에 깃든 하늘이 주신 희귀한 보물로 인간은 사랑과 공덕으로 인해 더욱 인간다워지고 사랑의 불로 인해 비로소 완성되는 것이니 공덕행이야말로 최고의 수행법인 것이다.

공덕행

'공덕행(功德行)'이란 상대를 올바른 원인으로 축복하여 상대에게 좋은 결과가 나타나게 하는 것이다. 공덕으로 인해 세상이 좋아지고 인간이 완성되니, 예부터 세상에서는 이것을 사랑이나 도덕이라 하여 가장 높이 숭상했다. 즉, 공덕과 사랑과 도덕은 세상과 인간을 축복하는 길로서 말은 다르지만, 근본 뜻은 같다.

공덕행은 상대를 진심으로 축복하고자 하는 사랑과 섬김의 마음에서 나온다. 따라서 공덕행은 자랑하는 마음이 아닌 '섬기는 마음'이다. 타인 위에 올라서 주인 된 자세로 내려다보거나 사심을 갖고 대하는 것은 큰 축복이 안 되며 오히려 자신을 위험하게 만든다. 상대가 아무리 무지한 자라 하더라도 자비와 이치로 섬겨, 그 사람의 무지를 이해하고 그를 가련히 여기는 마음을 가져야 한다. 그래서 내가 할 수 있는 최선의 노력으로 그 사람을 섬겨서 진심을 얻어야 할 것이며, 적당한 순간 그를 깨우쳐 올바른 삶으로 인도하면 나중에는 그가 다시 나를 축복하고 세상을 축복하게 된다. 이것이 진정한 공덕행의 자세이다.

따라서 자기 위안이나 세상에 보이기 위해 위선으로 남을 돕는 것은 별 공덕이 안 된다. 오늘날 매스컴을 보면 대부분 보여주기 위해 공덕을 짓고 있는데, 실제로 이것은 큰 공덕이 되지 못한다. 외형으로 보여주기 위한 공덕은 오히려 아상(我相: '나'라는 관념)을 키워 자신을 더 망치고 만다. 그는 사랑을 베푸는 것이 아니라 자신의 자비심을 자랑하고 있는 아상을 짓고 있는 것이다. 공덕은 정(情)이 아니라 이치로 섬기는 것이어야 한다.

그러면 공덕을 지으려면 어떻게 해야 하는가? 공덕이란 상대를 축복하여 좋은 결과를 내는 것으로 먼저 상대가 처한 상황을 정확히 이해하는 것이 중요하다. 인과의 이치상 주어진 상황 속에서 원인과 결과 관계를 명확히 보고 문제 해결에 가장 적합한 원인을 지으면 반드시 좋은 결과가 오게 된다. 이것이 바로 영원불변한 인과법으로 좋은 원인은 좋은 결과를 낳고, 나쁜 원인은 반드시 나쁜 결과를 낳는다. 따라서 모든 것을 인과의 이치대로 진실을 밝히면, 사람의 마음은 사심과 거짓이 사라져 인간 완성에 이르고, 세상은 어둠과 혼란이 사라져 지상천국에 이르게 된다.

그러기 위해서는 먼저 세상을 볼 줄 알아야 한다. 세상 사람들은 모두 인간으로 태어나 보람 있고 가치 있는 일을 하길 원한다. 그러나 자신의 의도와는 달리 이를 실천하기 어려우며 오히려 나쁜 일을 만들기 쉽다. 그 이유는 부처님이 중생을 눈뜬장님이라 이야기했듯이, 일반 사람들은 스스로 세상의 일을 보는 데 어둡기 때문이다. 따라서 세상을 바로 보고 세상을 축복하는 좋은 원인을 지으려면 먼저 세상을 있는 그대로 바로 보는 눈을 떠야 하며, 그러기 위해서는 세상을 본 성자들께서 밝힌 완전한 진리와 인연이 닿아야만 한다.

부처님 이후 수많은 수행자가 깨달음을 얻겠다고 진리의 길을 갔으나 뜻을 이루지 못하고 황야에서 한을 안고 스러져간 것은 정법의 인연을 만나지 못했기 때문이다. 그러나 부처님의 제자들은 깨달음의 빛을 옆에서 보았기에 그 길을 그대로 따라 하니 다음 생에 깨달음을 얻는다는 수기를 받게 되었던 것이다. 이처럼 밝은 눈으로 세상을 바로 보는 자를 따르면 명확한 세상과 진리를 보게 되고, 생각과 환상에 빠져 세상을 흐릿하게 보는 자를 따르면 안개 속에서 세상을 보게 되는 것이니, 이것은 너무 당연한 인과의 귀결이다. 이처럼 진리의 인연은 깨달음에 이르는 길에 있어서 핵심적이다.

따라서 진리의 인연을 만나 실상과 이치를 깨치면, 그 마음속에 진실이 커져 세상을 바로 보고 옳고 그름을 구분할 수 있게 된다. 그리하여 거짓을 멀리하고 바른 것을 행하여 자신을 진실하게 만드는 일을 자꾸 되풀이하면 점점 심신이 좋아지고 지혜가 쌓인다. 이렇게 하여 자신 속에 진실과 근기가 커지면 거짓과 무지 속에 뒹굴고 있는 세상이 보이고, 그것이 안타까워 그들에게 바른길을 알리고 세상을 밝은 이치로 인도하고 싶은 사랑과 용기가 생겨난다. 그리하여 진정 하늘이 무너져도 흔들리지 않을 큰 사랑과 땅이 꺼져도 움직이지 않을 용기가 있어 자신의 삿된 욕망과 집착을 모두 불살라 버리면, 세상을 위해 조금의 흔들림 없이 모든 것을 이치대로 행할 수 있는 자유자재한 해탈에 도달하게 된다. 이것을 근본불교에서는 팔정도로 정리했던 것이다.

그러므로 깨달음을 얻고자 수행에 나선 자는 먼저 자신의 '선근(善根)'을 키워야 한다. 부처의 근본은 선근이다. 선한 마음이 있어야 세상을 사랑할 수 있고, 사랑하는 마음이 있어야 자신의 거짓과 어둠을 극복하고 진실함을 회복할 수 있다. 즉, 양심과 용기, 사랑과 진실과 같은 선한 마음이 인간세상에서 가장 소중한 보물이니, 이것이 자라 인간을 인간답게 하고 깨달음에 이르게 한다. 자신의 마음속에 사실과 진리를 밝히려는 진실하고 좋은 마음이 있어 세상을 축복하려고 할 때, 악에 물든 세상의 어둠과 부딪히게 되고, 그러면 세상과 상대를 축복하고 싶은 좋은 마음에 사랑과 양심과 진실의 불이 일어나 자기 안에 모든 거짓과 삿됨을 불살라버림으로써 의식의 정화를 이루게되는 것이다. 따라서 진정 상대를 축복하고자 하는 진실한 사랑과 선근이 없는 자는 마음을 태울 수가 없고 인간 완성으로 나아갈 수 없는 것이다.

그래서 근기가 무르익어 세상을 모두 담을 큰 사랑과 하늘이 무너져도 꿈쩍하지 않을 용기와 땅이 꺼져도 흔들리지 않을 양심이 생기면, 오지 말래도 저절로 깨달음은 온다. 세상을 위해 자신을 완전히 불사를 수만 있다면 걸림 없는 자유와 평안을 얻지 못할 이유가 없는 것이다. 따라서 아직 깨달음을 얻지 못했다면, 자신 속에 과연 깨달음에 이를 수 있는 진정한 용기와 사랑과 진실이 있는가부터 돌아봐야 한다. 근본이 없는 자가 인간 완성의 경지인 해탈을 이루려 한다면, 그 것은 숯을 갈아 거울을 만들려는 것과 같이 허황한 일이다. 세상에 대한 사랑이 없고 근기가 부족한 자가 아무리 생각으로 자신의 업과 욕망을 지우려 한들 지울 수 없으며, 근본이 안 되는 자가 억지로 욕심내어 해탈을 얻고자 한다면 마(魔)의 유혹에 빠지거나 심지어 죽을 수도 있다.

이처럼 해탈이란 아무나 다다를 수 있는 것이 아니며, 오직 진리의 인연과 선근 공덕을 갖춰 세상에서 가장 큰 양심과 용기와 진실을 이룬 자가 하늘의 뜻을 만나야만 오르게 된다. 그래서 예로부터 수다원·사다함·아나함·아라한[예류(預流)·일래(一來)·불환(不還)·아라한(阿羅漢)]의 경지를 거쳐야만 부처에 이른다고 했으며, 부처님도 "나의 깨달음은 수많은 전생을 돌며 쌓은 나의 공덕이 이 세상을 덮을 만하여 비로소 이생에 와서 깨달음을 이뤘다."고 말씀하신 것이다.

따라서 자신의 근본을 키울 수 있는 공덕행이 필요하다. 그러나 자신의 근본을 기르는 일은 쉬운 일이 아니다. 자신의 근본을 바꾸는 일은 너무나 어렵기에 부처님의 제자들도 평생을 부처님을 따라다니며 그 가르침을 듣고 깨우치고 행하기를 반복했던 것이다. 인과의 이치가 흐르는 법계에서 '한꺼번에'라는 말은 없다. 모든 것은 원인이 쌓여 인연이 무르익어야 변화가 나타난다. 해탈도 진리의 인연과 선행으로 좋은 근본을 얻어 끝없는 공덕행으로 이를 키움으로써 그 열매를 완성하는 것이다. 따라서 해탈에 이르는 일은 이생에서 반짝 닦아서 될 일이 아니라 삶의 일부로 영원히 계속되어야 한다. 그러므로 해탈을 얻기 위해서도 공덕행을 해야 하고, 해탈을 얻은 후에도 해야 할 일은 공덕행밖에 없으니 공덕행은 삶의 일부가 되어야 하는 것이다.

세상을 축복하는 공덕에는 여러 가지가 있다. 부모가 자식을 올바른 인간으로 키우는 일, 사업가가 경제 활동을 통하여 많은 사람을 부양하는 일, 정치가가 공정하고 정의로운 정책으로 국가를 밝게 만드는 일 등 세상을 위해 살아가는 모든 일이 세상을 축복하는 공덕에 해당한다.

그러나 무엇보다 큰 공덕은 진리를 밝히고 전하는 일이다. 진리를 밝히게 되면 거짓된 관념에 속아 살아오던 사람들의 삶이 진실해지고 어두운 세상이 밝아진다. 그리고 마음이 밝아진 사람들은 어둠과 불행에 빠지지 않고 바른 이치대로 세상에 좋은 원인을 지어 주위를 행복하게 만든다. 사람을 하나 깨우치면 그가 깨친 만큼 세상이 좋아지고 그 주위가 모두 밝아지니, 예로부터 금강석(다이아몬드)을 은하수만큼 보시하는 것보다 진리 한 구절을 전하는 공덕이 더 크다는 말이 전해져 내려오는 것이다. 그래서 부처님이 중생을 위해 재물로 보시하거나 노동으로 돕지는 않으셨지만, 세상에서 가장 큰 공덕을 지었다고 하는 것은 바로 인간의 의식을 깨우치는 법을 전하셨기 때문이다. 진리를 전함으로써 나의 마음이 더욱 진실해지고 세상의 어둠과 나의 어둠이 사라지며, 세상의 반대에 부딪히면 나의 마음의 애가 타 모든 업이 녹아내리니 이보다 좋은 일은 없다.

하지만 거짓과 욕망이 들끓고 있는 현실 속에서 좋은 근본을 얻어 진리와 사랑과 용기로 세상을 축복하는 것은 매우 어렵고 위험이 따른다. 진실을 밝히면, 말법에 빠진 자들은 자신들의 밥줄이 끊어질까 봐 기를 쓰고 모함하고, 업을 지닌 자들은 그릇된 자신의 시각으로 진리를 모독하며 비웃는다. 그러나 공덕행은 그러한 사람들의 무지를 이해하고 가련히 여기는 마음에서 출발했기에, 사람들이 그러한 행동을 할수록 잘못된 길을 가고 있는 것에 대한 안타까움이 생겨나 마음에 불이 일어나게 된다. 이것이 마음의 불을 얻는 원리이다.

모든 것은 부딪힘을 통해 마찰이 일어나고 열이 생긴다. 자연에서 불을 얻기 위해서는 나무를 마찰시켜야 하듯이, 마음의 불이 일어나기 위해서도 세상과 부딪힘이 있어야만 한다. 여기에 바로 현실의 중요성과 공덕행의 가치가 있으며, 세상과 진리를 위해 살아가고자 하는 선한 마음의 고귀함이 있다. 이처럼 진리와 사랑으로 어두운 세상과

부딪히는 것이 업을 지우고 갈애에서 벗어나는 최고의 길이며, 이것이 여태껏 나타난 수행법 중 가장 분명하고 확실한 깨달음의 길이다. 과거 부처님도 전생의 공덕이 세상을 모두 덮을 정도였기 때문에 이생에 와서 해탈을 이루었다고 했으니 공덕행은 모든 부처의 공통된 깨달음의 길이다.

예수님의 사랑과 팔복(八福)도 모두 이와 같이 세상을 축복하며 살아갈 때 그 마음이 정화되어 복을 받는다는 이치를 담고 있다. 예수님은 산상수훈에서 영혼이 가난한 자, 애통해하는 자, 박해를 받는 자, 나를 위해 고통받고 모함받는 자와 같이 여덟 가지 경우에 복을 받고 천국을 얻는다고 설명하고 있다. 그 이유는 예수님이 밝힌 참된 진리를 세상에 전하며 밝은 세상을 만들려고 노력할 때 어둠의 세력으로

부터 많은 저항과 박해와 고통을 당하게 되고 이때 그 마음이 애통해
불이 남으로써 마음이 정화되어 축복을 받게 된다는 이치를 말하고
있는 것이다.

따라서 인간 완성을 이루고자 하는 자는 세상을 위해 자신을 바치
겠다고 하는 마음의 발원이 있어야 하고, 죽어도 이루겠다고 하는 용
기가 있어야 하며, 그에 상응한 공덕행을 실천해야 한다. 우리가 땅에
거름을 주어 땅을 축복하는 이유는 자신에게 풍성한 수확이 돌아오
는 것을 알기 때문이니, 우리가 세상을 축복하면 그 보답이 결국 우
리 자신에게 돌아오는 것이다. 그래서 성자들은 세상에 진리를 전하
는 사랑과 공덕행을 항상 강조했던 것이다.

따라서 깨달음의 정법은 바로 공덕행이다. 이 세상에서 원인을 짓지
않고 이룰 수 있는 것은 없으니, 공덕행을 통해 깨달음에 이르는 원
인을 지어 자신을 진리로 밝히고 좋은 근본을 얻어야만 완성된 영혼
을 얻게 된다. 물론 지금도 이런 이치를 외면하고 기도나 선정(禪定)으
로 깨달음을 이루려 하는 이들도 있다. 하지만 기도든 선정이든 그 나
름의 수행에 앞서 반드시 공덕행을 통해 자신의 좋은 근본을 이루어
야 하며, 그 후에야 비로소 해탈로 이어지는 결과를 기대할 수 있다.
이에 비해 공덕행은 업을 불사르고 마음을 정화하는 직접적 방법이므
로 더 이상 다른 수행이 필요 없다. 즉, 세상에 대한 자비와 사랑으로
진리를 밝혀 세상을 축복하고 그 과정에서 지혜와 용기와 인내와 같
은 좋은 근본을 얻어 사사로운 애욕과 집착을 불사르고 완전한 맑음
을 이루어 해탈에 이르는 것이다.

이것은 삶 속에서 이루어지는 일이기 때문에 과거 수행자들처럼 현
실에서 떨어져 비현실적이고 관념적으로 살지 않아도 충실한 생활인

으로서 살아가며 인간 완성의 길을 걸어갈 수 있다. 그렇기에 공덕행이 현대를 살아가는 수행자에게 가장 올바르고 적합하며, 현실에도 충실한 수행법이다.

요즘 세상에서는 거짓을 범하지 않고 세상을 위해 공덕을 베풀고 살겠다고 하면 현실에 맞지 않는 어리숙한 사람으로 비추어질지도 모르지만, 세상을 위해 산다는 것은 인간을 인간답게 하고 세상을 밝게 가꾸며 인간을 완성으로 이끄는 최고의 길이다. 인간 속에 이러한 신비가 숨어 있기에 인간을 만물의 영장이라고 하며, 세상은 살아갈 의미와 가치가 있는 것이다.

그러나 공덕행으로 마음의 불을 얻는 것은 쉬운 일이 아니다. 근기가 약한 단계에서는 세상을 축복한다고 해도 마음의 불이 일어나지 않는다. 세상을 제대로 보지 못하니 옳고 그름이 보이지 않고 남을 축복할 길 또한 제대로 보지 못하기 때문이다. 그래서 대부분의 경우 좋은 생각으로 진리를 전하다 상대에게 반대와 모욕을 받게 되면 안타까운 마음이 들기보다는 오히려 상대에 대한 미움과 분노와 증오가 일어나기 쉽다. 그러면 좋은 의도로 시작했던 공덕행이 자기의 마음을 태우기보다는 오히려 한과 업을 맺는 결과를 초래하게 된다. 이를 조심하고 더욱 바른 이치와 선한 마음을 지니도록 노력해야 한다.

오늘날 종교단체에서 자신들의 존재가치를 자랑하며 가장 많이 쓰는 말이 '사랑'과 '공덕'이다. 그러나 무조건 물질을 베풀고 불행한 자를 도왔다고 해서 복을 지은 것이 아니며 구원이나 극락을 보장받는 것이 아니다. 하늘을 찌르는 성당을 짓거나 수백 채의 절을 지어 바친다고 해서 공덕이 되지 않으며, 거지 만 명에게 밥을 먹인다고 해서 공덕이 되지 않는다. 오직 좋은 사람과 밝은 세상을 만드는 좋은 결과가 있어야 공덕이 되는 것이다. 중국 양나라 무제가 수많은 절을 짓고 수십만의 스님들을 편히 지내도록 공양하고도 달마 선사에게서 "무소공덕!(無所功德 공덕이 없다)"이라는 소리를 들은 이유도 바로 여기에 있는 것이다.

사실 요즘 종교단체에서 널리 행해지는 자선과 희사행위는 이치적으로 보면 거지 돕는 효과 밖에 나지 않는다. 그러한 일은 좋은 세상을 만드는데 별 도움이 되지 않기 때문이다. 왜냐하면 아무리 가난한 자를 많이 돕는다 하더라도 불행하고 어두운 세상은 계속될 것이며 가난은 그치지 않을 것이기 때문이다.

따라서 진정한 공덕을 지으려면 참된 이, 한명을 깨우쳐 그가 훌륭한 사람이 되도록 도와야 한다. 이것이 성자들이 세상에 전하려고 한 진정한 공덕행이다. 참된 인재가 한 명 깨어나게 되면, 그가 밝은 세상을 만들어 수많은 사람을 행복하게 하며 그로인해 세세생생 진리가 펼쳐져 온 세상이 축복을 받게 된다. 그래서 부처는 아무에게도 적선하지 않았지만 세상에서 가장 큰 공덕을 지었다고 하는 것이다. 그 이유는 소수의 참된 제자들을 일깨워 세상을 밝히는 진리를 전했기 때문이다. 그래서 진리를 전하는 전법행이 가장 큰 공덕인 것이다.

그리고 지금처럼 어두운 세상에서 또 하나 유의할 점은 자신의 좋은 의도가 남에게 이용당하기 쉽다는 사실이다. 오늘날 이웃을 사랑하라는 말이나 상대를 섬기고 희생하라는 말로 인해 많은 부작용이 나타나고 있다. 즉, 이치가 사라진 허울 좋은 사랑과 공덕으로 인해 세상에 수많은 위선과 악이 생겨났는데, 이는 진리를 흐리는 자들이 나타나 인간의 선한 마음과 공덕심을 이용하기 때문이다. 그리하여 지금 세상에서 사랑과 공덕의 간판이 걸린 곳들 대부분에는 우상과 어둠과 탐욕이 숨어 있다. 그래서 세상에는 공덕을 짓는다고 난리지만 실제 공덕을 짓는 자가 드물며, 오히려 사랑으로 포장된 어둠의 덫에 걸려 자신을 한에 빠뜨린 사람이 많다. 이러한 현상은 오늘날 종교 속에 성자들의 가르침 속에 있던 생명력과 진리가 사라지고 오직 사랑과 공덕이라는 허명만 남아있기 때문이다. 그래서 진리의 인연을 만나 성자들의 참된 가르침을 깨치는 것이 중요하다.

따라서 자비와 어리석음 사이에서 이를 분별하는 지혜를 지녀야 한다. 자신이 행한 일이 좋은 결과를 가져오면 공덕이 되겠지만 나쁜 결과를 낳으면 오히려 악덕이 되니, 옳고 그름을 구분하고 진리를 볼 줄 알아야 하는 것이다. 그래서 바른 것을 알아보고 올바른 원인을 지어 원하는 결과를 얻어낼 때 비로소 진정한 공덕이 되는 것이며, 만약 상대방과 세상을 어둠에 빠뜨리는 결과가 나타나면 그의 선행은 헛된 것이며 오히려 악덕이 되는 것이다.

그러므로 이제는 거짓 공덕과 사랑의 어둠에서 깨어나야 한다! 어두운 세상에서 자신이 모르는 일은 함부로 행해서는 안 된다. 자신이 모르는 일은 공덕이 되기보다는 한을 짓기 쉬우니, 자신이 분명히 아는 범위 내에서 이치를 따라 세상을 섬기는 것이 지혜로운 일이다.

현상을 바로 보면 그 속에 옳고 그름이 존재하며, 그 결과가 어떠할지 나타난다. 그러나 대부분의 사람은 옳고 그름을 따르기보다 자신의 감정에 따라 행동하기 때문에 아무리 좋은 일을 하려고 해도 공덕을 쌓지 못한다. 공덕을 쌓을 수 없으니, 밝은 마음을 얻지 못하고, 밝은 마음을 얻지 못하니 옳고 그름을 보지 못한다. 이것이 진리와 인연이 없는 사람의 딜레마이다. 따라서 진리의 깨침이 없는 사람이 상대방을 무조건 베풀고 돕는 것은 공덕이 안 되고 오히려 화를 당하는 원인이 되는 경우가 많다.

예를 들면, 이웃을 도울 때는 그가 왜 그와 같은 불행한 결과에 빠졌는가를 보고 스스로 그 불행에서 헤쳐 나오도록 도와주어야지 동정심에서 무조건 베푸는 게 되어서는 안 된다. 돕는다는 마음은 아름답지만, 그것이 그대로 공덕이 되는 것이 아니다. 돕는다는 허울 때문에 상대방을 더욱 나약하게 하고 자신의 시간과 재산을 소모하는 어리석음에 빠질 수도 있기 때문이다.

물론 이웃이 천재지변을 입었을 때 그들을 돕는 것은 사랑일 수 있다. 불가항력에 의한 것이니 상대가 좋은 근본을 지닌 자라면, 내가 보탠 도움을 받고 다시 일어서서 좋은 성품과 능력을 살려 세상에 기여하여 자신이 받았던 도움을 갚을 것이기 때문이다. 그러나 자신의 불성실함으로 인해 가난하게 된 자나 양심이 없는 자를 무조건 도우면, 그들은 당연한 권리인 양 도움을 받으며 더 주지 않으면 오히려 미흡하다고 도왔던 이를 욕한다.

오늘날 불행하게 사는 자들 중에는 자신이 지니고 태어난 좋지 않은 성품으로 인해 그러한 결과를 받은 사람이 많다. 이들을 올바르게 축복하는 길은 물질로 베푸는 것이 아니라, 자신들이 왜 가난한지를 깨우쳐 주고 스스로 일하도록 만드는 것이어야 한다. 어리석은 자는 감미로운 보살핌으로 구하는 것이 아니라, 올바른 깨우침으로 구하는 것이다. 더구나 오늘날은 세상 이치도 모르는 위선된 자들이 불쌍한 자를 돕겠다며 앞뒤 안 가리고 도와주다 보니 살인이나 악을 행해 사회에 물의를 일으킨 죄인까지 도와야 한다고 나서는 경우가 있다. 그들은 "죄는 밉지만, 인간은 미워해선 안 된다."고 말하며, 함부로 돕다가 나중에는 실망하여 포기하기도 한다. 결국, 옳고 그름을 모르면 자신이 하는 일이 공덕이 아니라 악덕이 되는 경우가 많으며, 옳고 그름이 없이 무조건 도와주면 죄인이 득세하는 사회가 되어 버린다.

이처럼 그 속에 있는 이치를 알면, 그렇게 함부로 남을 도와서는 안 된다는 사실을 알 수 있다. 사람이 남에게 피해를 주고 죄를 범하는 것은 그 사람의 마음속에 쌓인 악업으로 인해 짓는 면이 강하다. 사업만 하면 실패하고 자신도 모르게 죄업을 짓는 사람은 과거에 자신에게 그러한 업이 있는 경우가 많기 때문이다. 따라서 죄를 저지른 자는 원칙적으로 자신의 행동에 책임을 지고 죗값을 치러야 한다. 악을 무조건 용서하면 세상은 악의 소굴이 된다. 악한 자들이 이를 악용하여 세상을 만만히 보고 더 흉악한 마음을 내어 악을 저지르기 때문이다.

모든 죄는 범한 자 스스로 죄의 무서움을 깨닫고 자신의 죄를 고통스럽게 여기고 두려워하는 '선한 마음'을 얻을 때 용서받는 것이지 남이 용서해 준다고 용서받는 것이 아니다. 일방적으로 사회나 타인이 용서해 주는 것은 진실로 반성한 참된 자기를 회복한 것이 아니며 자신이 지은 죄를 그대로 지닌 채, 그 영혼은 용서받지 못한 상태로 남아 있기 때문이다. 이러한 이유로 무조건 베풀거나 용서하는 것보다 그 마음을 깨우쳐 좋은 삶을 살도록 하는 것이 진정한 공덕이 되는 것이다.

세상 경영

세상을 경영하려는 이는 세상의 진실과 이치를 알아야 한다.
세상의 진실과 이치를 모르는 자가 세상을 경영하려는 것은
마치 눈먼 새가 대륙을 건너는 것과 같다.

종교가 힘을 잃고 철학이 숨을 죽인 세상에서 길을 찾기 어렵지만
열린 눈으로 세상을 본 성자들은
이 세상이 완전한 뜻과 이치로 이루어진 법계라 했다.

그러므로 세상을 경영하려는 지도자는
반드시 세상을 하나의 질서와 이치로 보는 눈을 가져야 한다.

세상을 하나로 보는 눈을 얻게 되면
세상을 움직일 벼리를 쥐게 되어
혼돈 속에서도 이치와 질서를 세울 수 있고
어지러운 나라를 한 세대 내에 세계 최강국으로 만들 수 있다.

역사 속에 흐르는 원리

요즘 사람들은 야만과 모순으로 점철된 인류 역사를 돌아보면서, '과연 그 속에 선이 있으며 진리가 존재하는가?' 하는 의문을 가진다. 이러한 의문은 오늘날 인류가 처한 혼돈과 무의미를 볼 때 더욱 커진다. 그래서 사람들은 이 세상에 정의와 진리가 없다고 함부로 말하며 자신의 이익을 위해서는 수단과 방법을 가리지 않는 가치관의 혼란을 보인다. 이러한 현상은 밝고 공정한 세상을 추구하는 사람들에게 매우 실망스러운 일이 되고 있다.

역사란 인간의 삶이 투영된 총체적 표현이기에 인간이 항상 마주하는 역사 속에서 선과 진리를 찾을 수 없다면, 인간의 삶이란 참기 힘든 비극이 되는 것이다. 따라서 역사의 진실을 밝히는 일은 매우 중요하다. 왜냐하면, 역사의 실체와 그 속에 있는 흥망의 이치를 알아낸다면, 어지럽게 돌아가는 현실 속에서 인간 사회가 나아갈 길과 인류의 미래를 밝힐 열쇠를 찾을 수 있기 때문이다.

그래서 고래로부터 역사의 본질적인 의미에 대해 생각한 학자들이 많았다. 인류 전체 삶의 결과인 역사와 그 속에 존재하는 원리를 살핀다면, 미래의 운명을 만들어 가는 데 있어서 결정적인 도움을 받을 수 있으리라 생각했기 때문이다. 동양에서는 공자의 『춘추(春秋)』와 사마천의 『사기(史記)』의 인의사상(仁義思想)을 이어받아 역사의 원리 속에서 인간의 길을 밝히려 했다. 역사 앞에서 사마천이 그러했듯, 동양의 학자들은 하늘과 인간의 관계를 탐구하고 고금의 변화에 통달하여 정치나 목민의 지침으로 삼고자 했다. 이러한 동양의 사관은 나라를 다스림에 있어 백성을 소중히 하고 권력의 폭정에 대해선 강도 높게 비판함으로써 도덕 정치와 대의명분을 중시했다. 이러한 사관은 중국, 한국, 일본, 베트남 등 동양의 정치와 지도자의 사고에 영향을 끼침으로써 위정자들에겐 자신을 돌아보고 역사의 평가를 두려워하는 계기가 되었다.

서양의 근대 역사학은 독일의 역사가 랑케(Leopold von Ranke)의 실증주의로부터 시작된다. 그는 정치가나 철학자들의 주장에 의해 역사적 사실이 은폐되고 변질되는 상황을 매우 못마땅해 했다. 그래서 그는 연구자의 주관에 따라 변하지 않는, 사실 그대로를 밝히는 실증적 역사학을 주장함으로써 객관적 사실과 역사의 인과관계를 밝히려 노력했다. 그러나 이러한 실증주의 역사관은 영국의 역사가 카(Edward Hallett Carr)에 의해서 상대주의 역사관으로 바뀌게 된다. 왜냐하면, 그는 역사를 기본적으로 강자의 기록으로 보고, 전해져 내려오는 역사의 대부분은 이긴 자에 의해 왜곡되어 있다고 보기 때문이다. 따라서 사실 그대로 기록된 것이 별로 없고 객관성이 매우 낮기 때문에 역사 기록 그 자체는 사실을 파악하는 데 별 도움이 되지 않으며 역사가가

의미를 부여할 때 비로소 가치를 가진다고 주장한다.

　그러면 역사를 어떻게 볼 것인가? 역사란 말 그대로 과거 인간들이 지은 원인에 의해 이미 객관적으로 나타났던 현상을 말한다. 따라서 역사학자들은 가능한 객관적인 사실을 기록해야 하며, 우리는 과거의 역사에서 가능한 한 객관적 진실을 밝히고 그 이면에 흐르는 인과관계를 찾아내야 한다.

　그렇다면 인류의 역사 속에 과연 정의는 존재하며, 완전한 신의 뜻과 진리는 존재하는 것일까? 그동안 역사 속에는 이해하지 못할 많은 일들이 나타났다. 고도의 문명을 자랑하는 문화국가들이 거친 벌판에서 나타난 야만적인 유목국가에 무참히 짓밟혔고, 죄 없이 살아가던 많은 순박한 민족들이 총칼을 앞세운 강대국의 무력 앞에 허망하게 사라져 갔다. 그동안 수많은 인류의 피가 흐르고 한과 서러움이 산천을 뒤덮었지만, 지금은 알아주는 사람이 아무도 없다. 이처럼 모순과 야만이 점철된 인류 역사 속에서 정의와 진리의 존재를 찾을 수 없다고 하는 것은 정상적 사고를 지닌 사람이면 누구나 생각할 수 있는 자연스러운 일이다. 모든 고대국가가 나라를 세울 때도 그랬고 강대국이 주변국을 합병하여 거대 제국을 세울 때도 그랬고, 서구 제국주의가 아메리카와 아프리카, 아시아를 식민지로 만들 때도 그랬다. 강대국들은 정의와 신의 뜻을 내세우며 전쟁을 벌였지만, 그것은 핑계였을 뿐 그 속에 흐르는 근본적인 흐름은 약육강식의 정복욕이었을 뿐이다. 그러한 악의 결정판으로 인류는 근대에 들어서 두 차례나 세계대전을 벌였고 수천만의 고귀한 인간들이 하루살이보다 못하게 죽어 나갔다.

이것이 외형적으로 나타난 역사의 모습이다. 그래서 부처님은 이러한 세상을 오탁악세라 했다. 모든 악이란 악은 다 모인 어둡고 불행한 세상이라는 뜻이다. 성자들은 바로 이러한 오탁악세가 올 때쯤 나타나 그 참담한 고난과 아픔에 부딪혀 자신을 꺾지 않고 완성함으로써 성자로 거듭난다고 한다. 그만큼 인간 완성의 경지는 고통 속에서 피는 꽃으로 이루기 힘들다는 뜻일 것이며, 기원 전후에 성자들이 많이 나타났다는 사실은 당시 세상이 온통 악과 어둠으로 물들었음을 의미하는 것이리라.

그렇다면 이런 무자비한 살육과 악의 범람 속에 과연 인간의 가치와 선과 정의를 찾을 수 있을까? 여기에 대해 많은 사람들이 의문을 표시하지만, 아이러니하게도 세상을 완전하게 보고 이치를 밝힌 성자들은 이 세상을 완전한 진리가 흐르는 법계라 했다. 그렇다면 혼란과 위선밖에 보이지 않는 현실적인 세상과 성자들이 주장한 완전한 법계 사이의 격차를 어떻게 설명할 수 있을까? 이러한 모순처럼 보이는 현상을 명확하게 이해할 수 있어야 난마(亂麻)와 같이 헝클어진 이 세상을 바로 보고 지혜롭게 살아갈 수 있다.

그러면 인류 문명이 왜 이렇게 악하고 무질서한 야만의 역사 속에 살게 되었는지 살펴보자. 처음 인간세상이 생겨나 사람들이 자연과의 조화 속에서 살아갈 때 세상에는 악이 거의 없었다고 한다. 에덴 동산, 요순 설화, 아틀란티스 문명의 전설에서도 알 수 있듯이 세상을 바로 보는 열린 눈을 얻은 성자들의 시각도 대부분 태초에 대해서는 긍정적이며 인류의 기원 설화들이 대부분 낙원 설화로 이루어져 있는 것도 그러한 사실을 뒷받침한다.

하지만 이 세상에 영원한 게 없으며 모든 것은 오래되면 저절로 퇴화하듯이 맑고 선하던 인간의 마음도 시간이 지남에 따라 점차 무지와 욕망으로 어두워져 갔으니, 그것은 인간의 마음속에 본질적으로 어둠[무명(無明)]이 자리 잡고 있기 때문이다. 그리하여 인간들은 자연의 삶에 만족하지 못하고 무지한 욕망과 집착을 일으켜 문명을 만들어 나가기 시작했다. 그리하여 문명과 인간의 욕망은 서로 악순환을 일으키며 점점 세상을 혼탁하게 만들어 마침내 오늘날과 같이 어둡고 힘든 세상이 오게 된 것이다. 그리하여 무지로 인해 악해진 인간의 마음은 지은 대로 받는 이치를 어기고 질서를 파괴하여 자신의 이익과 욕망을 추구하려는 나쁜 마음을 내기 시작했고, 그 결과 공정한 질서를 흩트린 대가로 그들은 개인적인 이익을 챙기게 되었지만, 질서가 무너진 세상은 혼란과 악으로 가득 차게 되었고 그 인과는 온 세상으로 번져 나가게 되었다. 세상의 주체인 인간의 마음이 악으로 물들자, 이 세상도 악으로 변하고 말았던 것이다.

그리하여 성자들이 많이 나타난 기원 전후에는 인간성은 극도로 타락했고 서로가 서로를 죽이고 노예로 삼는 오탁악세가 된 것이다. 그 이후로 인간세상은 악이 일반화되었으니 그 증표로 인류는 서로가 서로를 죽이는 참혹한 전쟁을 밥을 먹듯이 자연스러운 일상으로 행하며 살았던 것이다. 이것이 인간이 만든 문명의 죄스러움이다.

따라서 지금 세상이 악하고 어지러운 것은 오히려 이 세상이 완전한 법계임을 말해준다. 그동안 인류가 사사로운 개인의 이익을 위해 질서를 망치려고 지은 악이 세상에 가득한데, 세상이 이 정도라도 어지러워지지 않았다면 그게 더욱 이상한 것이다. 이처럼 세상의 이치는 한 치도 어김이 없으니 인간의 마음속에 악이 번지면 세상은 결국 어둠과 고통에 잠겨 스스로 파멸하게 되는 것이다. 지금 이 시기는 바로 그러한 악이 극도로 번성하여 자멸해 가고 있는 말세이다. 루마니아 작가 게오르규가 말했듯이, 지금은 더 이상 존재할 수 없는 시간인 '25시'이다. 따라서 우리는 이러한 인류의 현실을 직시하고 지혜롭게 대처하여 나쁜 원인이 더 이상 확산되지 않도록 함으로써 인류의 영원한 삶의 터전인 지구의 수명을 연장해야 한다.

그렇다면 그동안 인류 역사를 움직인 근본적인 동인(動因)과 원리는 무엇인가? 역사를 움직이는 근본 동인에 관해 과거로부터 많은 학자들이 의견을 제시했다. 신학자들은 신이 모든 것을 주관하여 그 뜻에 따라 역사는 이루어진다고 했고, 근대에 들어서서 계몽주의 철학자들은 인간의 주체성과 이성에 의해 역사는 움직인다고 했다. 그중 마키아벨리는 지도자의 역할을 강조했으며, 파레토는 사자형과 여우형 엘리트의 힘과 책략에 의해 역사가 움직인다고 했다. 반면에 유물론자들은 하부구조인 물질적 조건에 의해 상부구조인 역사가 변화한다는 유물론적 역사관을 주장했는가 하면, 토인비는 역사를 도전과 응전으로 해석하고 도전에 적절히 대응한 나라만이 살아남는다고 했다.

그러나 인간세상의 모든 일은 자연현상과 마찬가지로 강한 것이 약한 것을 제압하는 힘의 원리에 따라 움직인다. 에너지가 있어야 움직임이 나타나며 에너지가 클수록 큰 작용력을 나타내는 것이 어김없는 자연법칙이다. 그러나 이 힘은 아무렇게나 막 만들어지지 않는다. 이 세상은 완전한 뜻과 이치가 존재하는 법계이기 때문에 세상을 움직인 힘을 만들어 내는 것에도 원인과 이치가 있다.

역사란 과거 인간들이 지은 원인의 총합이다. 역사는 지나온 세월 속에서 지어졌던 원인에 의해 나타나며, 원인을 지은 주체는 바로 역사의 주인공이었던 인간들이다. 즉, 역사를 움직이는 힘은 인간이 지은 원인이며, 역사가 움직이는 원리는 원인에 의해 결과가 나타나는 인과법이다. 따라서 우리가 역사 속에서 사실을 정확히 파악하고 그 사실 속에 있었던 인과관계를 정확히 분석할 수 있다면, 인생과 역사 속에 있었거나 앞으로 있을 모든 문제에 대해 정확히 이해하고 대처할 수 있다.

그러나 인간세상의 힘은 동물의 세계처럼 단순한 물리적 힘만으로 이루어지지 않는다. 여기에 인간세상에 작용하는 힘의 오묘함이 있다. 인간세상의 힘은 양심과 용기, 근면, 검소, 정직 같은 정신적 미덕에 의해 만들어진다. 각 개인이 미덕을 지니고 건실한 삶을 영위할 때 이들의 힘이 모여 비로소 강한 국가의 힘이 만들어지는 것이다. 따라서 과거 강한 국력을 자랑했던 나라들을 살펴보면, 그 속에는 국민을 건실하게 만들었던 좋은 미덕이 있었음을 알 수 있다. 삶이 검소·질박하고 양심과 용기와 순수함이 있어 조국과 민족을 위해 자신을 기꺼이 바칠 수 있을 때 그 힘이 하나로 모여 큰 힘을 만들어 낼 수 있는 것이다.

　하지만 이것은 강한 나라를 만들어 내는 필수조건이지 충분조건은
아니다. 강한 나라를 만들어 내기 위해서는 개인의 건실한 힘을 하나
로 묶어낼 수 있는 뛰어난 지도자가 필요하다. 인류 역사를 살펴보면
모든 강대국이 나타났을 때는 그곳에 반드시 세계적인 영웅이 나타
났음을 알 수 있다. 그 대표적인 예가 바로 칭기즈칸이다. 우리는 백
만의 몽골 유목민들이 수많은 민족을 정복하고 세계 최대의 영토를
이룬 것을 경이롭게 바라본다. 그러한 일이 가능하게 된 데에는 백만
의 몽골인을 하나로 묶어 백만 이상의 힘을 만들어 낸 칭기즈칸의 지
도력이 있었기 때문이다. 인구 백만에 군사가 십만 정도에 지나지 않
던 몽골이 인구 1억이 넘고 수백만의 군사를 보유한 송나라를 정복하
고 세계를 정복할 수 있었던 것은 칭기즈칸이 강한 리더십으로 순수

질박한 몽골족에게 미래에 대한 벅찬 희망을 제시하고 정직과 신뢰와 공평한 분배로 국민의 힘을 하나로 묶는 덕목을 만들어 내었기 때문이다.

뛰어난 지도자는 이처럼 인간의 미덕을 끌어올림으로써 국민의 가능성을 최대한으로 발휘하게 하고 하나로 묶어내는 힘과 지혜를 발휘한다. 따라서 국민이 순수하여 인간의 미덕을 잃지 않아야 하고, 지도자가 비전과 리더십을 가지고 국민을 하나로 이끌 때, 그 나라는 혼연일체가 되어 강력한 힘을 지니게 되는 것이다.

몽골의 헌법 격인 '대자사크(Yeke Jasag)' 제3조는 거짓말한 자를 사형에 처한다고 되어 있다. 그만큼 그들은 정신이 맑고 순수했으며 칭기즈칸은 타고난 통찰력으로 거짓이 세상을 어둡게 하며 민족의 힘을 약화시킨다는 이치를 깨닫고 있었던 것이다. 그들은 거짓을 경계함으로써 서로 불신하지 않고 남의 말을 믿을 수 있었기에 작은 초원 부족들의 힘을 모아 하나가 될 수 있었으며 역사상 최강의 힘을 만들어 냈던 것이다.

이에 비해 송나라는 지도층의 거짓과 탐욕과 위선으로 국민은 불신 속에 대립하고 분열했으며 양심과 정의를 잃어버리고 타락하여 나약해졌으니 힘이 분산되어 거의 제로(0) 상태에 가까웠다. 그러니까 실질적인 힘에서 몽골이 십만이면 송은 제로 상태였으니 대결은 하나 마나였다.

이것은 로마가 망할 때도 마찬가지였다. 로마인들의 초기 모습은 검소·질박하고 애국적이었지만 말기의 로마는 식민지로부터 들어오는 풍부한 물품으로 인해 사치스러워졌고 향락에 취한 생활은 사회를 병약하게 만들었다. 이에 비해 로마의 국경을 침입해 온 게르만들은 순박하고 정신이 살아 있었다. 로마의 유명한 정치가 카이사르가 쓴 『갈리아 전기』와 타키투스가 쓴 『게르마니아』를 보면, 퇴폐했던 로마와는 달리 게르만들은 야만적이긴 했지만, 매우 순수하고 용맹했던 것으로 묘사되고 있다. 이처럼 검소 질박하고 용기가 있어 자신의 조국을 위해 몸을 바칠 수 있었던 게르만족과 이기심과 욕망으로 뿔뿔이 흩어진 로마가 싸웠으니 결과는 보나 마나였던 것이다.

이러한 역사의 진실 앞에서 우리는 부정할 수 없는 교훈과 진리를 발견한다. 그것은 사실과 이치를 중시하고 인간의 미덕을 지켰던 민족은 살아남았고, 거짓과 악덕의 길을 간 민족은 망했다는 것이다. 한 나라의 국민정신이 망하여 합리적인 사고로 옳고 그름을 밝히지 않고 서로 불신하여 믿지 못하며 성실히 노력하지 않는 나라는 힘을 잃고 망하고 말았으니, 이것이 그동안 패망해 버린 모든 나라의 역사 속에 숨은 비밀이다. 역사의 뒤안길로 사라져 간 모든 거대 제국의 패망의 이면에는 바로 그 나라 국민의 정신적 타락과 사회 분열이 있었음을 알 수 있다.

이와 같이 역사는 인간이 지은 원인에 의해 움직이고, 근본적인 동력은 인간의 정신과 미덕이 만들어 내는 힘이다. 하나의 힘이 만들어지면 그 힘은 자연법칙에 의해 강한 것이 약한 것을 지배하는 약육강식의 원리에 의해 움직이게 된다. 하나의 강한 바람이 생겨나면 주위의 약한 에너지를 흡수하여 태풍이 되어 세상을 삼키듯이, 강한 나라가 나타나면 주변의 모든 나라에 영향을 미치는 것이 역사의 원리이다.

그렇다면 인류 역사 속에는 힘을 만들어 세상을 지배하는 강자의 무자비한 폭력만이 존재하고 정의는 존재하지 않는 것인가? 물론 아니다. 인류 역사 속에도 한 치의 어김없는 인과의 법은 존재한다. 강대국들은 국민의 힘을 하나로 모으는 미덕을 발휘하여 세계적인 강국을 만들었지만, 그들은 그 힘을 세상을 축복하는 데 쓴 것이 아니라 다른 나라를 수탈하는 악덕을 범했기에 결국 그만한 죗값을 치렀던 것이다.

몽골은 송나라뿐 아니라 세계의 수많은 민족을 정복했지만, 그 결과 그들의 원한과 적개심을 사서 다시 쫓겨나는 복수를 당했으며, 영국을 비롯한 유럽 열강은 상대국들을 제압하며 경쟁적으로 식민지를 건설했지만, 이면의 갈등 구조는 세월을 거쳐 제1차·제2차 세계대전으로 이어져 결국 유럽 자체를 파멸시키는 원인으로 작용했다. 제2차 세계대전 후 유럽 부흥 계획인 마셜 플랜(Marshall Plan)으로 미국의 원조가 없었다면, 유럽은 폐허 상태에서 벗어날 길이 없었을 것이다.

그리하여 유럽은 이제 이기심과 폭력으로 다른 나라를 침략해서는 모두 공멸한다는 이치를 깨닫고, EU로 하나가 되는 유럽을 건설하여 공생 공존하려는 꿈을 꾸고 있는 것이다. 여기서 우리가 알 수 있는 것은 단합된 힘으로 세상을 축복하는 미덕을 발휘할 때는 그 국가는 지속적으로 발전하지만, 그 힘을 이용하여 다른 나라를 침략하는 악을 범하면 그 악이 세상을 고통에 빠뜨리며 결국 그 과보를 받아 파멸하게 된다는 사실이다.

이러한 완전한 인과 속에서 이루어지는 역사의 흐름을 깨쳐야 비로소 세상을 정확히 보고 약육강식의 국제질서 속에서 살아남을 수 있다. 세상은 야만의 역사로 흐르는 듯하나 그 속에도 완전한 이치는 계속 흐르고 있는 것이다. 이 세상이 비록 악하지만 그것은 본래 악한 것이 아니라 인간들이 이기심으로 악한 원인을 지었기 때문이며 세상의 힘은 저절로 생기는 것이 아니라 미덕이 있어야 생기며 그 힘은 올바르게 사용할 때 비로소 축복으로 다가온다는 사실이다.

이러한 실상과 이치를 안다면 힘과 욕망이 지배하는 현실 속에서 강한 자가 나의 권리를 침해하려 할 때 어떻게 해야 하는지도 당연히 알게 된다. 만들어진 힘은 이미 그 자체의 동력을 가지고 약육강식의 원리에 따라 작동하고 있기 때문이다. 따라서 상대가 힘을 가지고 도전할 때, 그때는 먼저 상대를 나쁘다고 비난하기에 앞서, 우선 자신의 힘을 길러 상대가 침략할 수 없게 만들어야 한다. 힘과 야만이 지배하는 어두운 현실 속에서 강한 나라가 약한 나라를 침입하는 것은 일상적인 일이었으니, 이러한 현실을 외면하고 힘을 기르지 않은 채 상대의 비도덕성을 비난하고 정의에 호소하는 것은 순진하고 어리석은 발상이다. 정의와 인간의 양심을 말하는 것은 적의 침략을 막은 후에 해야 할 일인 것이다.

그렇다면 한 나라를 책임진 위정자는 어떠한 정책을 써야 하는가? 먼저, 국가의 힘을 구성하고 있는 각 개개 국민의 힘이 최대한 발휘될 수 있도록 해야 한다. 국가의 힘은 국민의 힘이 모인 총합이기 때문이다. 그러기 위해서는 모든 개인의 능력과 가능성이 최대한 발휘될 수 있도록 자유로우면서도 공명정대한 밝은 세상을 만들어 주어야 하며, 서로 믿고 거래할 수 있도록 거짓이 없도록 해야 한다. 사회에 거짓이 없고 모든 것이 공정하게 이루어진다면 그 나라는 신뢰 속에서 개인의 능력을 최대한 발휘할 수 있게 되어 최강의 국력을 지니게 된다.

따라서 한 나라를 밝게 하는 의식개혁 운동이나 국력을 강화시키는 부국강병 정책도 거짓말을 안 하는 정직함과 모든 것이 이치대로 이루어지는 공정함을 바탕으로 해야 한다. 모든 국민이 양심에 따라 자유롭게 주체적으로 일하고 서로 돕고 신뢰할 수 있을 때 한마음이 되어 큰 힘을 만들어 낼 수 있는 것이다. 이처럼 진리와 덕목으로 국민의 힘을 하나로 모을 수만 있다면, 아무리 작은 나라라도 아무도 무시하지 못할 것이며 과거 몽골족 백만이 세계를 지배했듯이, 팔천만 우리 민족도 세계를 리드할 수 있게 될 것이다.

밝은 세상 만들기

    그동안 세상에는 수많은 인물이 나타나 좋은 세상을 만들겠다고 나섰다. 그러나 그들의 의도와는 달리 세상에는 온갖 욕망과 죄악이 더욱 번지고 세상은 점점 더 살기 힘들어지고 있다. 이것은 우리나라도 다르지 않다. 해방 이후 수많은 지도자가 나타나 부강한 나라를 만들겠다고 입이 닳도록 외쳤지만, 결국 나라를 부도 상태로 몰고 가 IMF 관리체제를 맞았으며 지금도 취약한 경제 체질에서 벗어나지 못하고 있다. 이러한 현상은 길을 보지 못한 장님들이 세상의 이치를 모르는 채 자기 생각으로 세상을 끌고 갔기에 나타난 현상으로, 결국 그 뒤를 따랐던 모든 국민을 한꺼번에 구렁텅이에 빠뜨리는 결과를 초래하고 말았다.

    따라서 세상을 경영하고자 하는 자는 세상을 보는 눈을 지녀야 한다. 세상을 보지 못하는 자가 세상을 운영하는 것은 눈먼 새가 대륙을 건너려고 하는 것과 같다. 열린 눈으로 세상의 실체를 본 모든 성자들은 한결같이 세상이 완전한 뜻과 이치 속에 이루어지고 있으며 지은 대로 받는 완전한 인과의 법칙이 세상을 지키고 있다고 했다. 우리가 일상에서 자신도 모르게 앞뒤를 따져가며 최선의 원인을 짓고 있는 것도, 세상이 빈틈없는 인과의 그물망 속에 담겨 있어서 우리가 하는 모든 일이 그에 상응한 결과를 가져올 것이라는 완전한 진리의 존재를 믿고 있기 때문이다.

만약 세상이 인과관계를 벗어나 함부로 움직인다면 우리들의 사고와 행동은 아무 소용이 없으며 위정자들이 짓는 수많은 정책들도 아무런 효과를 기약할 수 없다. 이처럼 인과의 진리는 공기와 같아서, 살아가면서 전혀 의식하지 못하지만, 우리의 삶에 치명적인 중요성을 지니고 있다. 만약 그러한 인과법이 우리의 생활을 지키고 있지 않아 아무 이유 없이 갑자기 땅이 일어나거나 일상적으로 마시는 공기가 갑자기 목을 막히게 한다면 우리는 한순간도 존재할 수 없게 된다.

이처럼 세상은 완전한 이치 속에 있으니 세상의 문제를 해결하려 할 때는 그 일 속에 깃들어 있는 인과관계를 밝혀서 적합한 원인을 지으면 반드시 그 문제를 풀 수 있다. 마치 벼리를 당기면 그물이 통째로 딸려 오는 것과 같이 세상일을 보고 그 속에 있는 인과관계를 밝혀 벼리를 잡아당기면 얽혀 있는 관련된 모든 일이 저절로 풀리게 된다. 따라서 세상을 경영하고자 하는 사람은 세상을 하나의 질서와 이치로 바라보는 눈을 가져야 한다. 세상을 하나로 보는 눈을 얻게 되면 혼돈 속에서도 질서를 세울 수 있고, 어지러운 세상을 한 세대 내에 지상천국으로 만들 수 있다.

그렇다면 세상은 어떤 이치에 의해 움직이는가? 세상일은 '근본과 바탕과 환경'의 세 요소로 이루어진다. 따라서 좋은 결과를 맺기 위해서는 이 세 가지 요소를 잘 갖추어져야 한다. 이것은 농사일이나 세상 일 모두 마찬가지다. 농사가 풍년이 들려면 '근본'인 좋은 씨앗과, '바탕'인 기름진 땅과, '환경'인 좋은 날씨가 있어야 한다. 이것을 세상일에 비유하면 나라의 근본은 국민이고, 바탕은 사회 구조와 제도, 정신적 가치이며, 환경은 국제·지리적 여건이다. 그러므로 좋은 세상을 만들고자 한다면 그 근본인 양심과 지혜를 갖춘 좋은 국민과 바탕인 좋은 정신적 가치와 전통이 있어야 하며, 환경적으로 평화스럽고 안정적인 국제·지리적 여건이 조성되어 있어야 한다.

그러나 지금 우리 사회의 근본인 국민은 욕망과 이기심에 젖어 양심과 용기를 잃어버렸고, 바탕인 사회는 올바른 가치관이 자리 잡지 못하여 정실과 부정부패로 병들어 있으며, 환경은 저질 자본주의와 폭력적 국제질서에 노출되어 있다. 따라서 좋은 세상을 만들고자 한다면 이러한 상황을 똑바로 보고 어떻게든 좋은 국민과 밝은 세상을 만들어 내는데 힘을 기울여야 한다.

물론 국제·지리적 여건은 이미 정해져 있는 일로 우리가 크게 관여할 수 있는 것이 아니므로 논의에서 제외한다. 다만 이러한 외부적 조건은 우리의 힘과 지혜가 커질수록 더 큰 도전과 발전의 기회를 제공하게 된다. 인간의 지혜가 사막도 옥토로 바뀌게 하는 것처럼 우리의 힘이 하나로 모이면 주변의 거친 환경도 더 큰 발전의 기회로 삼을 수 있다.

그러면 세 가지 요소 중 근본인 국민과 바탕인 정신적·제도적 기반에 대해 알아보자.

앞서 말했듯 나라의 근본은 국민이기 때문에, 좋은 세상을 만들기 위해서는 먼저 그 근본인 국민이 좋은 미덕을 지녀야 한다. 인간은 의

식적 존재이기 때문에 좋은 미덕을 많이 간직할수록 우수한 국민이 되어 좋은 나라를 만들게 된다. 이러한 좋은 정신에는 근면, 검소, 정직과 양심과 정의가 있다.

먼저 근면하면 자신이 원하는 것을 얻을 수 있고, 검소하면 부족함이 없으며, 정직하면 밝은 삶을 살아가게 된다. 밝은 삶을 통해 인간은 더욱 당당하고 건강해지며 좋은 국가를 만들어나가게 된다. 따라서 근면, 검소, 정직 이 세 단어는 매우 간단해 보이지만, 좋은 국민과 좋은 나라를 만드는 근본이 되며 그 속에는 인간 완성과 지상천국에 이르는 엄청난 비밀이 숨어 있다.

그럼 이러한 덕목들이 우리 삶에 어떤 의미가 있는지 자세히 살펴보자. 먼저, 근면하면 풍족함이 오고 항상 생명력이 흘러 활기찬 삶을 만들 수 있다. 흐르는 물은 이끼가 끼지 않으며, 부지런히 움직이는 삶은 결코 시들지 않는 것이다. 모든 생명체가 삶을 통하여 자신을 지어 나가듯이 사람은 근면한 생활을 통해 자신을 짓게 된다. 그러므로 노동은 단순히 먹고 살기 위한 수단으로 그치는 것이 아니라, 자신의 영혼을 가꾸는 성스러운 수행과 이어진다.

그리고 노동을 통해 얻은 결실을 검소하게 아껴 쓰면 부족함이 없게 된다. 검소하게 살면 그 마음이 허영과 사치에 물들지 않아 맑음을 유지하게 되고, 항상 넉넉하여 마음이 불안하지 않으며 설사 위기가 닥치더라도 준비가 되어 있으므로 위험에 빠지지 않는다. 그리고 부족함이 없으니 남을 속이거나 해치지 않게 되고 양심과 이치에 따라 바르게 살 수 있으며 어둠의 유혹에 쉽게 빠지지 않는다. 반면, 사치를 하면 욕망이 많아지고 정신이 나약해져 분수를 잃는다. 모든 망한 나라는 국민의 마음이 욕망이 넘치고 사치로 분수를 잃었기 때문이니 사치는 인간의 정신을 망하게 하고 사회를 악으로 물들이는 온상과도 같다.

그럼 정직함은 인간의 삶에 어떤 의미가 있는가? 정직해진다는 것은 진실해진다는 것이며, 인간의 진실이 커지면 근기가 좋아져 강한 원력과 의지가 생겨나고 자기가 원하는 것을 성취할 힘과 용기를 얻게 된다. 인간의 참된 근본을 구성하는 양심과 정의, 세상을 축복하는 공덕과 사랑, 인간이 지녀야 할 의지와 용기와 같은 미덕이 바로 거짓 없는 참된 진실로 말미암아 생겨나는 것이다. 이와 반대로 거짓과 환상을 좋아하면 인간이 참됨을 잃고 그 근본이 부실해져서 결국 인면수심(人面獸心)의 인두겁을 쓴 인간이 된다.

다음으로 국민이 가져야 할 덕목은 양심과 정의이다. 인간이 인간인 이유는 짐승과 달리 양심이 있기 때문이니, 양심을 일깨우면 사람은 죄와 거짓을 행하지 않고 옳지 않은 것을 방관하지 않으며 자기가 해야 할 일을 제대로 하는 좋은 사람이 된다. 양심이 있기에 인간은 잘못을 범하지 않고 남을 해치지 않으며 해야 할 일을 행하여 좋은 자기와 밝은 세상을 만들게 한다. 한마디로 양심은 인간의 좋은 마음이니 그 속에 선과 진실, 자비와 사랑, 의지와 용기, 정의와 같이 인간 사회가 받들고 가꾸어야 할 미덕이 있는 것이다. 따라서 한 사회에 양심이 있으면 배우지 않아도 사회를 지킬 수 있고 모든 문제를 스스로 해결할 수 있으며 하나로 단합하여 살기 좋은 부강한 나라로 만들 수 있다.

이러한 양심이 내면을 비추면 거짓이 없는 밝은 마음이 되며, 세상으로 나가면 옳고 그름을 분별하여 불의를 용납하지 않는 정의가 된다. 그래서 양심은 인간을 밝히는 빛이며 정의는 세상을 밝히는 빛이다. 인간의 마음속에 양심이 자리 잡으면 마음에는 행복과 평안이 존재하고, 양심이 세상에 자리 잡으면 정의가 되어 질서와 번영을 가져다준다. 인간의 의식이 양심과 정의에 깨어 있으면 절대 망하지 않으며 모든 문제를 극복하여 오히려 발전의 계기로 만든다. 따라서 모든 것이 이치대로 이루어져 억울함이 없는 밝고 공정한 세상을 확립해야 한다.

정의는 모든 일을 이치대로 이루어지게 하며 옳고 그름의 기준이 되기 때문에 정의가 바로 서면 세상엔 법이 필요 없다.

모든 것이 공명정대하게 이루어지는 정의로운 사회가 오면, 그 속에서는 모든 가능성이 활짝 피어난다. 밝은 세상은 양지와 같아서 모든 존재가 생명력을 얻어 자신의 능력을 최대로 발휘할 수 있기 때문에 풍성한 결실이 나타나게 된다. 왜냐하면, 밝고 공정한 세상은 모든 것이 자유롭고 일한 만큼 성과가 돌아오기 때문에 사람들은 자신의 능력을 최고도로 발휘하여 노력하게 되고 그 결과 풍요롭고 한이 없는 밝은 세상이 만들어지게 된다. 반대로 어두운 사회는 음지와 같아서 모든 것을 침체시키고 시들게 한다. 이런 세상은 열심히 일해도 돌아오는 대가가 없고 부정부패와 정실이 아니면 살아갈 수 없기에 사회는 활력을 잃고 불행해지고 만다.

사람은 먹고사는 것도 중요하지만, 그 마음속에 세상을 밝게 만드는 사랑과 양심과 정의가 있어야 한다. 그 나라 국민의 마음속에 깃들어 있는 품성과 자질이 모여 국민성이 되고 대외적인 국가의 모습이 되는 것이니 국민의 마음속에 양심과 정의가 자리 잡으면 그 나라는 저절로 모든 문제가 사라지고 사랑과 정의가 넘치는 행복한 나라가 된다. 따라서 세상에 양심과 정의를 선사하는 것이 세상을 위한 가장 큰 사랑이며 뜻있는 이들이 추구해야 할 최고의 목표라 할 것이다.

다음으로는 인간을 성장케 하고 사회를 밝게 만드는 바탕이 되는 훌륭한 정신적 가치와 전통이 있어야 한다. 모든 뛰어난 국가에는 반드시 국민정신을 고양시키는 좋은 정신적 가치와 전통이 있었다. 지금 세상의 어둠과 불행은 사실과 이치에 맞지 않는 말법의 영향으로 인해 잘못된 가치관이 세워짐으로 말미암아 나타났다. 그래서 그동안 세상을 이끌어온 종교와 학문이 그 역할을 다하지 못하자, 사람들은 양심을 버리고 수단과 방법을 가리지 않고 부귀와 욕망을 얻으려 했고 그 결과 세상은 온통 악과 불행으로 뒤덮인 것이다. 이와 같은 인간성 상실은 세상이 망할 때 나타나는 일반적인 현상이다. 한 사회가 망할 때는 가장 먼저 그 구성원인 국민의 정신이 망하게 되니, 아무리 국가가 망해도 국민이 제정신을 놓지 않으면 그 나라는 반드시 다시 살아나지만, 정신이 망해버린 민족은 영원히 역사 속으로 사라지게 된다. 따라서 우리나라에도 국민정신을 올바르게 인도할 훌륭한 정신적 가치와 전통이 자리 잡아야 한다.

과거 역사 속에 이름을 날렸던 모든 강대국들도 그에 마땅한 미덕과 위대한 가치를 지녔음을 알아야 한다. 모든 위대함에는 반드시 그에 상응한 원인이 있는 것이다. 모든 고대국가들이 일어날 때는 근검질박한 기풍에 국가를 위해 헌신하는 애국심과 사실을 중시하는 실천력이 있었고, 근대 서구 국가의 발흥에는 신의 우상과 무지를 타파하고 인간의 주체성과 합리성을 새 시대의 이정표로 내걸었던 것이다. 그리고 서구문명의 꽃으로 피어난 미국의 경우, 여기에 더하여 자유와 인권을 보장함으로써 개인의 가능성을 최대한 이끌어내어 세계 최강국의 위상을 확립했던 것이다.

이와 같이 근대 서구 문명이 세계를 지배하게 된 것은 무엇보다 신에 의한 우상과 불합리한 관념에서 벗어나 사실과 이치를 추구하는 위대한 근대정신을 확립했기 때문이다. 그들은 다른 문명이 관념에 젖어 불합리한 미신과 기적을 추구할 때 이성을 숭상하고 사실과 이치에 따라 올바른 원인을 지은 결과 한 치의 어김없는 인과법에 의해 그에 상응한 부와 영광을 얻었던 것이다. 그러나 동양은 이에 비해 부처님이 그토록 실상법과 인과법을 강조했음에도 불구하고 관념에 젖어 사실과 이치를 멀리하고 인간세상을 밝히는 좋은 원인을 짓지 못하고 서구의 사실적인 인과의 힘 앞에 무릎을 꿇고 말았던 것이다.

이처럼 사실과 이치는 인간의 삶에 있어서 가장 중요한 요소로서 물고기에 있어 물과 같아 일상 속에는 거의 느끼지 못하지만, 이것이 없이는 하루도 생존할 수 없다. 그래서 성자들이 깨닫고 나서 밝힌 진리가 바로 세상을 이루고 있는 사실과 이치였다. 그래서 부처님의 초기 가르침을 '사실로 존재하는 일에 대해 밝힌다' 하여 유법(有法), 또는 실상법(實相法)이라 했으며, 있는 일 사이의 관계를 원인과 결과 관계를 밝힌다 하여 인과법이라 했던 것이다. 이것은 원인과 결과로 모든 현상의 인과관계를 분석하는 오늘날 과학적 방법과 같은 것으로, 성자들은 이미 수천 년 전에 인간이 살아야 할 삶의 기준과 방법을 명확히 제시했던 것이다.

사실을 바로 알게 되면 거짓되거나 허황한 일을 하지 않고 어둠과 불행에 빠지지 않으며 자신의 삶을 참되고 보람 있게 만들 수 있다. 사실이 사실대로 밝혀지면, 악과 거짓이 발을 붙일 수 없어 세상은 저절로 밝아지게 된다.

그리고 현대의 정신적 혼돈과 무의미에서 벗어날 삶의 의미와 가치에 대해 분명히 정립해야 한다. 현대인의 방황과 국민정신 해체의 근저에는 삶의 의미를 찾지 못한 아노미(anomie: 가치관의 붕괴나 삶의 의미 상실로 사회나 개인에게 나타나는 혼돈 상태) 현상이 깃들어 있다. 죽음에 이르러서도 깨어 있는 인간의 정신은 자신의 존재 이유와 생명의 질서에 대한 근본적인 의문을 풀어야만 무의미에서 벗어나 삶의 의미와 가치를 찾을 수 있게 되는 것이다.

따라서 우리나라도 세계가 주시하는 모범적인 국가로 거듭나기 위해서는 국민들을 올바르게 이끌어 줄 올바른 가치관을 확립해야 한다. 이러한 가치관 속에는 국내의 모든 문제와 현대문명이 처한 모든 한계를 극복할 수 있는 진리의 빛이 들어 있어야 한다. 현대 국가가 지녀야 할 덕목인 자유와 인권, 합리성과 주체성은 물론 현대문명이 처한 인간소외와 물질문명의 한계를 극복할 수 있는 인생관과 우주관이 제시되어 있어야 한다. 그래야만 내가 왜 주체적으로 양심과 정의를 지키며 공명정대하게 살아야 하는지, 자유와 인권이 왜 필요한지, 어떻게 해야 의미 있고 가치 있는 삶을 살 수 있고 세상을 위해 좋은 일을 할 수 있는지가 저절로 나타나기 때문이다.

그러나 건실한 국민정신을 만들기 위해 참된 가치관을 정립하는 것은 단순한 현실 문제의 해결을 넘어서 삶의 본질적 의미와 방향을 제시해야 하기 때문에 매우 어려운 일이다. 하지만 그 빛을 제시할 수 있느냐 여부에 따라 우리나라의 운명과 인류의 미래가 결정되기에 아무리 어렵더라도 반드시 이를 성공시켜야 한다. 좋은 나라는 좋은 국민이 만들고 좋은 국민은 좋은 가르침이 만든다. 따라서 좋은 나라를 만들기 위해서는 반드시 국민의 정신을 이끌어갈 올바른 가치관의 제시가 필요한 것이다. 바로 여기에 위대한 한국 건설뿐만 아니라 현대 문명의 위기 극복 과제도 달려 있는 것이다.

이 일은 매우 어렵고 중요한 일이지만, 다행스럽게도 그 길은 세상의 실상을 완전히 보고 생명의 길을 밝힌 성자들의 가르침 속에 이미 다 제시되어 있다. 우리들이 해야 할 일은 그분들의 가르침을 오늘에 다시 밝혀 혼돈과 무의미 속에 헤매고 있는 인류의 앞에 생명의 등불로 활짝 피우는 것이다. 만약 우리나라에서 그 빛을 분명히 밝혀낸다면, 우리나라는 세계사를 선도하는 국가가 되어 인류 문명을 이끌게 될 것이다.

인간은 의미와 가치를 찾는 이성적 존재이기에 분명한 삶의 기준과 목표를 가지고 살아갈 때만이 흔들림 없는 인생을 살 수 있으며 바로 알면 행하지 않을 수 없다. 독약이 해로운 것을 안다면 아무리 억만금을 준대도 먹지 않는 것이다. 따라서 인간이 가야 할 길이 삶의 길을 밝히고 자신의 운명을 좋게 만들며 밝은 세상을 약속한다면, 그리고 그 길을 가지 않으면 자신의 근본과 운명을 망치고 세상을 망치게 된다면, 누가 시키지 않아도 스스로 인간의 미덕을 찾아 행하게 되는 것이다. 그래서 소크라테스는 아는 것이 덕이라 했던 것이다.

돌이켜보면 지난 시절 우리는 인간의 탈을 뒤집어쓴 채 너무나 동물적인 삶을 살아왔다. 현실의 욕망과 어둠에 휩쓸려 살아가는 사람들은 지금 우리의 모습이 지극히 자연스러운 인간의 모습이라고 생각하겠지만, 객관적으로 볼 때 이미 우리나라의 인심은 인간으로서의 한계를 넘어버린 상태이다. 그러한 증거는 우리가 겪었던 IMF 국가 부도와 세계 최고의 교통사고율, 만연한 대형 재해와 부정부패, 극단적 이기심과 쾌락주의 등으로 잘 나타나고 있다. 이러한 국민성은 국가가 정상적으로 작동할 때는 몰라도, 위기 상황이 온다면 서로에 대해 악마처럼 변하여 지옥도를 연출할 가능성이 크다.

따라서 이를 해결하는 최선의 방법은 국민의 정신을 개혁하는 일이다. 왜냐하면 세상의 주체는 인간이며 인간의 근본이 의식이기 때문이다. 따라서 세상의 모든 일은 인간의 의식이 가장 중요한 요소로 작용한다. 즉, 오늘날 우리가 직면하고 있는 부조리의 근원에는 우리의 의식 속에 깃들어 있는 어둠이 깔려 있는 것이다. 따라서 역으로 국민의 의식만 바로잡는다면 무질서한 세상일은 모두 제자리를 찾게 되고 법이 필요 없는 사회가 될 것이다. 지금 세상에 국가권력이 존재하고 법과 규제가 많은 것은 양심이 사라지다 보니 인간의 일탈과 악행을 통제해야 할 필요가 생겼기 때문이다. 따라서 국민을 깨우쳐 법 없이도 살 수 있는 좋은 국민을 만드는 것이 가장 바람직하다.

그러나 한두 사람만이 깨쳐 좋은 정신을 가진다고 해서 좋은 나라가 되지는 않는다. 국가란 국민의 힘이 모인 것이기 때문에 좋은 정신을 가진 사람이 많아야 좋은 나라를 이룰 수 있다. 그러므로 우리에겐 국민 전체의 의식을 새롭게 일깨울 수 있는 대대적인 국민의식 개조 운동이 필요하다. 그러나 그동안 많은 단체나 정부 차원에서 국민의식 개조 운동을 벌였지만 나아진 것은 없다. 그 이유는 그 운동을 주도하는 사람들이 이 세상에 흐르는 뜻과 이치를 보지 못하고 자기 생각으로 국민정신을 개혁하려고 애썼기 때문이다. 어떤 자는 동양의 지혜 속에 길이 있다고 하여 유교와 화엄경, 인내천 사상을 통합한 속에서 길을 찾으려고 했다. 그러나 그것은 생각 속의 길이지 사실 속의 진리가 아니었다. 세상을 진실로 변화시키고자 한다면 이 세상을 이루고 있는 사실과 이치 속에서 벼리를 분명히 잡아야 한다.

문민정부 때 이제는 더 이상 이렇게 살아서는 안 된다고 '신한국 건설'이라는 구호를 내세우고 대대적인 국민의식 개혁 운동을 벌였다. 그러나 정작 그 운동을 주도하는 고위층의 근시안적인 시각과 비인격성, 부정부패로 인해 실패하고 말았다. 그 이후에도 많은 단체에서 '좋은 말하기 운동', '내 탓이오 운동', '구국기도 운동' 등을 벌였지만 국민정신 개혁에 도움이 되지 못했다. 그 속에 실상의 이치를 밝혀 벼리를 흔드는 길이 없었기에 그것은 당연한 결과였다.

당시 '좋은 말하기 운동'을 벌이면서도, 좋은 말이 무엇인지조차 알지 못했다. 무조건 좋은 말을 한다고 하여, 나쁜 짓을 해도 질책하지 않고 착하게 살라고만 말하는 게 좋은 말하기 운동인가? 도둑질을 한 자를 환경이 나빠 그런 것이니 무조건 용서해 주고, 다음부터는 그렇게 살지 말라고 듣기 좋게 말하는 게 좋은 말인가? 그렇다면 그것은 사기꾼과 도둑의 편을 들어주는 것밖에 안 된다. 아무도 자기를 질책하는 자가 없으니, 이를 이용해서 더욱 마음 편하게 나쁜 짓을 벌이게 되는 것이다. 이럴 때 도둑질한 자는 처음에는 좋게 타이르니 반성하는 척하겠지만, 배고프면 또다시 그 습이 발동하여 더 큰 나쁜 짓을 저지르게 된다. 그러므로 좋은 말이란 겉으로 듣기에 좋은 말이 아니라, 지은 대로 결과를 받는 엄정한 자연의 법과 이치를 사실대로 가르치는 것이어야 한다. 이처럼 좋은 말이 무엇인지도 모르고 좋은 말 운동을 벌였으니 좋은 결과가 나타날 수 없었던 것이다.

이것은 '내 탓이오 운동'도 마찬가지였다. 세상 이치는 지은 대로 받게 되어 있다. 좋은 원인을 지은 자는 칭찬받고 나쁜 원인을 지은 자는 벌 받아야 한다. 그런데 혼탁한 세상에서 나쁜 짓을 범하는 것을 보고 '그 또한 나쁜 세상을 함께 살아가는 우리 모두의 책임이니 내 탓이오!'라고 한다면 그것은 실로 어리석은 일이며, 결국 사기꾼과 나쁜 자의 악습을 부추겨 세상을 망치는 일을 돕는 것밖엔 안 된다. 옳고 그름을 가려 책임질 자는 책임을 지도록 하는 것이 이치에 맞는 행동이다.

그리고 그동안 나라를 살리는 '구국기도'를 한다고 대통령을 비롯한 주요 인사가 모두 모여 거창한 기도회를 한 경우가 종종 있었다. 그러나 부처님 재세 시에도 있었던 이야기지만, 연못에 빠진 돌멩이를 건져 올리기 위해 수많은 사람이 연못 주위를 돌며 기도를 한다고 해서 물에 빠진 돌멩이가 물 위로 떠오를 수는 없다. 마찬가지로 국민이 세상을 좋게 만들 원인을 짓지 않고 있는데 기도를 한다고 신이 도와주는 기대를 하는 것은 호박덩굴에서 수박이 달리기를 원하는 것과 같다.

길을 모르고서는 올바른 길을 걸어갈 수 없다. 마찬가지로 좋은 나라를 만드는 길을 모른다면 좋은 나라를 만들 수가 없다. 이것은 예나 지금이나 마찬가지다. 지금도 정부에선 국민의 뜻을 받들어 좋은 나라를 만들고자 온갖 노력을 한다. 그러나 길을 모른 채, 국가를 좋게 할 근본적인 원인을 짓지 않고 국민의 감정에 편승하여 여론몰이나 하고 임시변통적인 응급처방만 한다면 결코 좋은 나라가 만들어질 수 없는 것이다.

따라서 혼돈 속에서 어지럽게 움직이고 있는 나라를 질서 속에서 조화있게 발전시키고자 한다면, 세상이 이루어지고 있는 근본과 바탕과 환경의 세가지 원리를 깨달아 세상의 실상과 흐름을 바로 보고 벼리를 흔들어야 한다. 즉, 미덕과 능력을 갖춘 좋은 국민과 좋은 국민을 만드는 바탕인 정신적 가치, 그리고 합리적이고 효율적인 제도적 기반을 함께 갖추도록 노력해야 하는 것이다.

다음으로 국가의 백년대계가 될 자라나는 세대들에 대해 장기적이고 계획적인 교육을 실시해야 한다. 세상의 어둠에 물든 어른들의 양심을 일깨우기는 매우 어려우므로, 때가 묻지 않는 어린 시기에 인간의 미덕과 삶의 길을 가르칠 필요가 있는 것이다. 아이들에게 가르쳐야 할 주요한 정신적 가치는 진실이다. 진실은 인간의 마음을 맑게 하고 용기와 지혜를 주며 세상을 밝힌다. 진실만큼 인간 세상에서 귀한 보물이 없으니, 진실의 가치는 아무리 강조해도 지나치지 않는다. 따라서 거짓말을 절대 하지 못하게 하고, 남을 해롭게 하는 일을 절대 금해야 하며, 완전한 인과법에 따라 지은 대로 결과를 받는 자연의 이치를 깨우쳐 주어, 양심에 어긋난 일을 하지 말고 좋은 원인을 지으라고 가르쳐야 한다.

이렇게 자라나는 어린 세대에게 양심과 인간이 가야 할 길을 가르쳐 놓으면 그 아이들이 어른이 되는 20년 후 우리 사회는 그동안의 인류가 목격하지 못했던 어마어마한 기적과 발전을 보게 될 것이다. 모든 것이 공정한 이치대로 돌아가는 어둠이 없는 밝은 사회에서 걸림 없는 맑은 마음으로 무한한 창의와 덕성을 발휘하여 전무후무한 문화와 경제의 융성을 이룰 것이며, 신뢰하는 분위기 속에서 어려운 일도 온 국민이 하나로 뭉쳐 해결해 나가는 세계 최강의 나라를 만들 수 있게 될 것이다.

좋은 정치

국가의 근본은 국민이며 국민이 힘을 가질 때 그 힘이 모여 국력을 만들어 낸다. 정치는 국민의 힘을 모으는 가장 큰 틀이고 바탕이기 때문에 그 중요성은 너무나 크다. 정치는 국가 전체를 조화 있게 만드는 것이며, 모든 구성원이 편안하게 살고 그 능력을 최대한 발휘할 수 있도록 바탕을 만드는 것이다. 따라서 좋은 정치란 모든 국민이 한과 억울함이 없이 밝고 평안하게 살 수 있도록 모든 것이 순리대로 흐르도록 해주어야 한다.

이를 위해서 지은 대로 받는 공명정대함이 필요하다. 공자는 정(政)을 정(正)이라 했는데, 여기서 정(正)이란 공정함을 의미한다. 공명정대란 모든 것이 이치에 따라 공정하게 이루어짐으로써 아무도 불만을 제기할 수 없는 것으로, 하늘도 스스로 지켜야 하는 가장 완전한 법칙이다. 따라서 정치의 근본은 공명정대가 되어야 한다. 공명정대하면 땅과 하늘을 우러러 부끄럼이 없으며 세상 모두가 따르게 된다. 모든

것이 순리대로 이루어지는 밝은 세상에서 지은 대로 공정하게 받으며 편히 살 수 있다면 이보다 더 좋은 세상은 없다.

국가의 근본은 국민이며 국가의 생명력은 국민에게서 나온다. 따라서 정치는 국민이 열심히 살아갈 수 있는 좋은 바탕만 만들면 된다. 그 위에서 어떤 인생과 세상을 만들어 나갈지는 국가의 주체인 국민의 몫이다. 공정한 바탕이 만들어지면, 성실하고 바르게 사는 자는 행복과 풍요를 얻게 되고 게으르고 잘못 사는 자는 가난과 벌을 받게 되어, 모든 사람이 스스로 악을 짓지 않고 좋은 원인을 지으려고 노력함으로써 세상은 조화 속에 저절로 발전하게 된다. 따라서 기본적으로 국가는 국민의 위에 서서 모든 것을 하려 해서는 안 되며, 국민이 마음껏 활동할 수 있는 바탕만 만들면 되는 것이다.

이러한 공정함을 이루기 위해서는 '정의'가 필요하다. 정의가 세상에 자리 잡으면 세상이 저절로 밝아지고 모든 사람이 악을 행할 수가 없게 된다. 세상이 모두 다 밝으니까 양심에 어긋나는 일을 할 수가 없고 남의 눈이 두려워서라도 잘못된 일을 할 수 없게 된다. 따라서 정의가 있는 사회는 법이 필요 없다.

법이 무엇인가? 세상이 어두워지니까 서로 약속을 정해, 해야 할 일과 하지 말아야 할 일을 정한 것이다. 사람들의 악한 마음을 방치하면 사회에 분별이 없어지고 혼란이 커지니 세부적으로 규정할 필요가 생겨나고, 그 규정에 강제성을 부여한 것이다. 그래서 법이 많고 세세한 사회일수록 그 사회는 악하다고 볼 수 있다. 원시시대 때는 법 없이도 편히 잘 살았는데 문명이 나타나고 세상이 악해질수록 인간들을 통제할 필요가 커져 많은 법이 생겨난 것이다.

혹자는 법치주의의 보호 속에 국민의 생활이 안전하게 보장받는다고 말한다. 그러나 아무리 법의 울타리 속에서 평안을 찾을 수 있다 하더라도 그것은 외부의 규제 속에서 안전을 보장받는 것이기 때문에 망 속에 갇혀 사는 새와 같다. 아무리 새장 속의 새가 배부르고 안전하더라도 자유롭게 날아다니는 새보다 나을 수가 없다. 따라서 인간도 가능한 법이 없이 양심에 따라 자유롭고 편안하게 사는 세상이 되는 게 바람직하다. 그러므로 법의 기본 방향은 사람들을 얽매는 것이 아니라, 자유롭고 편안하게 만들어 가능성을 발휘하는 쪽으로 운영되어야 한다.

세상이 공정하고 밝게 되려면 그 속에는 모든 것이 정의롭게 이루어져야 하고, 모든 것이 정의롭게 되려면 그것을 지키는 사람의 마음속에 밝은 양심이 있어야 한다. 양심이 있는 사람은 잘못을 범하지 않고 또 잘못을 방관하지 않으며 어려움이 닥치면 포기하지 않고 반드시 해결하려는 의지와 용기를 낸다. 그래서 양심은 인간을 밝히는 길이며, 그것이 밖으로 나오면 세상을 밝히는 정의가 된다. 따라서 인간 세상의 최고 덕목은 좋은 마음을 뜻하는 양심이다. 인간의 양심을 일깨워 좋은 사람을 만들어 놓으면, 모든 문제를 이겨 나가며 어떠한 고난이 닥쳐도 더 이상 문제가 되지 않는다.

그러나 오늘날 우리 사회는 양심과 정의를 지키기에 매우 어둡고 혼탁하다. 대부분의 생활이 정실과 이해로 얽혀 있어 빽(뒷배경)이 있으면 안 되는 게 없고, 빽이 없으면 될 것도 안 되는 것이 우리 현실이다. 그러면 한국 사회가 이렇게 된 근본 원인은 어디에 있을까? 그것은 우리 사회의 잘못된 가치관에서 찾을 수 있다. 가까운 근대화의 시기에 우리 민족은 일제강점과 6·25전쟁이라는 민족의 대참화를 겪으면서 사람들은 오직 살아남기에 급급했다. 그래서 이런 어지러운 현실을 밝게 비춰줄 좋은 가르침이 우리 사회 속에 분명히 자리 잡지 못했다. 수천 년간 우리 사회를 전통적으로 지배해온 불교는 세상을 고통과 환으로 보는 염세적 가치관으로 말미암아 현실적인 생명력을 발휘하지 못했고, 조선 시대 이후 한국 사회를 지배해온 유교는 봉건적 권위주의와 형식에 치중함으로써 사회는 내실을 잃고 자율성이 억압되어 국민들은 권력의 수탈에 시달려야 했다. 그 결과 사람들은 인간이 가야 할 삶의 도리와 가치를 잃어버리고 살아남기 위해 본능적으로 수단과 방법을 가리지 않는 동물적 생존만을 추구하게 되었다.

이러한 현상은 한국 사회의 특징인 연고주의에 의해 더욱 확대되고 있다. 봉건사회에서 누가 출세하면 일가친척을 모두 책임지는 전통이 있기에 이것이 뿌리 깊게 내려와 한국 사회에 독특한 문화인 빽(뒷배경) 문화가 형성된 것이다. 그래서 지금 한국 사회는 혈연, 지연, 학연이 밀접하게 얽혀 있어 이러한 끈이 없으면 아무 일도 하기 어려운 상황이다. 세월호 사태에서도 볼 수 있듯이 지금 우리 사회는 모든 분야에 요령과 편법, 정실주의가 팽배해 있다. 우리나라에서 사업할 때 규정대로 하려면 되는 일이 거의 없지만 아는 사람만 있으면 안 되는 일도 되는 게 현실이다.

이러한 현실적 한계 속에 국가는 풍전등화처럼 흔들거리고 있다. 언제나 그랬듯이 정치판에는 요란한 말은 많지만 길은 보이지 않는다. 보수 쪽은 기득권의 질서 유지에만 관심을 쓰고, 진보 쪽은 현상 파괴에 목숨을 건다. 현실의 험난한 파도를 극복하고 국가를 경쟁력 있고 살 만한 나라로 만들 수 있는 비전은 보이지 않으며, 오직 상대를 꺾고 정권을 잡기 위한 투쟁에만 매진하고 있다. 과연 우리나라 정치판에 자신의 한과 욕망을 위해서가 아니라 진정 이 나라를 위해 자신을 기꺼이 바치고자 나선 정치인이 몇이나 될까? 지금 우리에게 필요한 것은 바로 그와 같이 사심이 없는 헌신적인 정치인이다.

사람의 몸으로 비유하면 정치는 머리이고 경제는 손발, 문화는 가슴이다. 그러므로 머리가 올바로 작동해야만 몸 전체를 제대로 건사할 수 있고, 이를 위해서는 머리를 맡은 정치인들이 제 역할을 해야한다. 만약 정치인이 밝은 정신으로 올바른 사고를 하지 않으면 국가 전체는 비틀거리며 결국 생명을 잃고 만다. 그래서 예로부터 사심 없이 모든 것을 이치대로 할 수 있는 철학자나 그 나라에서 존경받는 고매한 인격자에게 정치를 맡기려고 했던 것이다. 고대 그리스 철학자 플라톤이 진리를 가장 잘 아는 철인이 정치를 해야 한다고 주장한 이유도 여기에 있다.

따라서 지금이라도 정치인들이 사심을 모두 버리고 바른 이치대로 나라를 운영한다면 우리나라는 모든 일이 제자리를 찾아 곧 세계 최고의 국가가 될 수 있다. 그러나 현실에서 그것은 매우 어려운 일이기 때문에 우리나라의 미래는 쉬 좋아지지 않을 것이다. 하지만 이것은 정치에서 가장 중요한 일이기 때문에 국가를 운영할 포부와 의지가 있는 정치인이라면 반드시 이러한 능력과 미덕을 갖추어야 한다.

무릇 정치가라면, 성숙한 인격과 사심이 없는 밝은 정신이 있어야 하고 용기와 인내가 있어야 한다. 공익을 위해 정실에 흔들리지 말아야 하며, 결정적인 순간에 세상을 위해 자신을 던질 줄 알아야 한다. 그리고 문제를 정확히 파악하는 혜안과 국민을 하나로 묶는 강한 리더십이 있어야 한다. 지금 우리에게는 유럽의 후진국이었던 영국을 대영제국으로 탈바꿈시킨 엘리자베스 1세나 몽골 초원의 작은 부족으로 시작해 세계를 정복한 칭기즈칸 같은 지혜와 용기와 인내와 지도력을 겸비한 지도자가 필요한 것이다.

오늘날 우리 정치판은 이전투구 속에서 혼탁하게 돌아가고 있다. 지금 우리가 목격하고 있는 정치판은 우리가 원하는 양심과 정의와 진리와 사랑이 숨을 쉬는 것이 아니라 온갖 욕망과 정실과 권모술수가 판을 치고 있다. 이런 현실의 정치인들에게서 사심과 욕망을 버리고 공익을 위해 자신을 바치라고 요구하는 것은, 인간에게 신이 되라고 하는 말처럼 어려운 일이다. 왜냐하면, 현실적으로 정치인이란 인간에게 있어서 가장 큰 욕망인 권력욕의 화신이기 때문이다. 그들이 정치를 하는 가장 큰 동기는 세상을 위해 자신을 바치기 위해서가 아니라 자신의 과시와 부귀영화를 위함인 것이다. 따라서 마약 중독자가 마약을 쉽게 끊을 수 없듯이, 정치인들이 권력에 대한 사심을 버리고 세상을 위해 자신을 바치는 일은 거의 불가능에 가깝다.

그러나 인간에게 있어서 진실로 소중한 것은 부와 권력과 지위가 아니라 세상을 축복하는 사랑에 있다. 인간의 진정한 가치는 얼마나 높은 자리에 올랐느냐가 아니라 세상을 얼마나 많이 축복했느냐로 결정되는 것이다. 만약 어떤 사람이 높은 자리에 올라 그 권력으로 국민을 공포에 몰아넣고 부정부패와 정실로 나라를 망쳤다면, 그의 부와 권력과 지위는 자신을 귀하게 한 것이 아니라 오히려 자신과 세상을 망친 수단이 된 것이다. 돈과 권력과 지위는 잘 쓰기 위해 필요한 것이지 그 자체가 가치 있는 것은 아니다. 어떤 이가 대통령이 되어 나라를 망쳤다면 그는 바른 이치를 하나 알고 이를 실천한 어린아이보다 못한 것이다.

지금 우리나라가 위태위태한 것은 나라의 운영을 맡은 위정자들이 본분을 망각하고 권력을 자신의 소유물로 생각하여 불공정하고 자의적인 정치를 하기 때문이다. 그들은 입으로는 항상 공직자로서의 사명과 명예를 말하고 봉사하는 보람에 산다고 이야기하지만, 현실은 항상 이와 거리가 멀었다. 그들은 국민에 대해 책임지지 않았고 공사를 구분하지 않았으며 권력과 지위를 자신의 사유로 여겨 공익보다 개인과 파벌의 이익을 중시했다. 정치인들은 정치자금과 정실로 엮여 있으며 고위 공직자들은 출세와 관련되면 풀잎처럼 바람 부는 대로 누워버렸다. 이처럼 국가경영을 맡은 공직자가 자기의 본분을 잃어버릴 때 그 나라의 질서와 바탕은 근본적으로 붕괴되어 버린다. 왜냐하면, 공직자는 곧 그 나라의 기준이며 근간이기에 공직자 스스로 기준을 어기고 공정성을 해치면 그 나라는 즉시 무질서하고 탐욕과 정실이 넘치는 세상이 되어버리기 때문이다.

따라서 공직자들이 공명정대하게 세상일을 하면 하늘을 우러러 당당하며 세상 모두가 따르게 된다. 세상이 밝지 못하고 일그러지는 것은 사심과 욕망이 끼어들어 세상일을 이치대로 공명정대하게 처리하지 못하기 때문이니, 공직자들은 항상 이를 명심하여 자신이 하는 행동이 공정한지 세상을 어지럽게 하고 있지 않은지 뒤돌아봐야 한다.

그리고 또 하나 심각한 문제는 다수 대중의 감정에 따라 움직이는 정치권의 표류와 이를 부추기는 상업적 언론의 선동이다. 이러한 문제는 표를 의식할 수밖에 없는 대중민주주의의 가장 큰 병폐이다. 국가는 장기적인 공익에 의해 방향성 있게 움직여야 한다. 정치가 국민들의 감정에 따라 춤을 추면 그 폐해는 고스란히 국민이 지게 된다. 따라서 국민을 대표하는 정치인들은 다양한 국민들의 요구를 공익적 차원에서 잘 조정하여 국익으로 승화시켜야 할 의무가 있다. 따라서 세상을 바로 보고 국가 전체의 공익을 위해 국민의 요구를 잘 조정하여 이끌 수 있는 지혜롭고 사심 없는 정치인의 선출이 필요하다.

하지만 다수결에 의한 정치는 결국 그 나라의 국민 수준의 반영일 수밖에 없다. 국민의 수준이 낮아 편협하고 이기적이면, 허황하고 달콤한 말을 함부로 쏟아내는 선동적인 정치인을 뽑게 된다. 속이 빈 깡통일수록 소리가 요란한 법이다. 이처럼 자격이 되지 않는 공직자가 중책을 맡으면 결국 나라를 망치게 된다. 우리는 그러한 현상을 최근의 국정농단 사태와 각종 부정부패 사건에서 쉽게 목격할 수 있다. 따라서 국민들은 이러한 중요성을 깨달아 선거 시에 깊은 관심을 가지고 참된 지도자를 신중하게 선택하여 주권자로서의 책무를 다해야 할 것이며, 지도자들은 정실에 흔들리지 말고 유능한 인물을 발굴하여 적재적소에 임명하도록 해야 할 것이다.

그러나 우리 사회에 문제가 끊이지 않고 어둠이 계속되는 것은 수

많은 철학자나 정치학자가 그토록 지적해 왔던 중우정치(衆愚政治)의 폐해가 나타나고 있기 때문이다. '어리석은 대중에 의한 정치'를 뜻하는 중우정치는 간접 민주정치의 근본적인 폐해였다. 중우정치의 문제에 대해서는 이미 그리스 시대에 소크라테스, 플라톤, 아리스토텔레스 같은 위인들이 크게 경계한 바가 있다. 그리스의 가장 강대한 도시국가였던 아테네가 망한 이유도 바로 중우정치에 있기 때문이다. 당시 그리스 반도는 그리스·로마 신화에서 보듯이 도시국가 간에 끊임없는 전쟁을 치렀다. 그리하여 마지막으로, 아테네와 스파르타가 그리스 반도와 지중해의 패권을 놓고 국가의 명운을 건 최후의 일전을 벌이게 되었을 때 국민의 감정에 편승한 그리스의 비이성적 판단이 결국 국가를 멸망시킨 원인이 되었던 것이다.

이들 두 나라는 주변국과 각각 델로스 동맹과 펠레폰네소스 연맹을 결성하고 그 종주국이 되어 사활을 건 전쟁을 벌였다. 처음에는 스파르타가 이겼으나, 두 번째는 아테네가 신상(神像)을 치장했던 황금까지 벗겨가며 모든 국력을 동원해 에게 해(海) 전투에서 스파르타에 대승을 거둔다. 그런데 이 와중에 아테네 전함도 상당수 파손되고 많은 전사자와 부상자가 발생했는데, 그 상태에서 도망치는 적들을 추격할 거냐 말 거냐 하는 논의가 장수들 사이에 벌어진다. 부상자의 구조와 시체의 수습을 포기하고 적선을 쫓아가면 결정적인 승기를 잡을 수 있는 상황 속에서 어떻게 할 것인가를 놓고 자기들끼리 민주주의식으로 토론을 벌인 것이다. 그리하여 일부는 남아 구조를 하고 나머지는 적을 쫓아 섬멸하기로 했으나, 공교롭게도 풍랑이 일어 적을 추격하는 일이나 아군의 구조 모두 성과를 거두지 못하고 아테네로 돌아오게 되었다.

그러나 문제는 여기서부터 시작이었다. 그 어려운 전투에서 승리하고 귀국한 장수들을 향해 시민들은 승리한 공을 치하하기보다 명예롭게 죽은 전우들을 수습해 오지 않은 것이 비애국적이라는 비난을 퍼붓기에 이른다. 그들은 적의 앞에서 국가를 위해 한마음이 되기보다는 반대파의 승리를 깎아내리고 그 흠을 찾아 자기 파벌에 유리한 정쟁거리를 만들고자 했던 것이다. 이러한 정쟁의 이용물이 된 전사자의 가족들은 조국의 명예를 지키다 죽은 애국자들의 시신을 수습해 오지 못한 비애국적인 장수들의 책임을 물으라며 삭발까지 하고 나서서 시민들의 감정에 호소한다. 그리하여 이에 동조한 대다수의 시민들이 장군들을 처벌하라며 요구하고 나서자, 결국 여론에 밀린 아테네는 당시 국방을 책임지는 요직에 있던 열 명의 장수를 모두 처형하게 된다. 물론 문제는 여기서 끝나지 않았다. 그 후 전열을 가다듬은 스파르타가 다시 쳐들어오자 유능한 장수들을 모두 잃은 아테네는 결국 패하여 망국으로 이어졌던 것이다.

이와 같이 국가의 명운이 걸린 중대한 문제를 다수 대중의 감정적인 여론을 좇아 결정함으로써 결국 나라마저 잃은 사례가 고대 민주주의의 모범이라는 아테네에서 벌어진 일이다. 이러한 그리스의 사례에서 절대 잊지 말아야 할 교훈은, 공익과 정책 결정은 다수 대중의 감정에 따라 제멋대로 휘둘려서는 안 되며 반드시 사실과 이치에 맞게 객관적으로 결정되어야 한다는 사실이다. 그리고 그 역할은 국민으로부터 국정 운영을 위임받은 정치 지도자들의 몫이다. 지금 우리에게는 국가를 위해 자신을 바칠 수 있는 헌신과 세상을 꿰뚫어 보고 국가를 올바른 방향으로 이끌어갈 혜안을 갖춘 정치인의 출현이 필요하다. 표를 의식해 국민의 감정에 편승하는 것이 아니라 세상을 바로 보고 진정 국민을 위한 올바른 길을 제시하는 참된 지도자가 필요한 것이다.

훌륭한 지도자를 만나는 것은 그 나라의 복이다. 작은 태풍의 눈이 주위의 에너지를 끌어 모아 큰 태풍이 되듯이 한 명의 뛰어난 지도자가 나타나면 그의 위대한 운명이 곧 그 나라의 운명이 된다. 몽골 초원의 작은 부족으로 시작해 세계를 정복한 칭기즈칸같이 지혜와 용기와 인내와 지도력을 겸비한 인물이 우리나라에도 출현하여 그의 좋은 운명과 능력과 하나가 되어 세계로 힘차게 뻗어 나가는 위대한 한국 사회가 도래하기를 기대해 본다.

그래서 당시 시대를 살다 간 소크라테스나 플라톤이나 아리스토텔레스 같은 위인들은 중우정치의 폐해를 지적하며, 수백만의 대중이 논의를 거쳐 결론을 내리더라도 한 명의 뛰어난 철인이 혜안으로 발견한 지혜보다 못하다는 주장을 하게 된다. 이것이 세상을 바로 보는 뛰어난 철학자가 정치를 해야 한다는 철인정치의 근거이다.

그런데 문제는 이러한 철인을 만나는 것이 현실적으로 어렵다는 데 있다. 세상을 보는 뛰어난 철인은 수백 년 만에 한번 나타날까 말까 하고 또, 나타나더라도 일반 대중이 누가 참된 철인인지 알아볼 수 없기 때문이다. 게다가 철인은 아니어도 능력 있는 지도자가 나타나 정치를 하다 보면 그들이 또 독재자가 되기도 하니 믿을 수가 없고, 그렇다고 대중의 여론을 따르자니 그들은 말이 감정적이고 편협하여 따를 수 없는 것이다.

그래서 아리스토텔레스는 현실적인 타협책으로 일정한 수준에 이른 시민들이 신중한 논의를 거쳐 합리적인 결정을 내리는 공민정치가 가장 이상적인 정치 체제라는 주장을 편다. 이것이 대의제에 의해 선발

된 선량들이 나라를 꾸려가는 대의 민주주의의 연원이다. 이것이 오늘날 의회에 의해 대변되는 간접 민주주의로 이어지는데, 대의 민주주의가 성공적으로 이루어지기 위해서는 국민이 현명해 헌신적이고 지혜로운 대표를 선출할 수 있어야 하며 올바른 논의를 거쳐 현실에 맞는 사실적이고 합리적인 정책 결정이 이루어져야 한다.

그러나 오늘날 정치가 과연 올바른 논의를 거쳐 합리적으로 결정되고 있는지는 깊이 생각해 보아야 한다. 왜냐하면, 국민이 국가 전체의 미래를 위한 올바른 의견을 제시하고 있는 것이 아니라 대부분 자신의 이해관계에 따라 편파적이고 이기적인 주장을 하고 있고, 국민을 대표하는 의원들은 공익이 아니라 지역구 주민의 여론과 이기적 욕심에 따라 움직이고 있기 때문이다.

이들을 통제하고 이끄는 것이 언론의 역할인데, 오늘날 대중 매체들은 상업성에 물들어 사회를 지키는 공기(公器)로서의 역할을 못 하고 있다. 모든 것이 돈에 의해 좌우되니 사실을 보도하는 뉴스조차도 공익성에 근거한 균형 잡힌 보도보다는 국민의 감정에 호소하는 자극적인 보도에 치중하고 있어 국가를 잘못된 방향으로 오도하는 경우도 있다. 그리고 일부 언론은 공기로서의 기본 소명을 망각한 채, 이데올로기의 도구가 되어 건설적 대안 없이 사회 갈등을 조장하고 정적을 타도하는 데 열중하고 있는데, 국민들은 이러한 현실에 대해 경각심을 가지고 부화뇌동하지 않도록 유의해야 한다.

오늘날 민주주의는 바람에 흔들이는 돛단배같이 수많은 문제에 부딪히며 쉴 새 없이 흔들리고 있다. 많은 문제를 있는 그대로 노출시키고 시의적절하게 대응하여 지속적으로 발전해 나가는 것이 민주주의의 장점이지만, 지나친 요구 분출과 선동으로 체제가 대응할 수 있는 범위를 넘어서면 그것은 오히려 민주주의의 약점이 된다.

이러한 때 최후의 보루는 역시 국가의 주인인 국민이다. 잘못된 정치인이 나오거나 언론이 여론을 호도하더라도 성숙한 국민이 세상을 바로 보고 올바른 선택을 한다면, 국가가 잘못된 방향으로 흐르는 것을 막을 수 있다. 국민이 주인인 민주주의 국가에서 주인된 역량을 갖춘 국민이 없다면, 그 나라는 아무리 좋은 제도와 정책을 시행하더라도 성공할 수 없다. 따라서 민주주의의 성공 여부는 얼마나 훌륭한 국민을 많이 보유하고 있느냐에 의해 결정되는 것이다.

따라서 주권자인 국민이 깨어나야 한다. 어리석은 국민은 주권자의 역할을 제대로 할 수 없으며, 결국 국가를 불행하게 만들게 된다. 그러므로 개인의 감정과 욕심에 따라 움직이지 않고 사실과 이치에 따라 합리적으로 판단하는, 진실을 밝히는 교육이 필요하다. 사실을 사실대로 바로 알 때 국민의 삶은 허황되지 않으며 내실을 이루어 좋은 결실을 얻을 수 있는 것이다. 그리고 자신의 욕심이 아니라 세상을 위해 보람 있고 가치 있는 삶을 살게 하는 인격 고양 교육을 실시해야 한다. 세상을 바로 보는 지혜와 이웃을 축복하는 사랑을 지닐 때 비로소 주권자로서의 역할을 제대로 할 수 있는 것이다.

민주시민이 가져야 할 덕목은 결국 인간이 지향해야 할 인격 완성이 될 수밖에 없다. 우수한 인간이 우수한 국민이 되고 좋은 세상을 만드는 근본이 되기 때문이다. 국민들이 성숙하여 삶을 바로 보고 사실에 맞게 지혜롭게 판단하며 미덕을 가지고 행동하면 모든 문제가 사라지며 끝없는 발전이 보장되는 것이다.

따라서 이러한 근본적인 문제를 해결하기 위해서는 국민들에게 세상을 바로 보는 시각과 삶의 진실한 의미와 가치를 가르쳐 인간으로서의 기본적인 양심과 올바른 가치관을 확립해야 한다. 이 세상이 어떻게 이루어지고 있는지, 삶이 무엇인지, 무엇을 위해 살아야 하는지를 가르쳐야 하는 것이다. 그러지 않고서는 현재의 잘못된 사회현상을 고칠 길이 없다. 국민정신이 바로 서지 않는 나라는 어떠한 제도도 좋은 세상을 보장하지 못하며 아무리 많은 재물도 국민을 행복하게 만들지 못한다. 국민정신 속에 올바른 진리와 참된 가치가 자리 잡으면 아무리 어려운 위기가 와도 살아남을 수 있다. 좋은 정신과 건강한 국민을 가진 나라는 절대 망하지 않는다. 모든 일은 인간의 정신이 그 승패를 좌우한다. 사장의 의식이 망하면 멀쩡한 회사도 부도가 나고, 국민의 정신이 망하면 나라가 망한다.

그러나 지금 우리 국민은 모든 욕망은 누리길 원하면서, 지켜야 할 의무는 행하지 않고 세상일은 잘되기를 바란다. 하지만 이것은 바다에서 산딸기를 구하는 것처럼 어리석은 일이다. 탐욕은 좋은 세상과 함께하지 않으며, 지켜야 할 것을 지키지 않는 자에게 세상은 좋은 결실을 보장해주지 않는다. 무릇 농사꾼이 풍년을 얻고자 한다면, 반드시 때를 지켜 씨를 뿌리고 거름을 주고 가지를 치는 일을 지키고 행해야 한다. 따라서 좋은 나라에서 좋은 삶을 살고자 한다면, 반드시 국민은 주권자로서의 자격을 갖추고 의무와 노력을 다해야 하는 것이다.

경제를 살리는 길

경제는 삶을 살아가는 수단으로, 인간은 재화를 생산하는 경제 활동을 통해 생활을 유지한다. 그러나 경제는 단순히 생존 수단에 그치는 것이 아니라 그 속에는 자신의 삶을 지키고 영혼을 가꾸는 인생적인 의미가 있다. 따라서 경제 활동을 단순히 이윤추구로만 보아서는 안 되며, 삶의 의미와 가치를 찾으며 인간 완성에 이르는 삶의 본질적인 부분으로 보아야 한다. 인간은 일이 없으면 자신의 삶 속에 짓는 것이 없기 때문에 그 영혼이 빈약해지고 헛된 욕망과 환상에 빠지게 되어 자신의 인생을 황폐하게 만든다. 따라서 다소 보수는 적더라도 보람 있고 가치 있는 일자리를 갖는 것이 중요하다.

현대 경제학은 경제의 목적이 재화의 획득이라고 하지만, 삶의 본질적인 부분에 해당하는 경제 활동을 단순히 물질로만 해석하는 것은 인간을 단백질 덩어리라고 말하는 것과 같다. 경제학은 재화와 관련된 거대한 세상의 흐름을 이해하기 위해 가설적으로 경제 현상을 설명하는 학문이기에, 삶의 본질적 의미와 관련된 전체적인 이해를 주기에는 부족한 점이 많다. 그래서 수많은 경제 이론이 나타나 시대를 풍미했지만, 곧 현실과 달라 시들고 말았고, 심지어 서로 다른 정반대의 경제이론이 나타나 다투고 있는 것은 그만큼 현 경제학의 한계를 보여준다고 하겠다.

따라서 이러한 개인의 한정된 사고나 이데올로기에 기초한 경제이론에서 벗어나 세상의 흐름과 일치한 경제 원리를 보아야 한다. 세상은 하나이고 인간의 삶도 하나이기 때문에 인간에게 가장 좋은 경제체제도 하나이고 가장 올바른 경제 원리도 하나이다. 따라서 그것을 찾아내어 현실 속에 실천할 때 가장 인간적이고 효율적인 경제체제가 만들어지는 것이다.

지금 우리나라 좌우 진영 사이에는 한국 현실에 가장 적합한 경제체제가 무엇이냐에 대한 첨예한 이론 투쟁이 벌어지고 있다. 세계경제는 자연스러운 시장 속에서 인간의 자유로운 물물교환을 기반으로 처음 시작했다. 이것이 계속 발전하여 개인의 이기심과 욕망, 그리고 자본과 기술 개발에 기초한 자본주의로 발전했고, 대량생산과 대량소비를 통한 급속한 산업 발전을 통해 자본주의의 극성기를 이루었다. 그러나 자본의 축적과 시장 수요를 고려하지 않는 무계획한 대량생산은 세계적인 공황을 야기했으며 시장 확보를 위한 식민지 쟁탈 전쟁은 인류에게 큰 불행을 가져왔다.

이러한 한계를 돌파하기 위해 케인스라는 학자는 국가가 돈을 풀어 수요를 창출함으로써 경제를 움직이는 '유효수요이론'이라는 수정자본주의를 제시했다. 그러나 이 정책은 통화 팽창과 정부의 비대화, 장기적인 스태그플레이션(stagflation: 불황인데도 물가가 지속적으로 오르는 현상)

을 야기함으로써 새로운 문제에 부딪히게 되었다.

그래서 시카고학파로 대표되는 신자유주의자들은 정부의 인위적인 시장 개입을 모든 문제의 근본 원인으로 보고, 안정적인 통화 관리를 통해 수요와 공급에 의해 자율적으로 움직이는 자유시장 질서를 회복하고 규제 완화를 통해 민간의 자율적인 역동성을 회복시켜줌으로써 경제가 순리대로 흐르도록 해야 한다고 주장했다. 그래서 오늘날 국제경제의 일반적인 흐름은 자본주의의 기본 원리에 충실하려는 신자유주의가 대세가 되고 있는 것이다.

그러나 개인의 자유와 시장 기능을 중시하는 자본주의의 흐름에 반대하는 좌파에서는 자유시장 질서가 평안히 살고 있는 사람들을 약육강식의 경쟁의 장으로 집어넣음으로써 욕망과 고통에 빠지게 하고 강자에게 일방적으로 유리한 부익부 빈익빈 현상을 초래한다고 하여 이에 반대하며, 정부의 적극적 개입과 통제를 통한 자본주의의 보완을 주장한다. 그들은 신자유주의가 양극화, 국민의 복지 약화, 노조 탄압과 같은 문제를 내포하고 있다고 하여 전 세계를 하나의 자유시장으로 통합하려는 세계화 추세에도 반대하고 있다.

그렇다면 과연 어떤 방향으로 가는 것이 세상의 본질적 흐름과 이치에 맞으며 국민 생활의 행복에 기여할 수 있는 것인가? 개인의 자유와 능력을 중시하는 자유시장경제와 정부 주도의 계획경제는 어느 것이 인간의 본성이나 세상의 흐름과 일치하는가? 이것을 밝혀야 인간의 삶에 가장 중요한 역할을 하는 경제를 바로 세울 수 있으므로 그 실상을 분명히 밝히는 것은 매우 중요한 일이다.

그러나 여기에 대해 생각이나 이론만 가지고서는 어느 것이 옳은지 판단할 수 없다. 논쟁에선 화려한 말과 논리를 잘 꾸미는 쪽이 이기기 때문이다. 따라서 어느 것이 옳은가 하는 것은 여론이나 말로써 판단해서는 안 되며 현실과 증거를 기준으로 사실과 이치에 비추어 판단해야 한다.

경제는 하나의 살아 있는 생명체로 인간들이 현실 속에서 짓는 복합적인 요인들에 의해 나타난다. 따라서 전체를 하나로 보는 시각을 얻지 못하면 경제 현상을 정확히 분석할 수가 없다. 물론, 경제의 기본원리는 간단하다. 열심히 일해 싸고 좋은 제품을 생산한 후 판매를 잘하고 수입 범위 내에서 절약해 쓰면 생활이 안정되고 살림살이가 나아지는 것이다.

어떠한 경제이론도 이러한 기본적인 삶의 이치에서 벗어나면 안 된다. 그러나 그동안 나타난 많은 경제 이론들이 이처럼 사실에 충실하지 않고 개인의 생각과 가설을 내세우고 이데올로기적인 주장을 하는 바람에 많은 문제가 생겨났다. 대표적인 것이 세상에 엄청난 비극과 고통을 안겨준 공산주의 이론으로 지금도 그 여파는 계속되어 세상을 갈등과 분열 속에 빠뜨리고 있다.

경제는 하나의 이치 속에 있다. 세상 모든 일은 원인에 따라 결과가 나타나며 지은 대로 대가를 받는다. 경제도 이와 마찬가지로 지은 대로 받는 인과의 이치가 공정하게 적용되어야 한다. 사람은 자신이 노력한 대로 결과가 돌아오는 것을 알면 남들이 하지 말라고 해도 더 열심히 일하게 되고 스스로 자기의 가능성을 최대한 발휘하게 된다. 이것이 자본주의의 기본 정신이며 장점이다. 이렇게 자본주의는 사실적 이치에 충실함으로써 현대 경제의 주역으로 성장해왔다.

이에 비해 공산주의는 이러한 사실적 이치에 기초한 것이 아니라 이상과 관념에 의해 나타난 제도이기 때문에 결국 현실에서 생명력을 잃고 사라지게 되었다. 공산주의 창시자인 마르크스는 자본가가 노동자들을 착취하여 이윤을 챙기고 있다 생각하여, 노동자가 모든 생산 시설을 보유하여 계획적으로 가동하면 과잉 생산 없이 고르게 분배하여 모든 노동자가 풍요를 누릴 수 있다고 생각했다. 즉, 능력에 따라 일하고 수요에 따라 분배받는 천국이 올 수 있다고 믿었던 것이다. 그리하여 그들은 러시아에서 공산주의 혁명에 성공하여 꿈에도 그리던 공산주의 국가를 세웠던 것이다.

그러나 현실 속에는 그들이 생각한 이상과는 별개로 자연의 엄정한 이치가 흐르고 있었다. 이상을 꿈꾸고 혁명한 그들이지만 공산주의자도 역시 많은 결함을 가진 평범한 인간에 불과했다. 그들은 아름다운 공산주의 이념에 도취되어 평등한 대접을 받기만을 원했지, 냉엄한 현실에서 살아남기 위해서 모든 사람이 최선을 다해 일해야 한다는 사실은 외면했던 것이다. 그 결과 이기적이고 계산이 빠른 인민들은, 모든 것을 평등하게 나누는 공산주의 체제 아래서는 아무리 열심히 일해도 자기에게 돌아오는 수입은 일정하며 일을 안 해도 생활이 보장된다는 것을 알고, 일하는 시늉만 낼 뿐 자기 일처럼 최선을 다해 노력하려는 사람은 아무도 없었다. 소련의 집단농장에서 콤바인이 고장 나면 부품을 조달하여 고치는 데 서너 달이 걸렸다고 한다. 왜냐하면 내 농사를 짓는 것이 아니니 내일처럼 신경을 써서 고치려고 하는 사람이 없었고, 또 계획경제를 주관하는 관료주의 사회에서 상부까지 결재를 받으려면 그 정도 시간이 걸리기 때문이었다. 그리하여 관료화와 비효율의 극치를 이룬 공산주의 사회는 최선의 노력과 능력을 발휘하는 사람이 사라지고 모든 인민이 게으르고 왜소화됨으로써 전체 인민의 먹거리도 제대로 생산해내지 못하는 가난한 나라가 되었으며,

결국 나라가 망하는 결과를 가져왔던 것이다.

그런데도 공산주의 이론인 계급투쟁 이론은 현대 경제생활에 많은 영향을 주고 있다. 이 이론은 이 세상이 완전한 하늘의 뜻과 질서 속에 있다는 성자들의 가르침과는 반대로 이 세상 모든 것이 갈등과 부조화 상태에 있다고 본다. 그래서 마르크스와 엥겔스는 모순투성이로 보이는 현실을 극복하고자 계급을 인위적으로 나누고 갈등을 부추겨 서로 싸우게 만들었다. 즉, 하나로 움직이고 있는 사회를 상부구조와 하부구조로 나누고 경제를 노동자와 자본가로 나눠버린 것이다. 사실, 경제는 살아 움직이는 현실 속에 굴러가는 하나의 생명체로 그 속에 있는 구성 집단이 별개로 나뉘어 작동할 수가 없다. 그런데 마르크스의 주장 이후부터는 두 개의 집단은 이질적인 존재로 나뉘어 각자의 이익을 위해 별개로 행동하게 되었다. 한 인간의 편협한 이데올로기가 인간 세상을 영원히 둘로 쪼개어 분열과 투쟁을 일상화시킨 것이다. 그리하여 사람들은 불신 속에 서로 다투게 되었고 세상은 계급 간 투쟁으로 수많은 재앙과 희생을 낳게 된 것이다.

그러나 이토록 희생을 치렀음에도 불구하고 그들의 이상과는 달리 공산주의 국가 경제는 더욱 궁핍해져 갔고 결국 스스로 생명력을 잃고 붕괴하여 역사의 망령이 되고 말았다. 그리하여 소련과 중공의 붕괴로 공산주의는 더 이상 현실에서 설 자리를 잃게 되었고 수많은 사람의 피와 고통을 제물로 요구한 마르크스의 공산주의 이상은 관념적 허구로 증명되었다. 이러한 공산주의 사상의 출현은 단순한 상상 속의 이상적 사고로 치부하기에는 인류의 피해가 너무나 엄청났다. 이처럼 사실과 이치를 보지 못하고 생각과 논리에 갇히면, 현실을 왜곡하여 자신과 세상을 모두 망치는 엄청난 비극을 초래하게 되는 것이다.

따라서 세상을 이루고 있는 사실적인 이치를 부정하고 생각과 이데올로기에 사로잡혀 자기주장만 하는 순진한 이상주의자가 현실에서 가장 위험한 인물인 것이다.

이러한 역사의 교훈은 우리에게 자연의 이치에 따라 개인이 경제의 주체로 나서는 자유경제를 할 것인지 아니면 국가가 중심이 된 계획경제를 할 것인지에 대한 대답을 분명하게 보여준다. 아무리 자유경쟁시장이 힘들고 고통스러워도 인간은 자유롭고 주체적으로 살아야 한다. 인생 자체가 짐을 짊어지고 사는 것으로 경쟁과 노력을 피할 수 없다면, 주어진 현실의 무게를 주체적으로 감당하며 적극적으로 노력해 정당한 대가를 받는 것이 오히려 현명한 것이다. 따라서 계획경제라는 새장에 갇혀 편안하게 사는 것보다 자기 능력을 최대한 발휘하며 무한한 창공을 나는 자유로운 새가 되는 것이 인간이 가야 할 올바른 길인 것이다.

따라서 좋은 나라, 잘사는 나라를 만들고자 한다면 그 국민이 자유롭게 활동하여 자신의 가능성을 최대한도로 발휘할 수 있게 해주어야 한다. 따라서 지은 대로 받는 공정한 시장 질서를 확보하여 개인의 자유와 능력을 최대한 발휘할 수 있도록 해주는 것이 자연의 이치에 부합하는 것이며 인간세상이 살아나가는 경제의 가장 기본적이며 올바른 모습이다.

오늘날 자본주의의 가장 큰 문제로 지적받고 있는 것이 부의 양극화 현상이다. 그러나 빈부 격차는 현실적으로 개인의 능력 차이가 있을 수밖에 없기 때문에 나타나는 매우 자연스러운 현상이다. 따라서 부패한 부를 비난하는 것은 괜찮지만, 빈부 격차가 잘못되었다는 식으로 말해서는 안 된다. 그것은 자연의 이치를 부정하는 것이며 무조건적 평등을 주장하는 공산주의식 발상이다. 정당한 노력에 의한 부는 아무리 많아도 긍정해야 하는 것이 순리이다. 그래야만 성취를 위한 끝없는 노력과 자기개발이 나타나는 것이다. 자본주의의 기본 이념이 공정한 경쟁과 노력에 따른 결과를 추구한다는 점에서, 더러운 부가 나타나는 현상을 자본주의 자체의 문제로 보아서는 안 되며 인간 세상이 본래부터 가지고 있는 악과 타락한 현실에서 비롯된 것으로 보아야 한다. 이러한 문제는 공정한 경쟁과 올바른 법 집행으로 제거해 나가면 되는 것이지 문제가 있다고 해서 그 기본 원리마저 외면해서는 안 되는 것이다. 자본주의의 기본 원리에 따라 모든 것이 자유경쟁으로 공정하게 이루어진다면 더러운 부는 축적될 수가 없다.

지금 우리나라의 경우 정치권, 공직, 기업체, 학계, 예체능계 어느 곳 하나 냄새 나지 않은 곳이 없다. 그곳에는 지은 대로 받는 공정한 원리가 적용되고 있지 않으며 학연, 혈연, 지연과 같은 정실주의가 만연하고 있다. 공정한 경쟁이 이루어지지 않으니 정당한 부가 만들어지지 못하는 것이며 그러한 과정에서 탄생한 우리나라의 부자나 지도자들은 존경받지 못하고 있는 것이다.

따라서 모든 조직에서 지은 대로 받는 공정한 원리가 작용하도록 해야 한다. 자신이 노력한 대로 결과가 보장되는 밝은 세상이 올 때, 정경유착이 사라지고 정실에 의해 공정한 질서가 흐트러지는 일은 없을 것이며 신뢰가 흐르는 밝은 세상에서 모든 국민은 자신의 가능성을 최대한 발휘하며 살 수 있게 된다.

그리고 오늘날 세계경제의 일반적 흐름인 신자유주의를 비판하는 이들은, 세계를 하나의 자유경쟁시장으로 만들려는 세계화에 반대한다. 그들은 신자유주의가 강대국의 음모로, 세계화로 인해 가난한 나라들이 부자 나라의 투기자본에 수탈당하고 있다고 주장한다. 그들은 한국이 자유무역과 외국인 투자 개방 등 신자유주의 원칙을 충실히 시행하여 부자나라가 되었다고 하는 주장에 반대하며, 오히려 그 반대로 자유무역에 반하는 보호무역제도들을 잘 활용함으로써 글로벌한 경쟁력을 가지게 되었다고 주장한다. 그들은 이미 선진국이 된 미국, 영국, 독일 등도 다들 이런 과정을 거쳐 선진국이 되었으면서도, 개발도상국들에겐 자기들과 다른 잣대를 들이대면서 사악한 삼총사인 '세계통화기금(IMF)', '세계무역기구(WTO)', '세계은행(World Bank)'을 앞세워 모든 분야에 대해 남김없이 개방하라고 요구하여 자원을 착취하고 있다고 주장한다. 그래서 신자유주의는 결국 못사는 개도국의 희생 위에 선진국의 부를 유지하려는 착취 구조라고 주장하며 세계화에 반대하고 있는 것이다.

그러나 이러한 주장은 그동안 좌파들이 자본주의를 반대하기 위해 계속 주장해온 종속이론(자유무역으로 2, 3차 산업 중심의 고부가가치 상품을 생산하는 중심부의 선진국들이 1차 산업 위주의 저부가가치 상품을 생산하는 주변부의 후진국과 거래하게 되면, 결국 부가 주변부에서 중심부로 이동되어 주변부의 경제가 중심부의 경제에 종속되는 결과로 이어진다는 이론)의 변형된 주장으로, 종속이론은 60~70년대 남미와 우리나라에서 크게 유행했다가 소련의 붕괴와 중공의 변화로 현실적인 설득력을 잃어버린 이론이다.

그래서 현실 속에는 이들의 주장과는 반대로 한국, 중국과 같이 국제 자유무역 질서에 편승하여 선진 대열에 안착한 사례가 있으며, 국제 자유시장에 편입된 아시아와 아프리카의 신흥국가들 중에는 발전동력을 얻어 선진국으로 힘차게 달려나가고 있는 나라도 많다.

만약 좌파들의 주장대로 세계화를 하지 않는다면 그 대안은 무엇인가? 그렇게 한다면 새로 일어나는 신흥 개도국들은 영원히 현 상태에서 고착되고 말 것이며 우리나라와 같이 자원이 없고 해외시장에 의존하는 많은 소규모 산업국가들은 시장을 잃고 과거와 같이 최빈국으로 전락하고 말 것이다. 경쟁이 힘들기는 하지만, 살벌한 세계시장 속에 들어가 이겨낼 때, 거대한 세계시장을 자기 것으로 만들 수 있는 것이다. 한국과 중국은 그러한 일이 가능하다는 것을 잘 보여주었다. 아프리카의 케냐와 앙골라와 같은 나라들은 이미 세계시장 경제 속에 편입되어 우리나라 60~70년대 수준의 시장경제질서가 형성되어 있는데 이들이 20~30년이 지나면, 우리나라와 같은 신흥경제대국이 되지 말라는 법이 어디 있겠는가?

또한 국제 자유무역을 한다고 해서 각 나라의 주권이 사라지지 않는다. 기본적으로 세계시장에 통합되지만 각 나라는 경제주권을 가진 채 세계시장 속에 뛰어드는 것이다. 한국이 관세, 보조금 지급, 은행 통제 등과 같은 보호무역 정책을 통해 글로벌한 경쟁력을 가지게 되었다고 하지만, 그러한 정책들은 모든 나라가 소유하고 있는 주권의 범위 내에서 발휘할 수 있는 기본적인 역량들이다. 따라서 주권국가인 이상, 자기가 소유하고 있는 기본적인 능력을 국제적 마찰이 없는 범위 내에서 잘 활용하여 국제시장을 내 것으로 만들면 되는 것이지, 무한한 가능성이 열려 있는 세계시장을 무조건 거부하고 외면하는 것은 구더기 무서워 장 못 담그는 것과 같이 어리석은 짓이며 편협한 이데올로기적 주장이다.

신자유주의를 비난하는 사람들은 냉혹한 경쟁과 동물적 욕망이 토대가 되는 현 자본주의 경제 시스템이 성자들의 무조건적인 사랑과 같은 도덕적 가치와 배치되는 이기적인 시스템이라고 본질적으로 비난한다. 그러나 사람들은 사랑에 대해 잘못 알고 있다. 사랑은 무조건적으로 돕는 게 아니라 상황을 바로 보고 그 원인을 밝혀 그 사람이 주체적인 인간으로 성장하도록 돕는 것을 의미한다. 거지가 바지를 붙잡으며 구걸한다고 해서 동정심으로 돈을 주었다고 그게 사랑이 되는 것은 아니다. 그것은 남을 도왔다는 자기 위안을 얻기 위한 것이지, 진정한 사랑이 되지 않으며 오히려 거지를 영원히 거지로 남게 할 수 있다. 진정한 사랑은 거지가 스스로 자기 밥벌이를 해서 주체적인 인간으로 성장할 수 있도록 돕는 데 있다. 따라서 모든 것을 공정한 이치대로 이루어지도록 하는 경제 시스템은 예수님이 가르치고자 한 진리대로 이루어지도록 한 밝은 세상과 부합하는 것이다. 즉, 예수님의 진정한 사랑은 무조건 주는 것이 아니라 지은대로 받으며 모든 것이 이치대로 이루어지도록 세상을 축복하는데 있는 것이다.

이러한 사랑의 이치는 복지 정책에 있어서도 공통적으로 적용되어야 한다. 경제를 운영하는 데 있어서 복지와 분배 문제는 매우 밀접하고 예민한 과제이다. 오늘날 사람들은 사회주의의 영향과 평등주의 이상에 의해 모든 사회적 약자에 대한 최소한의 인간적 권리를 국가가 무조건 보장해야 한다고 말하며 분배에 최우선 중점을 두어야 한다고 주장한다. 물론 인도주의적 차원에서 삶의 기본적인 조건을 충족시키고 현실의 불평등을 해소하자는 취지는 좋다. 그러나 이러한 주장이 국가 전체 경제의 건강성을 해치고 경제적 원리나 개인의 정신을 망치는 결과를 가져와서는 안 된다. 일하지 않아도 개인의 의식주와 복지가 보장된다면 최선을 다해 일할 사람은 없으며 경제는 침체되어 복지 비용은 물론, 먹고 사는 문제도 해결하지 못하게 될 것이다. 과거 소련이 바로 이 함정에 빠져 국가가 부도나고 산산이 분열되고

만 것이다.

세상은 완전한 법계로 뜻과 이치에 의해 이루어진다. 따라서 세상을 흥하게 하는 뜻이 사회에 있으면 그 사회는 발전할 것이며 사회를 망하게 하는 뜻이 있으면 그 사회는 망하게 된다. 사회를 흥하게 하는 뜻이란 일해야 먹고 살 수 있고 지은대로 공정하게 받게 하는 것이며, 사회를 망하게 하는 뜻이란 노력하지 않아도 생활이 보장되며 무조건 평등해야 한다는 것이다. 일하지 않아도 먹을 것이 보장된다면 열심히 노력해 자신의 가능성을 최대한 발휘하려고 할 사람이 없을 것이니, 그러한 나라는 발전 동력이 사라지고 침체하게 되어 결국 국민 전체가 불행하게 된다.

따라서 일해야만 대가가 보장되고 일하지 않으면 굶어야 한다는 경제의 기본 명제는, 개인의 정신을 건강하게 하고 경제를 살리는 가장 중요한 자연의 원리이므로 반드시 지켜져야 한다. 모든 사람에게 주인 정신과 책임을 부여해야만 그 사회는 스스로 살아 움직이며 생명력이 흘러넘치는 건강한 나라가 되는 것이다.

분배론자들은 지금 단계에서 성장보다 분배에 치중해야 국민 간의 일체감이 이루어져 지속적인 경제 성장이 가능하다고 주장하지만, 그것은 이상이지 현실이 아니다.

좌파에서 항상 모델로 제시하고 있는 유럽의 사회주의 정부들은 경제 지표상으로 뛰어나 보이지만 미래에 대한 희망이 보이지 않는다. 그들이 좋아 보이는 것은 수백 년 전부터 산업화에 성공하여 쌓여온 기본 자산과 단일화된 유럽공동체가 뒤받쳐 주고 있어 자유무역의 이점을 누리고 있기 때문이다.

실제 지금 북유럽은 세계경제 질서에서 경제성장과 기술 개발에 있어서 주도적 위상을 상실한 지 오래이며 세계경제는 자유무역을 실시하고 있는 미국, 독일, 일본, 중국 등의 국가들에 의해 주도되고 있는 것이다. 세금으로 소득의 대부분을 걷어가고, 일하지 않아도 생활이 보장되는 사회에서 구태여 머리를 싸매며 기술을 개발하고 고생스런 기업을 운영하려는 사람은 없는 것이다. 그러므로 그들이 지금의 경제 체제를 바꾸지 않는 한 세계의 지도력을 지닌 선도 국가가 되기는 어려울 것이며 시간이 갈수록 점차 발전 동력을 잃고 뒤처지게 될 것이라는 것은 명약관화한 사실이다.

그래서 지금 프랑스, 이탈리아를 비롯한 유럽의 좌파 국가들이 장기 불황과 성장의 한계에 빠져 정권을 내놓고 있는 것이다. 과거 모든 것을 다 해준다는 좌파가 당연히 대중의 인기를 얻을 수밖에 없어 정권을 잡았지만, 가만히 있어도 복지가 보장되다 보니 국민들의 경제를 위한 열정과 노력이 줄어들어 자연히 성장률이 정체될 수밖에 없고 과도한 복지 지출로 재정적자가 커지다 보니 더 이상 버틸 수가 없게 된 것이다. 그래서 나라 살림을 정상화시키고 복지 재원을 마련하기 위해서는 개인의 자유와 창의를 촉진하여 경제 성장을 이루어야 하므로 자유주의 경제 질서를 선택할 수밖에 없는 상황인 것이다.

세상에는 대가 없이 이루어지는 일은 없다. 엄정한 세상은 자신의 모든 것을 다 바쳐 노력하지 않는 한 자신의 생명을 유지하기 어렵게 만들어져 있다. 그만큼 삶의 무게는 무거운 것이다. 따라서 복지와 행복을 누리고자 한다면, 반드시 그에 상응한 개인의 노력과 책임이 있어야 한다. 개인의 재화가 모여 국가의 부가 되고 개인의 힘과 자질이 모여 국력이 되는 것이다. 그러므로 한 국가가 평안하고 행복하게 살기 위해서는 그 나라 국민들이 모두 최선의 노력을 다하고 각자의 가

능성을 최대한 발휘해야 한다.

 이를 위해 반드시 필요한 것이 지은 대로 받는 공정한 경제 원리와 자유로운 시장 질서이다. 사람은 자신이 지은 대로 이익이 돌아온다는 것을 분명히 알게 되면, 남이 시키지 않아도 최고의 노력을 다하며 자신의 가능성을 최대한으로 발휘하게 된다. 이것이 자본주의 경제의 장점이다. 그래서 빌 게이츠와 같은 사람이 나타나 10년 만에 억만장자가 될 수 있으며 수백만 명의 고용을 창출해내는 것이다. 따라서 아무리 노력해도 대가가 따르지 않고 정부에서 모든 것을 세금으로 빼앗아 간다면 그런 나라에는 절대 희망이 없다. 따라서 다수의 이익을 위해 개인의 희생을 강요하는 계획경제는 개인의 발전동기를 좌절시킴으로써 성장 정체, 고실업, 재정 적자라는 결론이 정해져 있는 것이다.

 좌파들이 선망하는 대표적인 사회주의적 복지국가인 프랑스는 부자 세율 75%로, 부자나 기업의 부를 세금으로 추징하여 국민에게 나누어주고 있다. 과연 이러한 정책이 국가 발전과 국민소득 향상에 도움이 될까? 지금과 같이 이동이 자유로운 국제 자본주의 질서 하에서는 높은 법인세를 부담하며 계속 머무를 기업인은 없다. 기업은 항상 가장 기업하기 좋은 장소에서 활동하려고 하기 때문에 국제적으로 정상적인 수준 이상의 법인세를 징수하게 되면, 결국 기업의 국외 탈출을 가져오고 그 악영향은 고스란히 국민 부담으로 남게 된다. 그래서 많은 스포츠 스타와 기업들이 외국으로 탈출한 프랑스와 북유럽의 부유세는 세계적으로 실패한 정책으로 평가받고 있다.

따라서 좌파들이 요구하는 법인세 인상으로 인한 양극화 해소와 사회복지는 환상에 불과하다. 기업으로부터 돈을 빼앗아 국민들에게 나누어준다고 해서 그 돈이 경제를 발전시키는 데 큰 도움이 되지 않는다. 그것은 기업의 투자 재원을 삭감시킴으로써 발전 동력을 약화시키고 고용 위축을 가져오며 현대 경제의 핵심 동력인 창의적인 기업의 싹을 잘라버림으로써 장기적으로 경제를 침체하게 만든다. 그래서 지금 고율의 부유세와 법인세를 부과하는 서유럽의 경우 새로운 기술 개발이나 창의적인 기업이 나타나지 않고 있으며 성장이 정체되고 있는 것이다.

그리고 기업의 세금을 추징하여 복지에 투자하려면 자연히 국가의 힘이 커져 부정부패의 소지가 생긴다. 고액의 세금 추징을 피하기 위해 기업은 정부에 손을 쓰게 되고 그 결과 정경유착이 자연히 나타나게 되는 것이다. 그리고 국가에서는 많이 징수한 세금으로 경제와 사회의 모든 분야에 관여해야 하므로 방대한 정부가 나타나게 되고 그결과 경제 발전과 같은 생산적인 부분이 아닌 많은 공적 조직과 공무원 유지와 같은 비생산적인 부분에 많은 예산을 소모하게 된다. 그래서 이러한 현실에 더 이상 버틸 수 없게 된 북유럽 국가들은 이제 그동안 시행해온 사회주의적 복지제도에 개인의 책임을 강조하는 자유주의적 요소를 도입하여 보완해 나가고 있는 것이다.

지금 이 글이 시장질서와 개인의 자율성과 책임성을 강조한다고 해서 신자유주의의 견해를 대변하는 게 아니냐고 의문을 품을 수 있다. 하지만 본서는 세상의 실상과 이치를 밝혀 세상이 행복해지는 길을 찾을 뿐이다. 완전한 뜻과 이치에 의해 이루어지고 있는 법계에서 세상이 이루어지고 있는 이치에 따라 사실에 충실하게 살아갈 때 가장 내실 있고 바람직한 결과를 얻을 수 있다. 따라서 신자유주의의 기본 이념이 사실과 자연 질서를 찾는 데 있으므로 그 긍정적인 면을 인정하는 것이지 신자유주의라고 해서 무조건 옹호하는 것은 아니다.

세상은 법계이고 경제 또한 그 일부로서 세상의 주체인 개인을 중심으로 이루어지고 있으니, 개인의 가능성을 살리고 세상이 이루어지고 있는 공정한 이치대로 풀어야 한다는 것이 본서의 기본적인 입장이다. 그래야만 개인의 힘이 살아나 경제가 지속적으로 발전하게 되는 것이다. 따라서 여기서는 태초부터 정해져 있는 실상과 이치를 밝혀 경제 운영에 가장 올바른 길만을 밝힐 뿐이지 이념적 주장과는 무관하다는 것을 밝힌다. 따라서 진리와 관계없이 어느 누가 이데올로기에 편향된 이론적 시각을 가지고 비난하는 것에 구애받지 않는다.

지금 우리 경제는 심각한 불황과 늘어나는 청년실업으로 몸살을 앓고 있다. 국가 경쟁력은 자꾸 떨어지고 있고 우리 경제가 의존하던 수출도 급속히 감소하고 있다. 주력 수출산업이었던 철강, 조선 등은 한계에 부딪혀 문을 닫아야 할 지경이며 다른 산업도 마찬가지로 성장 동력이 고갈된 상황이다. 후발 개도국은 쫓아오고 중국은 국산화 정책으로 수입을 줄이고 있으며, 일본은 엔저로 한국의 수출 시장을 뺏으려 하고 있다. 미국은 트럼프 당선으로 자국 우선주의를 펴고 있고, 유럽은 경제 침체로 수입을 줄여나가고 있다. 게다가 중소기업은 현상을 타파할 혁신 능력이 없어 새로운 시장 개척을 못 하고 있으며, 겉으로 번듯해 보이는 대기업들도 속을 까보면 온통 부실투성이로 한순간 무너질 가능성이 있는 기업이 태반이다. 그동안 대기업 위주로 고속 성장을 이루어오던 정부 주도의 경제 개발 정책이 총체적 난국에 빠진 상황인 것이다. 과거 선진국들이 앓아왔던 고실업율과 장기 불황으로 특징되는 선진국병의 전철을 우리나라는 선진국이 되기도 전에 밟고 있는 것이다.

요즘 경제를 운영하는 사람들은 우리 경제가 기반은 탄탄한 데 국민의 소비 심리가 너무 위축된 것이 문제이며 빈부 간, 지역 간, 대기업과 중소기업 간, 수출과 내수업종 간 불균형이 산업의 흐름을 마비시켜 경제를 어렵게 한다고 이야기한다. 즉, 경제의 구조와 바탕은 괜찮은데 경제의 흐름과 심리가 문제라는 것이다. 그러나 이것은 본말이 전도된 말이며, 세상일은 항상 실질이 바탕이 되고 심리와 흐름은 이차적으로 작용한다.

지금 실업이 만연하는 우리 경제의 근본 문제는 실물 부분의 경제 체질 약화로 인한 경쟁력 상실에 있다. 기술과 노동 경쟁력이 떨어지니 수출과 생산이 안 되고, 생산이 안 되니 고용이 감소하고, 소득이 없으니 수요가 줄어들어 불황이 심화되는 악순환이 벌어지고 있는 것이다. 노임은 비싸고 일할 사람은 없고 기술은 떨어지고 부동산은 하늘 높은 줄 모르고, 노동 투쟁은 심하고 세금과 부정부패, 관의 간섭은 커서 경제인들이 투자하려 하여도 할 수가 없는 구조인 것이다. 그리고 중소기업의 경우, 과거 노동력 위주의 생산구조에서 저임금에 안주하며 기술개발과 경쟁력 향상을 소홀히 하다 새로 부상하고 있는 신흥 개발국의 저가 공세에 대응하지 못하고 있는 것이다.

지금 우리 경제는 매우 허약한 상태로 한순간 무너질 수 있는 사상 누각과 같다. 지금은 국민의 힘과 지혜와 마음을 모아 꺼져가는 경제 불씨를 살려야 할 때이지 정쟁이나 이데올로기, 이익집단들의 사사로운 이해관계로 꺼뜨릴 때가 아니다. 경제는 살아 있는 생명체와 같아서 한번 죽게 되면 다시 살리기 힘들다. 경제가 망하면 그 피해는 송두리째 국민이 짊어져야 한다. 따라서 지금은 국민 모두가 힘을 합쳐 고통을 분담하고 경제를 내실 있게 만들어 경쟁력을 회복해야 한다. 지금 위정자들이 해야 할 가장 중요한 경제 정책은 우리 경제의 위험성을 있는 그대로 밝히고 국민들의 단합과 노력을 이끌어내는 일이다. 제대로 알아야 올바른 처방이 가능하고 국민의 힘을 모아 위기 돌파가 가능한 것이다.

경제는 완전한 질서와 이치 속에 움직이고 있으니 문제를 해결하기 위해서는 경제 현상을 바로 보고 원인을 밝혀 그 벼리를 잡고 흔들어야 한다. 세상일은 근본과 바탕과 환경의 3요소에 의해 움직인다. 그리고 경제의 근본은 재화의 창출이며 그 바탕은 경제를 활성화시키는 것이다. 경제가 활성화되어 잘 돌아가면, 그 속에 있는 모든 사람들이 열심히 일하고 일한 만큼 소득을 얻게 되어 삶을 건강하고 행복하게 유지할 수 있게 된다.

경제를 활성화하기 위해 갖추어야 할 바탕은 일할 수 있는 여건과 기본 원칙을 세우는 일이다. 사람은 합리적인 동물이기에 돈을 벌 수 있다는 여건만 조성이 되면 열심히 일하게 되어 있다. 따라서 경제에 있어서 가장 중요하고 근본적인 처방은 열심히 일하고 투자할 수 있는 여건과 기본 원칙을 확립하는 일이다. 기업은 돈을 벌 수 있는 여건이 되면 투자하지 말라고 해도 하기 때문에 정부가 가장 중시해야 할 일이 바로 이것이다.

그러나 지금 우리 경제의 근본 문제는 열심히 일할 수 있는 여건과 기본 원칙이 마련되어 있지 않다는 데 있다. 아무리 열심히 일해도 결과가 보장되지 않고 은행 문턱이 높고 노조가 투쟁적이고 세상을 믿을 수 없다면 투자하고 싶어도 할 수가 없는 것이다. 따라서 불황에 대한 대책도 이러한 전체적인 관점에서 접근해야지, 경제 당국의 상투적인 논리처럼 단순한 투자와 이자율의 문제로만 보아서는 안 된다.

따라서 가장 먼저 일하기 위한 기본 원칙을 바로 세워야 한다. 이를 위해서는 일하는 자는 일한 만큼 대가를 얻으며, 일하지 않는 자는 굶어야 한다는 인과의 이치가 경제의 기본 원칙으로 반드시 확립해야 한다. 이러한 준칙은 매우 단순한 것 같지만, 그 속에는 경제 전반을 관통하는 치명적 중요성이 있다. 만약 일하지 않아도 먹고 사는 것에 지장이 없다는 생각이 받아들여지는 순간, 그 사회는 건강성을 잃고 쇠퇴하는 길로 접어들게 된다. 따라서 일한 만큼 받게 된다는 원칙이 자리 잡게 되면, 모든 국민은 일해야 자신의 인간다운 삶을 유지할 수 있다는 것을 알아 스스로 최선을 다해 일하게 되고 더 많은 소득을 위해 자신의 능력을 최고도로 발휘하게 된다. 그러면 국가 경제는 저절로 굴러가고 발전하게 되는 것이다.

다음으로 해야 할 일은 신이 나서 열심히 일할 수 있는 밝고 공정한 분위기를 조성하는 일이다. 밝고 공정한 사회는 모든 사람이 서로 믿고 의지해 마음 놓고 경제 활동을 할 수 있으며 자기가 일한 만큼 결과가 생기니 최선의 노력을 다하게 되어 모든 구성원의 가능성이 크게 살아난다. 이에 반해, 어둡고 불합리한 사회는 아무리 노력해도 결과가 돌아온다는 보장이 없으므로 열심히 일하기보다 정실과 부정부패에 신경을 쓰게 되어 경쟁력이 떨어져 망하게 된다. 즉, 밝은 사회는 양지와 같아서 만물이 그 속에서 무성하게 피어나게 하지만 어두운 사회는 음지와 같아서 모든 것이 그늘 속에서 침체하게 된다. 따라서 일하려는 동기와 공정한 경쟁을 저해하는 모든 제도와 관행은 개선되어야 한다. 이것이 경제를 살리는 기본 바탕이다.

그리고 이런 바탕 위에서 개인의 창의적인 경제활동이 가능하도록 자유로운 환경을 조성해야 하며 개인의 활동이 타인의 권리를 침해하지 않는 한 국가는 원칙적으로 간섭해서는 안 된다. 인간에게는 신에 이르는 무한한 가능성이 깃들어 있으니 개인의 가능성을 마음대로 발휘할 수 있게 해주면 초인적인 발전을 기대할 수 있다. 미국에서 빌 게이츠나 스티브 잡스와 같은 기업가가 나와 시들어가던 미국 경제를 세계경제의 선도국가로 재생시킨 것도 바로 이러한 풍토가 조성되어 있으니 가능한 일이다.

그리고 기업이 투자할 수 있는 환경을 만들어주어야 한다. 요즘 대기업들이 여유 자금을 가지고 있으면서 투자를 안 한다고 비난하고 있는데, 돈 벌 곳이 있으면 지옥도 마다하지 않는 것이 기업가의 생리이다. 지금 기업들이 투자하지 않는 것은 기업가의 책임이 아니라 투자할 수 있는 환경을 만들지 못한 위정자의 책임이다. 최근 동아시아 각국 중에 우리나라에 투자하는 해외투자가 가장 적어진 현실은 깊이 반성해야 할 문제이다.

그리고 힘겨운 경쟁과 장애를 극복해 날 갈 수 있는 창의적이고 역동적인 기업인을 발굴 육성하는 것이 시급하다. 세상의 주체는 인간으로 인간의 핵은 그 정신이다. 정신이 강하고 지혜로운 이는 어떠한 고난도 이겨내고 삶을 성공적으로 가꾸는 힘이 있다. 현대 자본주의 경제는 미국의 에디슨, 록펠러, 카네기, 빌 게이츠, 스티브 잡스, 일본의 마쓰시타 고노스케, 혼다 쇼이치로 그리고 한국의 정주영, 이병철 같은 무수한 기업 영웅들이 만들어온 역사이다. 수백만의 노동자는 자기 밥거리 찾기도 급급하지만, 한 사람의 뛰어난 기업가가 나타나면 수백만에게 일자리를 제공할 수 있는 것이 부정할 수 없는 현실인 것이다.

세상은 살아 움직이기 때문에 변화와 도전은 일상적이다. 농사를 지을 때 여러 가지 환경에 잘 대처해야만 풍년을 기약할 수 있듯이 사람이 산다는 것도 인생사에서 일어나는 여러 도전을 잘 극복해내야만 자신을 풍성하게 농사짓게 되는 것이다. 기업 운영도 이와 같다. 직면하는 도전을 정확히 보고 부지런히 노력하고 지혜를 내어 잘 극복한 기업은 그만큼 자신의 가치와 열매를 성장시킬 수 있으나, 닥쳐오는 변화를 제대로 보지 못하고 올바르게 대응하지 못한 기업은 쭉정이가 되어 사라지고 만다. 그 속에서 가장 중요한 요인은 기업가이다. 모든 것은 원인이 있어 나타나며 원인은 사람이 짓는 것이기 때문에 어떤 사람이 기업을 움직이느냐에 따라 그 기업의 운명은 결정된다. 기업을 이끄는 사람이 현실을 직시하는 눈을 가지고 문제를 정확히 분석하여 고난을 극복하는 지혜와 의지와 노력을 보이면 그 기업은 아무리 어려운 환경이 와도 살아남지만, 기업가의 정신이 어두워 세상을 바로 보지 못하고 지혜와 용기와 노력이 없으면, 절대 살아남을 수 없는 것이다.

따라서 우수한 자질을 갖춘 유망기업가를 발굴하여 이들을 국가 경제를 책임지는 주역으로 육성해야 한다. 강한 생명력의 소유자들은 그들 자체가 세상을 움직이는 힘의 원천이니 이들을 잘 육성하여 훌륭한 기업가로 활동하게 하는 것은 한정된 자원을 가지고 경제를 발전시켜야 하는 우리나라와 같은 중소국가에서 매우 중요한 일이다.

그리고 지속적인 기술 개발로 비싼 임금과 원가 상승을 상쇄할 수 있어야 끝없는 국제 경쟁 시장에서 살아남을 수 있다. 주어진 임금과 원가를 극복할 수 있는 방법은 기술 개발밖에 없다. 새로운 아이디어와 기술이 반영된 제품은 무한한 경쟁력과 새로운 수요를 창조해 낸다. 시들어가던 미국 경제가 세계경제를 이끄는 견인차가 된 것도 바로 윈도우와 핸드폰과 같은 새로운 아이디어 제품을 지속적으로 개발해낸 창조력과 기술 개발이 있었기 때문이다. 따라서 우리나라에서도 창의적인 기업가 발굴과 장인 정신의 육성이 지속적으로 이루어져야 한다. 각종 규제를 제거해 자유롭게 기업할 수 있는 분위기를 조성하고 될성부른 기업을 육성해야 하며 기술자들이 우대받는 풍토를 조성해야 한다. 자원 부족과 높은 임금으로 한계에 부딪힌 우리 경제가 활로를 모색할 수 있는 길은 바로 여기에 있으므로 새로운 기술 개발에 대한 지원제도를 마련하고 관련 예산을 대폭 증액해야 할 것이며 대통령 직속의 지원 부처를 만들어 거국적으로 지원해야 한다.

그리고 사실과 이치에 따른 실질적인 생산력이 뒷받침되지 않은 경제는 사상누각이라는 점을 명심해야 한다. 지금 유럽 국가들이 모두 휘청거리는데 독일만 끄떡없이 잘나가는 이유는, 독일만이 제조업을 기반으로 다른 분야들을 조화롭게 발전시킴으로써 안정적인 성장과 고용을 유지해 나가고 있기 때문이다. 반면 다른 나라의 경우, 실물

경제를 경시하고 서비스업으로만 먹고 살려 하니 작은 경기 변동에도 국가 경제가 휘청거리는 것이다.

따라서 경제의 안정적 성장과 발전을 위해서는 반드시 실물경제가 뒷받침되어야 하며. 이를 위해 가장 중시해야 할 것은 바로 모든 국민에게 일하는 능력을 키워주는 직업교육이다. 즉, 지금과 같이 단순한 지식 암기 교육이 아니라 현장 중심의 직업교육이 이루어져야 한다. 기본적으로 모든 국민이 자기 생활을 유지할 수 있는 1인 1기를 가진다면 실업자가 저절로 사라질 것이며 생활에 충실한 실사구시 기풍이 일어나게 된다. 그러면 장인정신을 기반으로 모든 곳에서 지속적으로 창의적인 일자리가 쏟아져 나오게 될 것이다. 이런 점에서 볼 때, '일꾼'을 '쟁이'로 비하하고 가만히 앉아 글만 읽는 관념적인 선비만 좋아했던 우리보다 '장인'을 우대하던 일본의 경제 풍토가 훨씬 더 건강하다고 볼 수 있다. 그와 같은 실용적 풍토가 일본 사회 속에 뿌리 깊이 조성되어 있었기에 일본은 급속도로 근대화에 성공할 수가 있었으며 관념이 지배한 우리나라는 현실에 뒤떨어져 근대화에 실패하고 말았던 것이다. 따라서 우리도 사실과 실무를 존중하는 실사구시적인 경제 풍토를 하루빨리 조성해야 한다.

경제 당국에서 자주 써먹는 단골 정책이 경제를 활성화하고 고용을 증진하기 위해서 벤처 기업과 아이디어 창업에 특별자금을 지원한다는 정책이다. 그러나 유능한 기업의 육성과 고용을 창출할 때 명심해야 할 일이 있다. 고용은 자생력이 있어 성장하는 기업이 스스로 필요해서 고용을 늘려야 효과가 있지 경쟁력이 없는 기업이 국가의 지원을 얻어 일시적으로 고용을 늘리는 것은 곧 부실화되어 국민의 혈세만 낭비하고 만다. 그동안 일자리 창출이라는 명목 아래 많은 벤처 기업에 엄청난 자금을 지원했지만 대부분 사업주의 배만 불리고 그 부담이 국민에게 돌아왔던 과거를 잊지 말아야 한다.

따라서 벤처기업을 지원할 때도 엄밀한 심사와 세부 규정을 마련하여 분명히 살아날 가능성이 있는 기업을 지원해야 한다. 그러지 않고서는 국민의 피땀인 혈세의 낭비는 막을 길이 없다. 따라서 초기 시작 단계보다는 이들이 경쟁력을 확보한 후 더 큰 날갯짓을 하려고 할 때 도와주는 것이 혈세의 낭비를 막고 경제 발전에 기여할 수 있는 효과적인 방법이다.

경제는 생명력이 부딪치는 생존경쟁의 장이다. 그 속에서는 결국, 생명력이 강한 기업이 살아남아 경제의 주체가 되어 세상을 이끌고 나가게 된다. 따라서 한정된 국가 자원을 가지고 경제를 발전시키는 가장 확실하고 효과적인 방법은 현실에서 살아남은 경쟁력이 강한 기업을 지원하는 것이다. 이들은 자갈밭에 던져져도 뿌리를 내리고 살아남기 때문에 이들을 지원하면 강한 생명력으로 확실하게 경제를 키워나가 고용을 늘리고 국부를 증진시킨다.

요즘 해운조선업의 구조조정이 사회문제로 떠오르고 있다. 경제는 살아 있는 생명이니 기업의 생과 사는 피할 수 없는 숙명이다. 자연의 이치를 살펴보면, 생과 사가 순환하면서 전체가 조화를 이룬다. 즉, 죽을 자는 떠나야 전체가 제대로 돌아가는 것이다. 만약 썩어가는 팔다리를 미련이 남아 자르지 않는다면 결국 몸 전체가 죽게 된다. 이것은 경제의 경우도 동일하다. 마음은 아프지만, 경쟁할 힘이 모자라고 부실한 기업은 정리하는 것이 국가 경제 전체를 위해 바람직하다.

가능성이 희박한 기업에 혈세를 쏟아 부어 낭비하는 것보다 잘되는 기업을 지원하여 이들이 주도 하여 경제를 성장시키고 새로운 일자리를 창출하게 하는 것이 올바른 방향이다. 즉, 지원은 망할 기업에 하는 것이 아니라 흥할 기업에 해야 한다. 이와 같이 공정한 경쟁과 능력에 따른 보상과 퇴출이 확실하게 이루어질 때 국가 전체적으로 효율이 높아지고 지속적인 발전이 가능해진다. 그리고 퇴출된 기업은 자신의 능력에 맞는 새로운 분야를 찾도록 해야 한다. 사람의 능력과 소질은 제각각이기 때문에 의욕과 힘만 있다면 반드시 각자에게 맞는 새로운 활동의 장을 만들어 나갈 수 있다. 국가는 이들에 대해 적절한 대책을 마련해 주면 되는 것이다. 퇴출을 두려워할 것이 아니라 새로운 활동의 장을 마련하는 데 초점을 두어야 할 것이다.

또한, 지난 정부에서 신용불량자들에게 재기를 위한 개인워크아웃을 실시하면서 자금 지원을 해준 전례가 있었다. 그러나 이 정책은 도덕적 해이를 불러일으키고 경제의 기본 원리를 왜곡함으로써 결국 실패로 돌아갔다. 신용불량자를 줄이지 못한 채 국민 부담만 가중시켰던 것이다. 당시 시중에는 눈먼 국가 돈을 먹지 못하면 바보라는 말이 나돌았다. 그러므로 신용불량자를 도울 때는 재생 가능성이 크고 재활 의지를 지닌 이들에 한정하여 도와줘야 하며 관리도 매우 철저히 하여 도덕적 해이를 방지해야 한다. 이것이 지원제도를 시행할 때 명심해야 할 사항이다.

불황과 실업문제의 해결을 위해 역대 정부가 한결같이 고민하고 있는 과제가 일자리 창출이다. 그래서 그동안 많은 정부에서 한결같이 수십만 개의 일자리를 만들겠다고 공약했고, 또 공공근로나 파트타임, 일자리 나누기, 정규직화를 통해 수많은 일자리를 창출하겠다고 청사진을 쏟아냈다. 그러나 제대로 된 일자리는 늘어나지 않아 현실은 항상 실업자로 넘치고 있어 쏟아부은 예산만 낭비하고 있다. 그럴

듯한 대책은 많이 발표하지만, 세상일은 생각으로 억지로 짜 맞춘다고 되는 것이 아니다. 왜냐하면, 일자리는 정책으로 만드는 것이 아니라 현실 속에서 기업가들이 필요해서 만드는 것이기 때문이다.

고용은 정부가 인위적으로 만들려고 해서는 안 되며 근본적으로 기업이 자기 필요성에 의해 고용해야 정상적인 일자리가 된다. 기업이 스스로 필요하여 일자리를 만들지 않는 한, 인위적으로 만들어낸 일자리는 곧 사라지고 만다. 따라서 정부가 해야 할 일은 수천억의 돈을 퍼부어 억지 일자리를 만들어 낼 것이 아니라 기업이 투자할 수 있도록 돈을 벌 수 있는 환경을 조성해야 한다. 일할 수 있는 환경이 만들어지면 기업은 스스로 투자해 창업과 일자리는 저절로 늘어나게 되므로 돈과 시간만 낭비하는 포퓰리즘(populism) 정책은 이제 그만 두어야 한다.

이러한 이치로 경제 불황에 대처하는 수요 창출도 소득을 증가시켜 자연스레 유도해야지, 억지로 만들어서는 안 된다. 인위적 정책은 반드시 그에 상응한 부작용을 가져온다. 지난 정부에서 경기를 부추긴다고 신용카드를 마음껏 쓰게 함으로써 국민의 성실성을 약화시키고 가계를 부실하게 만들어 국가 경제에 큰 부담을 준 사례를 잊지 말아야 한다.

 다음으로 투기 심리를 경계해야 한다. 경제에는 공짜는 없다는 기본 원리가 경제를 떠받치고 있을 때만이 경제는 건강하게 성장한다. 만약 이런 원칙이 흐트러져서 일을 안 해도 요령만 잘 부리면 일확천금을 얻을 수 있다는 공짜 심리가 팽배하게 되면 경제는 근본부터 흔들리게 된다. 이런 측면에서 우리나라 근대화 정책의 한 특징인 인플레이션을 통한 투자 자산 마련과 부동산 투기를 통한 불로소득 현상은 국민경제에 치명적인 위험을 안겨 주고 있다. 그중 가장 큰 문제는 경제의 핵심인 국민의 근로의식을 심각하게 망가뜨렸다는 점이다. 즉, 성실히 일해서 돈을 버는 것보다는 투기를 잘해야 돈을 벌 수 있다는 일확천금의 잘못된 경제의식이 경제의 백년대계를 무너뜨린 것이다. 그래서 열심히 일해 일한 만큼 부를 축적하고 절약하여 삶을 꾸리려는 성실한 사람은 줄어들고 한탕 투기로 일확천금하려 꿈꾸는 사람이 우리 사회에 넘쳐나게 되었으니, 돈 되는 분양 건이 있으면 밤새워 줄을 서고 떴다방들은 이를 더욱 부추기고 있다. 더구나 투기로 졸지에 벼락부자가 된 졸부와 복부인들은 사치와 향락에 밤을 지새우고, 남은 시간에는 온갖 나쁜 생각과 음모로 세상을 망칠 생각을 하게 되니 악순환이 되풀이되는 것이다.

 이처럼 인플레이션 정책은 마약과 같다. 마약은 일시적으로 통증을 가라앉혀 치료에 도움을 주지만 그것을 만성적으로 사용하면 중독 증세로 불치의 병을 앓게 된다. 지금 한국의 인플레이션 정책이 그런 상태에 들어가기 일보 직전이다. 이것은 선진국에서 이미 겪었던 현상으로 우리도 똑같은 함정에 빠지지 않도록 유의해야 한다. 지금 경제 당국에서는 만성적인 수요 부족으로 인한 불황을 극복하기 위해 금융완화 정책이라는 인플레이션 정책을 펴고 있다. 인플레이션 정책은 시중에 많은 돈을 풀어 소비를 장려하는 정책으로, 경제가 돌아가지 않을 때는 물꼬를 터 경제가 제대로 흐르도록 하지만, 반면에 물가와 지가, 임금을 올려 국제경쟁력을 떨어뜨리고 투기 심리를 조장하여 결국 경제 전체를 부실하게 만드는 결과를 낳는다. 따라서 경쟁력 있는 경제구조를 만들기 위해서는 아편과 같은 인플레이션 정책은 최후 수단이 되어야 하며 항상 실질적인 경제 역량을 키우는 정책을 기본적으로 사용해야 한다.

다음으로, 가격 경쟁력을 약화시키는 지나친 임금 상승이 없도록 해야 한다. 지금 우리나라 산업은 생산성이 뒷받침되지 않는 고임금으로 경쟁력이 약화되어 고사 위기에 직면하고 있다. 정상적인 투자자라면 고지가, 고임금의 한국 제조업에 투자하는 어리석음을 저지르지 않을 것이다. 경쟁력을 갖추지 못한 제조업은 더이상 존립이 불가능하다. 경제는 싼 가격에 질 좋은 제품을 만들어 내면 모든 것이 해결된다. 따라서 임금 상승은 시장에서 경쟁력을 유지할 수 있는 수준으로 결정되어야 하며 노동생산성을 넘어서는 임금 상승은 억제되어야 한다. 기업이 가격 경쟁력을 상실한 위기 상황인 경우 기업가와 노동자가 서로 협의하여, 이윤을 창출할 때까지 임금 동결 내지는 삭감한 후 추후 이익이 생기면 배분하는 방안도 고려해야 한다. 현실의 어려움을 극복할 수 있는 경쟁력을 확보하지 못하면 결국 노사 모두에게 불행으로 다가오기 때문이다. 그것이 기업이 문을 닫는 것보다는 나은 일이다. 물론 이렇게 노동자의 희생을 요구할 때는 반드시 그에 앞서서 기업가의 솔선적인 희생과 배려가 있어야 한다. 이것이 순리에 맞고 인간미가 살아 숨 쉬는 인간적인 경제다. 이념을 앞세워 노사가 경쟁적으로 상대의 몫을 빼앗기보다는 양측 모두 경제를 담당하는 주인 정신으로 기업의 경쟁력을 살려 살아남는 길을 모색해야 한다.

그리고 전투적인 노조 활동은 사라져야 한다. 현재 우리나라의 경제는 매우 어려운 상황이다. 수출은 줄어들고 경제는 장기 불황이며 실업률은 치솟고 있다. 낮은 경쟁력, 높아진 지가, 고임금, 과격한 노동조합, 국민의 비기업적 태도 등으로 해서 기업가들은 투자를 포기한 상태이다. 그 주요한 요인 중의 하나가 전투적인 노조 활동이다. 한국의 노동운동은 다른 나라처럼 단순히 근로 조건에 한정되지 않고 민주화의 과정을 겪으면서 정치성을 띠고 있어서 매우 과격하다.

지금 세계는 치열한 경제 전쟁에서 살아남기 위해 가능한 한 많은 국제 투자를 끌어와 경제를 성장시키고 고용을 늘리려고 애쓰고 있다. 그러나 지금처럼 전투적 노동운동을 벌이는 곳에 외국 자본이 투자하기를 바라는 것은 하늘에서 감이 떨어지기를 기다리는 격이다. 그래서 지금 우리나라 경제인들 사이에 기업을 경영하는 것보다 바보스러운 일이 없다는 말이 널리 회자되고 있다. 하는 일마다 사사건건 시비를 거는 행정, 전투적인 노동조합, 치열한 대내외 경제여건 속에서 자신의 전 재산을 투자해 기업을 하는 것보다 어리석은 일은 없는 것이다. 이러한 환경은 곧 기업의 투자의욕을 떨어뜨리고 경제 발전을 저해하며 실업을 만연시키는 원인이 된다. 따라서 이념성이 없는 근로

자 대표가 정상적인 노조 활동을 대변하는 안정적인 기업 환경이 마련되어야 한다.

그리고 노동계에서 매년 기업 이익과 관계없이 무조건 인플레이션을 반영한 일정률 이상의 보수 인상을 요구하는 것은 재고되어야 한다. 가격 경쟁력을 고려하지 않는 무조건적인 임금 인상 요구는 결국 노사 공멸의 위기를 가져온다. 성과 없는 분배는 이치에 맞지 않으며 국민의 근면성과 경제의 흐름을 왜곡하여 국가 전체를 허약하게 만들며 그 피해는 고스란히 국민이 받게 된다. 따라서 노동자의 분배 요구는 기업의 생산성 이내로 이루어져야 하며 궁극적으로는 기업의 경쟁력을 살려 이윤을 확대함으로써 분배를 늘리는 방향으로 나가야 한다.

경제란 결국 하나로 움직이는 것이니, 눈앞의 이익만을 생각하여 전체를 망치는 소탐대실의 어리석음을 범해서는 안 된다. 자동차가 목적지에 도착하기 위해서는 엔진은 엔진으로서, 바퀴는 바퀴로서 역할에 최선을 다해야 한다. 만약 엔진과 바퀴가 따로따로 움직인다면 서로 간의 조화는 깨지고 출발조차 할 수 없게 된다. 그러므로 기업가와 노동자는 서로 한마음이 되어 기업가는 노동자를 자기 식구로 생각하고 정당한 분배와 복지를 제공하며 노동자는 기업을 자기 몸처럼 생각하고 정성을 다해야 한다. 두 경제 주체는 인간적이고 공정한 계약을 맺어야 하며 계약을 넘어서는 행동을 함부로 해서는 안 된다. 이처럼 두 경제 주체가 조화를 찾고 한마음이 될 때 기업은 무한대로 발전하며 자본주의 경제는 아름답게 피어나는 것이다.

그리고 경쟁력과 고용문제를 해결하기 위해서라면 환율정책도 심각하게 고민해야 한다. 지금 일본이나 중국에서 그러하듯이 각국에서는 자국 제품의 국제경쟁력을 높이기 위해 전가의 보도로 환율제도를 활용하고 있다. 지금 우리나라는 물가와 지가, 임금이 높아 제조업의 경쟁력이 점점 더 약화되고 있다. 이러한 문제점을 해결하기 위해서는 국제적으로 여러 가지 견제와 제한이 따르지만, 환율정책을 효율적으로 활용할 필요가 있다. 환율정책은 수출 경쟁력을 높여 고용을 늘어나게 하지만 상대 국가의 반발이 예상되고, 수입 물가의 상승으로 실질 임금 저하를 가져와 국민들의 동의를 받기 어렵다. 하지만 국가경쟁력이 근본적인 한계에 부딪혔을 때 지속적인 경제 성장과 고용 증대를 위해서는 항상 책상 위에 올려놓고 고려해야 하는 정책으로 제도의 효율적인 시행은 지도자의 정치력과 지혜에 달려 있는 것이다.

경제는 삶의 바탕이며 삶 전체와 긴밀하게 연결되어 있다. 좋은 세상과 경제 발전은 같이 이루어지는 것이지 따로 움직이는 것이 아니다. 따라서 경제 발전은 욕망과 이기심만으로 이루어지는 것이 아니라 인간의 양심과 정의와 자유와 신뢰가 뒷받침되어야만 가능하다. 경제의 목적이 기본적으로 재화의 획득에 있지만 그렇다고 전체적인 삶에 있어서 부가 목적이 되면 안 된다. 부는 행복을 얻기 위한 하나의 조건이지 전부는 아니다. 사람이 돈의 노예가 되면 불행해진다. 부자가 천국에 들어가기는 낙타가 바늘구멍으로 들어가기보다 어렵다는 『성경』 구절을 무심히 보아 넘겨서는 안 된다. 왜냐하면, 돈에 대한 지나친 욕심과 집착은 그만큼 그 정신을 흐리게 하여 자신의 삶을 망치고 영혼을 무겁게 만들어 마음의 평안과 좋은 사후를 얻지 못하게 하기 때문이다.

그러므로 돈은 삶을 영위하는 수단으로 벌되, 공명정대하게 노력하여 항상 그 마음을 맑게 유지하도록 해야 하며, 떠날 때가 되면 모든 것을 놓고 가야 한다는 것을 염두에 두고 보람 있고 가치 있게 쓰도

록 해야 한다. 돈은 잘 쓰기 위해 버는 것이지 소유하기 위해 버는 게 아닌 것이다. 그래야 죽음의 순간 평안하고 가벼운 마음으로 떠날 수 있으며, 여한 없는 맑은 마음으로 좋은 후생을 보게 된다. 따라서 21세기를 이끄는 자본주의 제도가 욕망과 불행을 키우는 제도가 아닌, 인간의 양심과 정의, 자유와 신뢰에 의해 뒷받침되어 세상을 밝게 하고 인간을 성숙시키는 아름다운 제도로 정착될 수 있도록 우리 모두 지혜를 모아 나가야 할 것이다.

교육 백년대계

    지금 우리나라 교육은 길과 방향을 잃고 헤매고 있다. 해방 이후 열 번 이상 입시 정책이 바뀌었지만 많은 문제가 실타래처럼 엉켜 있어 도저히 해결책이 없어 보인다. 그러나 세상 속에는 완전한 뜻과 한 치의 어김없는 인과의 이치가 흐르고 있으니, 세상의 모든 현상에는 그 일을 생기게 한 원인이 있다. 따라서 교육문제 또한 그 원인을 밝혀 대책을 세우면 어떤 문제라도 풀리게 되어 있는 것이다. 다만, 현상을 있는 그대로 보는 시각이 없고 기득권에 따른 이기심을 버리지 못하니 올바른 해결책을 찾지 못할 뿐이다.

    우리나라 교육의 목적은 인격 완성과 생활 능력 향상에 있다. 그런데 완전한 뜻과 이치 속에 돌고 있는 인간세상에 있어서 훌륭한 인간이 되는 길은 이미 정해져 있다. 따라서 좋은 인간, 좋은 국민을 만드는 길을 찾아서 행하면 되는 것이지 더 이상 헤맬 이유가 없는 것이다. 지금 우리 교육의 근본 문제는 사회에 이바지할 수 있는 능력과 인격을 갖춘 인재를 길러내지 못하는 데 있다. 그래서 사람들은 요즘 우리 교육이, 배우면 배울수록 자신의 출세와 욕망을 위해 수단과 방법을 가리지 않는 비양심적이고 이기적인 인간을 만들어 내고 있다는 말을 자주 한다.

그 이유는 우리 교육 속에 인간을 밝히고 세상을 밝힐 좋은 가르침이 없기 때문이다. 좋은 나라는 좋은 사람이 만들고, 좋은 사람은 좋은 교육이 만들며, 좋은 교육은 좋은 가르침이 만든다. 그러나 종교도, 철학도, 교육도 진리의 빛을 잃어 인간이 가야 할 길과 미덕을 제대로 가르치지 못하니 좋은 교육이 없고 좋은 인간이 나지 못하며 밝은 미래가 보이지 않는 것이다.

그러면 어떻게 해야 끝없는 어둠을 씻어내고 밝고 정의롭고 양심적인 세상을 만들어 낼 것인가? 인간을 인간답게 만들기 위해서는 인간의 좋은 마음 즉, 양심을 길러 주어야 한다. 인간에게는 짐승과 달리 양심이 있기에 잘못을 범하지 않고 남에게 손해를 끼치지 않으며 도리에 어긋나지 않게 살려 한다. 인간의 마음속에 양심이 자리 잡으면 평안과 지혜가 생기고, 세상에는 정의가 피어나 질서와 번영을 가져온다. 인간은 이 양심을 길러 더욱 맑고 강해지며 마침내 인간 완성에까지 이르게 된다. 또한, 한 사회에 양심이 자리 잡고 있으면 개개인이 스스로 모든 문제를 해결할 수 있고 하나로 단합하여 스스로를 지킬 수 있으며 살기 좋고 부강한 나라로 만들 수 있다.

그러나 한국의 교육 속에는 언제부터인가 양심과 정의가 사라졌으니, 그 이유는 군사 정권과 같은 정통성 없는 정권이 들어서 양심과 정의를 가르칠 수 없었기 때문이다. 학생들에게 양심과 정의를 길러주면 불법적인 군사 정권과 권위적인 철권통치를 반대할 것이 뻔했기 때문에 인사 잘하고 효도 잘하라는 내용은 있었지만, 양심을 살려 정의롭게 행동하라는 덕목은 거의 가르치지 않았던 것이다. 그래서 배우면 배울수록 정신이 흐려지고 욕망과 이기심이 커지며, 자신의 이익을 위해 수단과 방법을 가리지 않는 위험한 괴물이 만들어지고 있는 것이다.

따라서 인간을 인간답게 만드는 인간성 교육이 지금 우리 사회에 무엇보다 절실하며 이를 위해선 당연히 양심과 정의를 가르쳐야 한다. 양심과 정의를 가르쳐야만 좋은 세상을 만들 수 있는 근본과 바탕과 환경이 갖추어지는 것이다. 좋은 세상의 '근본'은 양심 있는 인간이며 '바탕'은 정의롭고 밝은 사회이며 '환경'은 양심과 정의를 가르치는 좋은 가치관과 풍토가 자리잡는 것이다. 이러한 3요소가 갖추어지면, 그 사회는 되지 말라고 해도 저절로 좋아져 밝고 풍요로운 세상이 만들어지고 계속 좋은 씨가 뿌려져 영원한 발전을 기약하게 된다.

좋은 나라를 만들기 위해 그 근본이 될 좋은 국민을 안정적·지속적으로 양성해 나가야 하며 이를 위해서는 자라나는 세대들에게 어릴 적부터 양심교육을 해야 한다. 그래서 아이들에게 이 세상이 완전한 뜻과 이치가 작용하는 조화체이며 인간은 완성에 이를 근본을 갖춘 고귀한 존재라는 것을 가르쳐야 한다. 그리고 내가 짓는 행위가 나에게 쌓여 내 인생의 척도가 되며 나의 행위는 반드시 나 자신과 이 세상에 그에 상응한 결과를 가져온다는 하늘의 완전한 뜻과 법칙을 분명히 알게 해주어야 한다. 이러한 삶의 고귀함과 진리의 엄정함을 알게 되면, 사람은 나쁘게 살라고 해도 절대 나쁘게 살지 못한다. 이처럼 완전한 세상 속에서 이치대로 열심히 살면 훌륭한 인간이 되고 삶의 의미와 가치를 찾게 되며 인간 완성에까지 이를 수 있다고 가르치는 것이 인성 교육의 핵심이다. 오늘날 이러한 진리 속에 있는 생명의 길이 흐려졌기에 사람들은 길을 잃고, 교육은 헤매고 있다. 이같이 진리 속에 있는 일들을 배우면 사람들의 마음속에 거짓과 환상이 사라지고 생활에 밝은 사람이 되며 해야 할 일과 하지 말아야 할 일을 스스로 알아 건전하고 유능한 민주시민이 된다.

인성 교육을 위해 가장 먼저 해야 할 쉽고도 중요한 과제는 '거짓말 안 하기'이다. 매우 작은 일 같지만 세상에서 이보다 더 중요한 교훈은 없다. 삶의 가장 위대한 목표인 인간 완성의 경지는 100% 완전한 진실을 이루는 데 있다. 인간의 마음이 진실해져 모든 거짓과 어둠이 사라지면 티 한 점 없는 맑은 마음에 세상이 있는 그대로 비쳐 세상을 있는 그대로 완전하게 보는 깨달음이 다가오는 것이다. 반대로 한 번 거짓을 행하게 되면 그것이 쌓여 마음을 흐리게 하고 습이 되어 다시 거짓을 범하게 되는 악순환을 일으켜 자신의 운명과 영혼과 세상을 계속 망치게 된다. 그만큼 인간의 삶에 있어서 진실은 중요한 미덕인 것이다.

따라서 거짓을 버리고 진실해지는 것이 선근을 키우고 인격 완성을 이루는 인성교육의 시작이며 좋은 사회를 만드는 시작이 된다. 그러므로 어린 시절에 엄한 가르침으로 절대 거짓말을 하지 못하게 하면, 그 아이는 어둠 없는 맑은 정신을 얻어 항상 지혜롭고 용기 있게 살아가는 유능하고 좋은 국민이 되며 언젠가 인간 완성에까지 이르게 된다. 이러한 인성 교육은 어린 시절에 하는 것이 효과적이다. 어른이 되면 세상의 어둠에 물들고 업과 욕망의 소용돌이에 빠져 벗어나기가 어렵기 때문이다. 따라서 아직 세상의 혼탁한 흐름에 물들지 않고 자신이 지니고 태어난 업이 밖으로 표출되기 전인 어린 시절에 어둠과 거짓을 멀리하고 좋은 덕목과 바른 이치를 가까이하도록 하면 자신이 지니고 나온 업의 구속에서 벗어나 평생 밝은 정신과 좋은 품성으로 살아갈 수 있다. 외부에서 진리의 빛이 강하게 비치면 마음속에 잠재되어 있던 탁한 업들이 힘을 잃고 활동하지 못하기 때문에 업의 힘에서 벗어나 새로운 운명을 살게 되는 것이다.

교육이 중요한 이유는 교육이 그 나라가 나아갈 바와 필요로 하는 것을 가르치고 육성할 수 있기 때문이다. 그러므로 교육이 세상을 지키고 가꾸는 진리를 밝혀 나라를 부강하게 만들고 좋은 인간을 만드는 덕목과 자질을 집중적으로 전할 수 있다면 그 나라는 우수한 국민을 양성하여 지속적인 번영이 가능해진다. 물론 어린이에게 하는 교육은 당장 효과를 보기 어렵다. 어린이가 어른으로 성장하는 데 물리적인 시간이 걸릴 뿐만 아니라, 기성세대들이 자신들의 잘못된 시각과 흠을 어린 세대에게 주입하기 때문이다.

그러나 어린이에 대한 인성 교육을 국가 백년대계로 생각하여 정권의 변동과 관계없이 일관성 있게 실시한다면 그 어린이가 성인이 되는 10~20년 후엔 사회가 급변하기 시작할 것이며, 그들이 국가의 중심이 되는 30~40년 후가 되면 최고의 의식과 유능한 능력을 지닌 국민이 되어 세계 최강국을 만들어 낼 수 있다. 좋은 품성과 훌륭한 자질을 지닌 국민은 질서가 바로잡힌 건강한 세상을 만들며 정의가 실현되는 밝은 세상에서 최선의 노력을 다함으로써 영원히 흔들리지 않는 백년대계(百年大計)를 세우게 된다. 이와 같이 거짓을 없애고 양심을 키워 좋은 인간을 기르는 일은 그동안 인간세상에 나타나지 않은 일로서 그 중요성을 아는 이가 거의 없지만, 그 속에는 세상을 뒤바꾸는 너무나 중요하고 엄청난 생명의 비밀과 이치가 숨어 있다. 이것이 인성 교육의 요체이며 교육이 맡아야 할 가장 중요한 과제이다.

다음으로 교육의 주요 목표 중의 하나인 유능한 사회인 양성에 대해 생각해 보자. 대한민국 교육기본법 제2조에는 "인격을 도야하고 자주적 생활능력과 민주시민으로서 필요한 자질을 갖추게 함으로써 인간다운 삶을 영위하게 한다."고 되어 있다. 그러나 지금 한국의 국가 경쟁력이 약화되어 실업이 만연하고 있는 현상은 우리 교육이 좋은 품성과 우수한 능력을 갖춘 자질있는 국민을 육성해 내지 못했음을 말해주고 있다.

그러면 어떻게 해야 유능한 인간을 기를 수 있는가? 그것은 사실에 입각한 교육을 하는 데에 답이 있다. 세상에 나타나 있는 현실은 과거의 모든 원인이 담겨 있는 삶의 실체로 그 속에는 세상이 변하고 만들어지는 모든 이치가 담겨 있다. 따라서 사실을 정확하게 보고 사실에 따라 행동하면 삶이 허황하거나 부실화할 염려가 없으며 강한 생활력을 갖춘 사람이 나타나게 된다.

그런데 우리나라에선 현실 문제를 해결하는 살아 있는 교육이 되지 않고 현실과 유리된 지식 위주의 암기교육이 주를 이루고 있다. 그래서 사실에 기초한 창의력과 응용력이 살아나지 않아 국가 발전에 큰 장애를 초래하고 있는 것이다.

지금 우리 사회가 금과옥조처럼 중시하고 있는 지식암기 교육은 삶을 살아가는 데 그리 중요하지 않다. 왜냐하면, 지식은 누구나 필요할 때 책만 보면 얻을 수 있기 때문이다. 진정 중요한 것은 삶을 살아가는 지혜와 능력을 배우는 일이다. 이것은 단순한 지식 암기만으로는 불가능하며 구체적인 현장 체험이 있어야 한다. 사람이 살아간다는 것은 현실의 무게를 이겨내는 것으로 현실의 무게는 삶의 전부와 같다. 따라서 현실과 부딪혀 자신의 몸과 마음을 다 바쳐야만 비로소 생생한 삶을 이겨낼 수 있는 소질과 능력이 온전히 개발되는 것이다.

그런데 몇 해 전 교육 당국이 초중등 학생들의 학력이 떨어진다고 하는 학력 중시자들의 주장을 받아들여 모든 초등학교에 학력평가(기초학력 진단평가)를 치르기로 했다는 발표가 있었다. 이들은 국가 경쟁력의 약화가 학생들의 학력 저하 때문이며 학력 저하는 교육 평준화 정책 때문에 온 것이라는 논리를 펴고 있다. 그러나 이러한 주장은 삶의 실상과 이치를 모르는 학력지상주의자들의 편견에 불과하다. 그들의 주장대로 한다면 그동안 입시 경쟁을 거쳐 일류 대학을 나온 사람들이 모두 양심과 능력을 갖춘 훌륭한 일꾼으로 변모했어야 한다.

그러나 그동안 나타난 우리 교육의 실태는 배우면 배울수록 이기적이고 비양심적인 인간이 되고, 성실히 일할 유능한 산업인력을 양성하지 못해 국가 발전의 발목을 잡고 있는 실정이다. 한국 대학의 국제 경쟁력이 100위권 밖이며 각 기업에서 쓸 인력이 없다고 아우성치는 것은 그동안 우리의 학력 위주의 교육이 크게 잘못되었다는 것을 말해준다.

현실에서 참되고 유능한 인간을 만들어 내는 데는 많은 지식의 암기가 능사가 아니다. 암기 능력이 좋아 새로운 내용을 많이 외우는 것보다 더욱 중요한 것은 좋은 세상을 만들고자 하는 강한 의지와 좋은 품성을 키우는 일이며, 현실을 정확히 보는 지혜와 용기와 창의인 것이다. 이러한 좋은 덕목과 자질은 학교에서 지식을 암기하는 것으로는 전수받을 수 없다. 그동안 한국이 세계 각국 중에서 가장 많은 교육비를 지출했지만 질 좋은 노동력과 우수한 국민을 양성해 내지 못한 것은 바로 여기에 근본적인 문제가 있다.

따라서 초등학교 때는 지식 교육이 아니라 인성 교육을 중시해야 하며 중·고등학생들에게는 시험 위주의 입시 교육이 아니라 실생활에 적용할 수 있는 현장참여 교육을 해야 한다. 이러한 실상 속의 이치를 모르고 과거처럼 시험으로 지식의 양만 측정한다면, 한국은 계속 과외병에 시달릴 것이며 창의력이 떨어져 국가 경쟁력은 더욱 약화될 수밖에 없다. 그러므로 초·중학생 대상의 학력평가 시행에 반대하며, 대신 인성교육과 현실에 눈을 뜰 수 있는 현장참여 교육을 적극적으로 실시할 것을 제안한다.

　그리고 현장 참여 교육이 필요한 이유는 인간의 본질과 관련된 교육철학과 관련이 있다. 경험론자인 영국 철학자 존 로크는 『인간오성론』에서, 인간의 영혼은 백지 상태로 태어나 모두 동일하지만, 경험과 교육에 의해 달리 채색되어 다른 인간이 된다고 주장한다. 그러나 소크라테스의 상기설, 그리고 불교의 업과 근기론은 인간이 선천적으로 모두 다른 능력과 자질을 가지고 태어난다고 보며, 교육은 잠자고 있는 개인의 자질과 능력을 발휘할 수 있는 계기를 만들어주는 것이어야 한다고 본다. 이러한 시각이 세상의 실체와 생명의 비밀을 꿰뚫어 본 성현들의 시각이라면, 체험교육이야말로 각 개인이 지니고 나온 선천적 소질을 발휘하도록 하는 데 가장 좋은 방법이다.

　따라서 현실을 주체적으로 살아가는 유능한 생활인을 기르기 위해서는 현장체험 교육과 직업교육을 실시해야 한다. 왜냐하면, 이러한 교육을 받은 학생들은 현실을 극복하는 힘과 능력을 지녀 어디에 가서든 스스로 자신의 살 길을 개척하게 되어 실업이 없는 부강한 나라를 건설하게 된다. 세상일은 간단하다. 개인의 일이 모여 세상의 모든 일이 생겨나는 것이다. 따라서 국민 각자가 현실을 살아가는 생활 능

력을 갖추게 되면 그들 모두가 스스로 자기가 먹고살 일거리를 만들어 냄으로써 완전 고용이 이루어지고, 이러한 개인의 부가 모여 부강한 나라를 만들게 되는 것이다.

일본이 오늘날 세계 최고의 부자 국가가 된 것도 바로 여기에 원인이 있다. 15세기까지만 해도 일본은 매우 가난한 나라였다. 그런데 도요토미 히데요시(豐臣秀吉) 이후 일본의 막부(幕府)가 상인과 장인을 우대하는 실용적인 정책을 펴면서 근면하고 창의적인, 살아 움직이는 직업 정신을 만들어 내었고, 이것이 오늘날 일본을 세계 최강국으로 만든 근본 동력이 되었다. 그들은 한국과 중국이 성리학의 형이상학적 관념과 형식에 젖어 있을 때, 상업과 생산을 중시해 실사구시를 생활화하는 실용적인 국가가 되었던 것이다.

우리나라 경제의 근본적인 해법도 여기서 찾아야 한다. 과거 우리

나라에는 과거 유교의 관념적 이상이 사회를 지배하여 학문을 중시하고 농공상(農工商)을 천시했다. 그래서 현실에 대응하고 문제를 해결하는 능력이 일본에 비해 크게 뒤떨어져 결국 근대화에 뒤지고 말았던 것이다. 그 영향이 지금도 남아서 우리나라 사람들은 재화를 생산하는 이공계통보다 책상물림으로 사무만 보는 인문계통을 선호하고 있다. 그래서 요즘 기업에서는 대졸자들이 산업 현장에 별 도움이 안 된다고 대학 교육 무용론을 제기하고 있으며 신입사원 재교육에 막대한 비용을 지출하고 있는 것이다.

그러므로 경제가 국가의 가장 중요한 부분이라면, 정부는 이제라도 부를 창출하는 근본 기반이 되는 직업교육에 정책의 최우선 순위를 두어야 하며 국가의 모든 수단을 이와 연계하여 추진해야 한다. 이처럼 사실에 충실한 능력 있는 일꾼을 지속해서 양성해 나갈 때 국가는 영원히 꺼지지 않는 발전 동력을 얻게 되는 것이다.

이를 위해 시급한 일은 대학과 산업 현장을 접목하는 일이다. 대학은 한 사회 교육의 정점으로 사회에 필요한 최고의 지식과 기술과 경험을 전달하는 곳이다. 그런데 지금 우리 대학들은 그러한 역할을 제대로 담당하지 못하고 현실과 유리된 추상적 지식과 이론을 가르치는 데 치중하고 있다. 그래서 지금 우리 대학들은 사회가 요구하는 살아 있는 지식과 경험을 전수하는 교육의 중심이 되지 못하고, 상아탑이라는 온실 속에 안주하면서 학문이라는 사치품을 팔아 폭리를 취하는 악덕 상인 노릇을 하고 있는 것이다.

따라서 대학이 나라의 일꾼을 양성하는 최고의 교육 기관이 되기 위해서는 현실에서 가장 뛰어난 능력을 지닌 그 분야의 일인자를 교수로 임명해야 한다. 농사를 가장 잘 짓는 사람이 농업을 가르쳐야 하고 기업 운영을 가장 잘 아는 사람이 경영을 가르쳐야 하며 각 분야의 마스터(master)가 해당 과목의 교수가 되어야 한다. 이렇게 된다면 그 밑에서 배운 사람은 현실에서 가장 농사를 잘 짓고 기업을 잘 운영하며 최고의 기능을 가진 장인이 되는 것이다. 이보다 더 좋은 교육이 없으며 이보다 더 좋은 대학이 없으며 이보다 더 유망한 나라는 없다.

그리고 대학이 국민을 먹여 살리는 생명력의 원천이 되려면, 각 기업에서 필요한 전문 인력을 적기에 공급해야 하는데, 이를 위해서는 기업이 대학 속에 필요한 학과를 직접 설치할 수 있도록 해야 한다. 그리하여 산업계와 대학이 동전의 양면처럼 하나가 되어 우수한 학문적 성과가 그대로 산업 현장에 반영되고, 현실에서 가장 뛰어난 기술력이 교육 현장에 바로 투입되는 살아 있는 교육이 이루어지게 된다면, 비로소 대학은 한 사회를 유지하고 생명력을 제공하는 참된 교육의 정점에 서게 되는 것이다.

다음으로 필요한 일은 중·고등학교 교육과정에 직업교육을 도입하여 정식 학제로 제도화시키는 것이다. 중·고등학교 시절은 몸과 마음이 성년으로 접어들면서 인간이 타고난 소질과 능력이 피어나는 시기이기 때문에 이때 생생한 현실과 부딪혀 세상일을 체험하게 하면, 자신이 타고난 소질과 능력을 최대한 계발하여 유능한 사회인으로 변모할 수 있게 된다. 그러면 꼭 대학에 갈 필요가 없어 입시지옥이 사라지게 될 것이며 고등학교만 졸업해도 직업을 가질 수 있게 되고 국가는 풍부한 노동력을 바탕으로 지속적인 발전을 이룰 수가 있게 되는 것이다.

이를 위해 산업계에서는 고등학교 졸업자를 위한 일자리를 대폭 늘려야 하며 능력과 경력에 따른 차등 이외에는 다른 어떠한 차별도 해서는 안 된다. 대학 교육을 받아 몇 가지 지식을 더 알았다고 해서 유능한 인력이 되는 것은 아니기 때문에, 고졸자들에게 산업 활동에 참여할 기회를 준다면 기업들은 필요한 분야에 유능한 인재를 쉽게 확보할 수 있어서 경쟁력 확보에 도움이 될 것이며 새로운 인재를 발굴할 기회를 더 많이 갖게 될 것이다.

그리고 이와 같이 직업교육을 실시하는 가운데 현장에서 두각을 나타낸 뛰어난 고졸 사원들을 뽑아 대학교육을 받을 기회를 준다면, 그동안 우리 사회를 병들게 해온 입시 지옥과 과외 열풍, 기대에 못 미치는 공교육 등의 문제를 일거에 해결할 수 있게 된다. 이 경우 각 산업체에서 대학과 협의하여 자신들이 필요한 분야별로 다양한 선발 기준을 마련하여 일선 현장에서 자질 있는 고졸 사원들을 선발할 수 있도록 하면, 현장에서 실제로 일할 수 있는 종합적인 능력을 갖춘 사람을 뽑아 이론적인 전문성을 보완할 수 있기 때문에 산업 분야마다 장인 정신으로 무장한 최고의 전문가를 육성할 수 있게 되는 것이다. 따라서 산업체와 연계한 적극적인 직업교육의 도입이야말로 한국의 과다한 사교육비와 과열된 입시 경쟁을 막고 실업을 해소하여 국가 발전을 가져오게 하는 최고의 해결책인 것이다.